Schriftenreihe der ASI – Arbeitsgemeinschaft Sozialwissenschaftlicher Institute

ASI

Herausgegeben von

Frank Faulbaum
Universität Duisburg-Essen

Paul Hill
RWTH Aachen

Birgit Pfau-Effinger
Universität Hamburg

Jürgen Schupp
Deutsches Institut für Wirtschaftsforschung e.V. Berlin (DIW)

Jette Schröder
GESIS – Leibniz-Institut für Sozialwissenschaften, Mannheim

Christof Wolf
GESIS – Leibniz-Institut für Sozialwissenschaften, Mannheim

Stefanie Eifler · Frank Faulbaum
(Hrsg.)

Methodische Probleme von Mixed-Mode-Ansätzen in der Umfrageforschung

Herausgeber
Prof. Dr. Stefanie Eifler
Katholische Universität
Eichstätt-Ingolstadt
Eichstätt, Deutschland

Prof. Dr. Frank Faulbaum
Universität Duisburg-Essen
Duisburg, Deutschland

Schriftenreihe der ASI – Arbeitsgemeinschaft Sozialwissenschaftlicher Institute
ISBN 978-3-658-15833-0 ISBN 978-3-658-15834-7 (eBook)
DOI 10.1007/978-3-658-15834-7

Die Deutsche Nationalbibliothek verzeichnet diese Publikation in der Deutschen Nationalbibliografie; detaillierte bibliografische Daten sind im Internet über http://dnb.d-nb.de abrufbar.

Springer VS

Gedruckt auf säurefreiem und chlorfrei gebleichtem Papier

Springer VS ist Teil von Springer Nature
Die eingetragene Gesellschaft ist Springer Fachmedien Wiesbaden GmbH
Die Anschrift der Gesellschaft ist: Abraham-Lincoln-Str. 46, 65189 Wiesbaden, Germany

Inhalt

Mess- und Methodeneffekte

Vorwort

Nicht zuletzt befördert durch den Artikel von Edith de Leeuw im Journal of Official Statistics (2005) haben Mixed-Mode-Designs in der Umfrageforschung in den letzten zehn Jahren an Verbreitung gewonnen. Hintergrund dieser Entwicklung sind vor allem die Reduktion von Umfragekosten und die Reduktion von Ausfällen (Unit Nonresponse) und damit die Bias-Reduktion. Allerdings wurde rasch deutlich, dass man sich mit der Einbeziehung verschiedener Modes in das Erhebungsdesign vor allem zwei Arten von Effekten einhandelt, nämlich Effekte auf die Messung und die Datenqualität bzw. den Messfehler und Selektionseffekte bzw. Effekte auf die Zusammensetzung der Stichprobe (vgl. Voogt und Saris 2005; Vannieuwenhuyze und Loosfeldt 2013). Zu den klassischen Komponenten eines Modes - Administrationsform, Erhebungstechnologie und Übertragungskanal (akustisch, visuell) - ist der Aspekt der Nutzung verschiedener Geräte innerhalb eines Modes hinzugekommen (vgl. Toepoel und Lugtig 2015) und hat sich weiter diversifiziert. Access-Panels, insbesondere Online-Access-Panels, haben darüber hinaus durch den Zugang zu teilnahmebereiten Probanden die Durchführung von Umfrage-Experimenten und den Test innovativer Erhebungsmethoden erleichtert. Obgleich Mixed-Mode-Designs oder Designs mit mehreren Geräten (devices) spezifische methodische Probleme mit sich bringen, deren Minimierung ein Anliegen der Umfrageforschung sein muss, tragen weiterhin Erkenntnisse über Anwendungen einzelner Modes zum besseren Verständnis auch von Mixed-Mode-Designs bei.

Alle oben erwähnten Themen werden auch in den Beiträgen zu diesem Band angesprochen, der aus einer Tagung der Arbeitsgemeinschaft Sozialwissenschaftlicher Institute (ASI) e.V. und der Sektion „Methoden der empirischen Sozialforschung“ der Deutschen Gesellschaft für Soziologe zum Thema „Mixed-Mode-Surveys“ am 06./07. November 2015 in Köln hervorgegangen ist. Im ersten Beitrag dieses Bandes beschäftigt sich Michael Bosnjak mit den möglichen Auswirkungen von Modes auf die Datenqualität, wobei er sich auf Ergebnisse von Metanalysen stützt. Im zweiten Beitrag widmet sich Annette Scherpenzeel der Anwendungsvielfalt methodisch innovativer Erhebungsmethoden unter Nutzung des niederländischen LISS-Panels (vgl. Das 2012). Heinz Leitgöb thematisiert in seinem Beitrag die Zusammensetzung der Modes aus verschiedenen Komponenten und widmet sich der Frage, wie Modeeffekte in die Effektbeiträge ihrer Komponenten zerlegt werden können. Die beiden folgenden Beiträge von Annelies Blom/Jessica Herzing und von Karl-Heinz Reuband beschäftigen sich mit dem Einsatz von Modes in der Teilnehmerrekrutierung. Danach berichten Denis Saßenroth/Jürgen Schupp sowie Jennifer Allen/Patrick Schmich über Probleme und Effekte, die bei Transformationen von Single-Mode-Designs in Mixed-Mode-Designs auftreten. Volker Hüfken widmet sich anschließend der Frage, wie sich Modes auf die Wahl von Abstufungen auf einer Rating-Skala auswirken. Matthias Sand berichtet über Ergebnisse einer Studie über Effekte bei der Validierung von Mobilfunknummern durch verschiedene Anbieter. Der Band endet mit einem Methodenvergleich zwischen zwei Erhebungsinstrumenten für sensitive Fragen, der Randomized-Response-Technik und dem Crosswise-Modell, verfasst von Dirk Enzmann.

Unser Dank an dieser Stelle geht an alle Autorinnen und Autoren für ihre Kooperationsbereitschaft, die diese Publikation ermöglicht hat. Ein besonderes Dankeschön richten wir an Frau Bettina Zacharias (GESIS) für die professionelle Anpassung der überarbeiten Beiträge an die Vorgaben des Verlags.

Eichstätt und Duisburg im August 2016

Stefanie Eifler & Frank Faulbaum

Literatur

De Leeuw, E.D. (2005). To mix or not to mix data collection modes in surveys. *Journal of Official Statistics, 21,* 233–255

Toepoel, V., & Lugtig, P. (Hrsg.). (2015). *The collection of survey data using mixed devices.* Special issue of methodes, data, analyses (mda), Volumes 9, 2. Mannheim: GESIS.

Vannieuwenhuyze, J.T.A., & Loosfeldt, G, (2013). Evaluating relative mode effects in mixed-mode surveys: Three methods to disentangle selection and measurement effects. *Sociological Methods and Research, 42,* 82.104.

Voogt, Robert J.J., & Saris, W.E. (2005). Mixed mode designs: finding the balance between nonresponse bias and mode effects. *Journal of Official Statistics, 21,* 367-388.

Mode-Vielfalt, Mode-Komponenten und Datenqualität

Mixed-Mode Surveys and Data Quality

Meta-Analytic Evidence and Avenues for Future Research

Michael Bosnjak
GESIS – Leibniz Institute for the Social Sciences
and University of Mannheim

1 The evidence-based movement and the use of meta-analysis in survey methodology

It has often been noted that survey methodology is inherently pragmatically oriented (e.g., Bosnjak and Danner 2015, p. 309; Goyder 1987, p. 11): How to sample and recruit respondents to reduce coverage and sampling errors, how to operationalize concepts to reduce measurement error, and how to minimize the differences between those who responded from those who did not on all variables of interest (i.e., nonresponse bias) are generic guiding questions in survey methodology (Dillman et al. 2014; Groves et al. 2011). Accordingly, survey methodology is aligned towards generating a body of knowledge to support decision-making about designing, preparing, implementing, and post-processing survey-based projects. In doing so, survey methodology is structurally similar to other disciplines who are committed to generating the best empirical evidence and using it to guide actions. The very first and most notably among the scientific disciplines championing such a view were the health sciences: Evidence-based medicine, defined as the "conscientious, explicit, and judicious use of current best evidence in making decisions about the care of individual patients" (Sacket et al. 1996, p. 71), has decisively contributed to replace anecdotes, case study insights, and theoretical reasoning by focusing on the findings from systematically synthesized, high-quality experimental research. Some of the crowning achievements evidence-based medicine yielded were establishing the Cochrane Collaboration[1] to independently collate and summarize clinical experiments, setting methodological and publication standards[2], building infrastructures for pre-registering experiments[3], developing and updating guidelines for clinical practice[4], and developing knowledge resources and courses for teaching evidence-based medicine[5]. In the early 1990s, other disciplines started to follow their example giving birth to scientific movements such as Evidence-based Education (Pring and Thomas 2004), Evidence-based Management (Rousseau 2012), Evidence-based Criminology (Farrington et al. 2003), and Evidence-based Software Engineering (Dybä et al. 2005).

A key characteristic of all those committed to the evidence-based paradigm is the belief that empirical findings should be classified by their epistemological strength. This central tenet is realized by prioritizing the strongest types of empirical evidence, namely meta-analysis of randomized experiments, and using them to guide decision making. In a nutshell, meta-analysis can be described as a set of statistical methods for aggregating, summarizing, and drawing inferences from collections of thematically related studies. The key idea is to quantify the size, direction, and/or strength of an effect, and to cancel out sampling errors associated with individual studies. Consequently, meta-analytic findings are typically characterized by a larger precision and validity than any individual study.

In contrast to meta-analytic evidence, which is commonly regarded as most conclusive, study types classified as 'mid-level quality', - according to the evidence-based paradigm - should be treated with due caution when drawing conclusions. Such mid-level evidence encompasses sporadic randomized experiments, quasi-experiments not yet synthesized in a quantitative fashion, and findings from study types not allowing for causal inference, such as narrative reviews, correlational studies, and case reports.

While survey methodology has produced a plethora of (quasi-)experimental findings, the use of meta-analytic techniques to systematically summarize their outcomes is still underutilized. A bibliographic database search using Web of Science and Google Scholar performed in March 2016 has identi-

---

1 http://www.cochrane.org/

2 http://prisma-statement.org/

3 http://www.alltrials.net/

4 http://www.guideline.gov/

5 http://www.cebm.net/

fied about fifty meta-analyses relevant for survey methodology. This overall output matches the number of published meta-analysis in a top-tier psychology journal such as Psychological Bulletin within just two annual volumes. Therefore, survey methodology appears remarkably reluctant to apply existing quantitative tools to synthesize (quasi-)experimental evidence systematically. A considerable share of the available meta-analytic findings are on the effects of survey modes and their combinations.

The overall aim of this contribution is to briefly summarize the available meta-analytic evidence on the implications of mixed-mode surveys for survey data quality, and to identify gaps in research in order to provide survey methodologists a starting point to perform research syntheses in the future. Accordingly, the following chapter will outline what the available meta-analyses tell us about the effect of modes on measurement-related and representation-related errors. Meta-analyses focusing exclusively on one single mode, that is not taking a comparative perspective (e.g., de Leeuw et al. 2007; Cook et al. 2000; Green and Hutchinson 1996), or those using statistical synthesis procedures not belonging to any established meta-analytic methodology (e.g., Goyder 1985, 1987), will not be considered.

2 (Mixed) Mode Effects: What does meta-analytic evidence tell us?

For much of the 20th century, mixing survey modes was a rare exception (Dillman and Messer 2010). To optimize costs, response rates, and measurement quality, it became increasingly common to combine multiple modes of data collection (Groves et al. 2011, Chapter 5.4). For instance, by starting with the least expensive mode (e.g., Web), and then moving to more expensive ones to collect data from nonrespondents (e.g. mail, telephone, or even face-to-face interviews), costlier approaches are successfully applied to fewer cases, optimizing the overall expense for a survey project. In longitudinal surveys, starting with expensive face-to-face interviews as an attempt to maximize initial cooperation rates, and then moving to more reasonably priced Internet-based data collections, became common practice in probability-based panel surveys (e.g., Blom et al. 2016; Bosnjak et al. 2016). Moreover, the type of survey questions asked are believed to require different modes for subsets of items (de Leeuw 2005; Dillman et al. 2014, Chapter 11): Interviewer-administered surveys are assumed to be ideal to gain cooperation and to ask non-obtrusive questions. To reduce item-nonresponse and to yield valid answers for sensitive questions, follow-up self-administered surveys seem most appropriate.

Remarkably, what has developed as best practice appears only partly supported by the available meta-analytic evidence. Table 1 provides a heuristic framework, classifying different types of meta-analytic research questions, which are instrumental in informing survey methodologists about the impact of (mixed) modes on two generic sources of errors pertaining to the Total Survey Error concept (Biemer 2010; Groves 2004), namely measurement-related and representation-related errors and biases.

The first type of meta-analytic research question is on the synthesized effect within various survey modes in head-to-head comparison studies ('Mode Effects' in Table 1). Here, primary studies varying the survey mode as the independent variable, and assessing its effect on measurement-related and/or representation-related dependent variables, are aggregated. The specific outcome variables considered here were, for instance, the average mode-specific degree of social desirability bias (e.g., de Leeuw and van der Zouwen 1988; Richman et al. 1999; Gnambs and Kaspar 2016), response rate differences between modes (e.g., Hox and de Leeuw 1994; Lozar Manfreda et al. 2008), and differences in terms of item-nonresponse (de Leeuw 1992).

The second type of meta-analytic research question is on relating two distinct mixed-mode designs to the two pertinent quality outcome dimensions ('Mixed-Mode Effects' in Table 1). Within this category, the overall effect of mode-preferences are of interest to survey methodologists, that is meta-analytic findings focusing on studies summarizing the impact of allowing respondents to choose between two or more response modes offered concurrently ('Mode Choice Effects' in Table 1; e.g., Medway and Fulton 2012). In addition, another noteworthy type of mixed-mode effect involves combining modes sequentially, either varied to follow-up on nonrespondents, or varied according to data collection occasions in multiple-wave surveys ('Serial Mode Combination Effects' in Table 1; Shih and Fan 2007).

Within the cells of Table 1, the available meta-analytic studies are listed chronologically. Taken together, most of the 17 meta-analyses published are on mode effects, only three are on mixed-mode effects. In the two subsection to follow, we will briefly summarize what the available meta-analytic findings suggest, before we conclude with sketching avenues for future research.

Table 1 Summary of available meta-analyses on (mixed) mode effects

Type of meta-analytic research question	Total Survey Error Dimension Considered	
	Measurement-related errors and biases (including proxies)	Representation-related errors and biases (including proxies)
Mode Effects	▪ Telephone vs. face-to-face: Social desirability bias (de Leeuw & van der Zouwen 1988) ▪ Mail vs. face-to-face; Mail vs. Telephone: Response validity, Social desirability, Response similarity (de Leeuw 1992) ▪ Computerized self-administered vs. paper-and-pencil and face-to-face: Disclosure of sensitive behaviors (Weisband & Kiesler 1996) ▪ Computerized self-administered vs. paper-and-pencil, Computerized self-administered vs. face-to-face: Social desirability (Richman et al. 1999) ▪ Computerized self-administered vs. paper-and-pencil: Social Desirability (Dwight & Feigelson 2000) ▪ Computerized versus paper self-administration: Social desirability (reporting of sensitive behaviors) (Tourangeau & Yan 2007)	▪ Telephone vs. face-to-face: Response rates (overall and item-nonresponse) (de Leeuw & van der Zouwen 1988) ▪ Mail vs. face-to-face vs Telephone Item-nonresponse, Response rates (de Leeuw 1992) ▪ Mail, Phone, face-to-face: Completion rate (Hox & de Leeuw 1994) ▪ Web vs. other: Response Rates (Lozar Manfreda et al. 2008) ▪ Web vs. Mail: Response Rates (Shih & Fan 2008) ▪ (Face-to-face, Mail, CATI)*Incentive: Response-Rates (Mercer et al. 2015)

Table 1

	Type of meta-analytic research question	Total Survey Error Dimension Considered	
		Measurement-related errors and biases (including proxies)	Representation-related errors and biases (including proxies)
Mode Effects		▪ CATI vs. other: Positivity bias (Ye, Fulton & Tourangeau 2011) ▪ Computerized self-administered vs. paper-and-pencil: Social Desirablity (Dodou & de Winter 2014) ▪ Computerized self-administered vs. paper-and-pencil: Disclosure of sensitive behaviors (Gnambs & Kaspar 2015) ▪ Web-based vs. paper-and-pencil: Social desirability (Gnambs & Kaspar 2016)	
Mixed-Mode Effects	Mode Choice Effects	▪ No meta-analytic studies published.	▪ Web and Mail: Response Rates (Shih & Fan 2007) ▪ Mail and Web: Response Rates (Medway & Fulton 2012) ▪ Mobile Web and Web: Breakoff Rates (Mavletova & Couper 2015)
	Serial Mode Combination Effects	▪ No meta-analytic studies published.	▪ Web and Mail: Response Rates (Shih & Fan 2007)

Mode effects and measurement-related survey quality

Previous meta-analytic research on mode effects have primarily focused on the degree of social desirability as a measurement-related survey quality indicator. Depending on the operational definition of social desirability, three distinct eligibility criteria to identify studies about the impact of mode can be employed, each discovering unique patterns of findings: A first approach focuses on studies utilizing validated social desirability scales and instruments to detect lie tendencies within two or more modes. The two most recent meta-analyses about such studies have found no substantial differences between Web-based and paper-based modes of survey administration (Gnambs & Kaspar, 2016, based on 30 experimental studies), and computer-assisted and paper-and-pencil administration (Dodou and de Winter 2014, based on 51 studies that included 62 independent samples), paralleling the findings from older meta-analyses. Tourangeau and Yan (2007) estimated the mean effect size across 10 studies that compared computer- and paper-based administration of sensitive questionnaires. The computer mode included not only self-administered surveys but also interactive voice responses and audio computer-assisted self-interviews. Only 4 of the 10 studies included social desirability scales, and all 4 of these studies were also included in Richman et al. (1999) and Dwight and Feigelson (2000). No significant difference between computer-assisted self-administration and the paper-and-pencil mode was found across these 4 studies. Dwight and Feigelson (2000) also explored whether this zero-effect was robust over time. The authors conclude that older studies have in fact found evidence of less socially desirable responses for computer-assisted self-administration compared to paper-and-pencil administration, but this effect could not be replicated in more recent studies. However, when comparing computerized self-administration with interviewer-administered modes (e.g., face-to-face surveys), social desirability bias scale estimates are about .5 standard deviations larger for interviewer administration (Richman et al. 1999).

In the second approach, socially desirable responding is viewed as deliberate over-reporting of favorable characteristics, such as conscientiousness, and underreporting of unfavorable traits, such as neuroticism. Gnambs and Kaspar (2016) have pooled ten experimental mode comparisons between Web-based and paper-and-pencil administration of the Big Five personality traits, and 28 studies comparing modes on self-reported psychopathological conditions. No substantial differences were found between the two self-administered modes considered.

A third approach defining social desirability involves underreporting of sensitive behaviors, such as illicit drug use, delinquency, sexuality, and victimization. A recent meta-analysis having employed this conceptualization of social desirability by Gnambs and Kaspar (2015) revealed that computer-assisted surveys resulted in prevalence rates of sensitive behaviors that were about 1.5 times higher than comparable reports obtained via paper-and-pencil questionnaires; for highly sensitive issues, such as sexuality and illicit drug use, this mode effect was even larger. A re-analysis of six papers on mode-specific differences for self-reported sensitive behaviors summarized in Tourangeau and Yan (2007, Table 3), which also encompasses interactive voice responses and audio computer-assisted self-interviews, corroborates the finding that computer-assisted modes yield on average about 0.2 standard deviations larger self-reported frequency measures of sensitive behaviors compared to paper-and-pencil administration. If self-administration modes (computerized or mail surveys) are compared with interviewer-administered modes, such as telephone surveys (de Leeuw 1992, p. 32), or face-to-face surveys (de Leeuw 1992, p. 31; Weisband and Kiesler 1996), reporting of sensitive behaviors is consistently lower in interviewer-administered modes. Only two published papers report comparisons within the category of interviewer-administered modes (telephone and face-to-face; de Leeuw and van der Zouwen 1988; de Leeuw 1992, p. 28), but neither detects substantial differences in terms of reporting sensitive behaviors.

Measurement quality indicators other than social desirability have only received marginal consideration in past meta-analyses. De Leeuw (1992) found no substantial mode differences between mail, face-to-face, and telephone surveys for factual questions which could have been checked against public records. Based on 18 experimental comparisons, Ye, Fulton and Tourangeau (2011) found that telephone respondents are more likely to select the most extreme positive option than Web, mail, or IVR survey respondents, but not respondents in face-to-face interviews. The differences found in choosing the most extreme option amounted to 6-11 percentage points on average.

Taken as a whole, the meta-analytic evidence suggests that within each of the two classes (1) self-administered modes (computerized modes, including Web-based surveys; paper-and-pencil administration, including mail surveys) and (2) interviewer-administered modes (face-to-face surveys; telephone surveys), there are no substantial differences in terms of social desirability bias, except for the propensity to report sensitive behaviors. The largest prevalence rates for sensitive behaviors are typically found in self-administered computerized survey settings, followed by paper-and-pencil administration. Interviewer-administered modes typically yield the lowest prevalence rates for sensitive behaviors.

For other, less frequently investigated measurement quality indicators, the few available meta-analytic findings point to comparable valid answers to factual questions between mail, face-to-face, and telephone modes. Moreover, the most positive category is chosen more often in interviewer-administered (CATI) surveys compared to self-administered ones.

Mode effects and representation-related survey quality

Despite the fact that response rates are in general loosely related to nonresponse bias (Groves and Peytcheva 2008), the majority of primary studies about the impact of mode on representation-related outcome variables are using response rates as outcomes. These primary studies have been summarized within six meta-analyses, allowing to infer the following ranking: Face-to-face surveys typically achieve the highest response rates (de Leeuw and van der Zouwen 1988; de Leeuw 1992; Hox and de Leeuw 1994), telephone surveys the next highest (de Leeuw and van der Zouwen 1988; de Leeuw 1992; Hox and de Leeuw 1994), followed by mail surveys (Hox and de Leeuw 1994), and Web-based surveys at the bottom of the response rate league (Lozar Manfreda et al. 2008; Shih and Fan 2008).

Specifically, Hox and de Leeuw (1994) found, based on 45 primary studies that the average completion rate is about 70% in face-to-face surveys, 67% in telephone surveys, and 61% in mail surveys. For Web surveys, Lozar Manfreda et al. (2008) estimated, based on 24 studies reporting 45 experimental mode comparisons, a lower response rate of about 11% on average compared to other survey modes. 27 out of 45 experimental comparisons in Lozar Manfred et al. (2008) involved Web versus mail comparisons. In both Hox and de Leeuw (1994) and Lozar Manfreda et al. (2008), the average effects were not homogeneous, that is, they were moderated by specific study characteristics. Most notably, in Hox and de Leeuw (1994), response to face-to-face and telephone surveys went down in the period they covered (1947 to 1992), and the response to mail surveys went up slightly. In Lozar Manfreda et al. (2008), the difference between Web and other modes was moderated by the number of contacts: The more contact attempts to recruit nonrespondents, the larger the discrepancy between Web and other modes. A recent study by Mercer et al.

(2015) explicitly addressed the moderation effects between modes and incentives on response rates. Based on 55 experiments containing 178 experimental conditions, Mercer et al. (2015) found that while prepaid incentives increased response rates in face-to-face, mail, and telephone surveys, postpaid incentives only increased response rate for two interviewer-administered modes. Moreover, the dose-response relationships proved to be mode-dependent in the prepaid condition: The expected increase in response rate for a $1 prepaid incentive is 6 percentage points for mail surveys; promising the same amount over the phone yields an expected improvement of only 1 percentage point.

Only a few meta-analyses have addressed representation-related outcome variables other than response rates: De Leeuw and van der Zouwen (1988), and de Leeuw (1992) did not find mode difference for the amount of item-nonresponse between mail, face-to-face, and telephone surveys.

Mixed-mode effects and representation-related survey quality

The three meta-analytic research summaries about mixed-mode effects (Mavletova and Couper 2015; Medway and Fulton 2012; Shih and Fan 2007) on representation-related survey quality indicators have exclusively compared self-administered modes and used response rates and breakoff rates as outcomes.

Medway and Fulton (2012) found, based on 19 experimental comparisons between either a mail survey or a survey in which participants were given the choice of responding by mail or by Web, that providing a concurrent Web option in mail surveys lowers response rates: Doing so decreases the odds of response by 12.8 percent as compared to a mail-only survey.

Shih and Fan (2007) have synthesized both experimental as well as non-experimental findings reported in 52 studies. From those studies that offered respondents options for Web and mail surveys simultaneously, the overall response rate was 25%. In those studies where respondents were sent mail surveys first and offered the option for Web survey mode in follow-up reminders, the overall response rate was 42%. Studies where respondents were sent Web surveys first and then offered the option for mail survey mode in follow-up reminders showed an overall response rate of 47%.

When optimizing response rates is an issue, the findings reported in Medway and Fulton (2012) and Shih and Fan (2007) suggest not to offer Web and mail modes concurrently. Instead, they should be combined serially.

A recent meta-analysis by Mavletova and Couper (2015) based on 39 independent samples suggest that allowing respondents to choose the visual format in mobile Web surveys (PC versus mobile optimized Web surveys) decreases breakoff rates. If respondents have an opportunity to select their preferred visual format, the odds of breakoff are decreased by 0.62 ($p < 0.05$) compared to the surveys in which respondents are initially assigned to a mobile web survey mode. Furthermore, mobile-optimized web surveys decrease the odds of breakoffs among mobile respondents by 0.71 compared to non-optimized web surveys.

3 Conclusions and avenues for future research

The meta-analytic findings presented provide a number of recommendations for survey practice. To reduce social desirability bias and the tendency to endorse positive statements, (computer assisted) self-administered modes should be used. To gain cooperation, interviewer-administered surveys should be considered. Because item-nonresponse rates do not seem to differ substantially between modes, optimizing the completeness of survey data from actual respondents is not an issue of mode, but some other factors which are out of scope here. All these recommendations are partly based on meta-analysis performed more than 20 years ago. In the meantime, numerous new primary studies emerged, calling for updated research syntheses. Such research updates decisively contribute to explore the robustness of findings across time and would be a valuable addition for survey methodologists.

The following survey implementation variants should, according to the meta-analytic findings available, be abandoned: (1) Offering mode choices for the initial invitation to participate in mail and Web surveys, because this survey implementation strategy decreases response rates. Furthermore, (2) prepaid incentives should be preferred over promised ones. The use of prepaid incentive value denominations should be tailored towards known mode-specific findings regarding their effectiveness. In other words, incentive-response rate elasticities appear to be mode-specific, a relationship which might deserve more research attention.

Surprisingly, despite the prevalence of documented mixed-mode surveys, no meta-analytic evidence seems to be available on combining self-administered and interviewer-administered data collection modes. Future quantitative summaries on such issues would yield valuable additional recommendations for optimal mode combinations. Another striking shortcoming is the non-existing meta-analytic evidence regarding mixed modes effects for interviewer-administered surveys. Filling these blind-spots appears most promising.

Finally, there is a lack of meta-analytic studies on the impact of (mixing) modes on estimates of biases in terms of measurement and representation, not just on proxy variables or partial elements of bias, such as response rates (Groves and Peytcheva 2008).

References

Biemer, P.P. (2010). Total survey error: Design, implementation, and evaluation. *Public Opinion Quarterly, 74(5)*, 817-848.

Blom, A.G., Bosnjak, M., Cornilleau, A., Cousteaux, A.-S., Das, M., Douhou, S., & Krieger, U. (2016). A comparison of four probability-based online and mixed-mode panels in Europe. *Social Science Computer Review, 34(1)*, 8-25.

Bosnjak, M., & Danner, D. (2015). Survey participation and response. *Psihologija, 48(4)*, 307-310.

Cook, C., Heath, F., & Thompson, R.L. (2000). A meta-analysis of response rates in web-or internet-based surveys. *Educational and psychological measurement, 60(6)*, 821-836.

Bosnjak, M., Das, M., & Lynn, P. (2016). Methods for probability-based online and mixed-mode panels: Recent trends and future perspectives. *Social Science Computer Review, 34(1)*, 3-7.

De Leeuw, E.D. (1992). *Data Quality in Mail, Telephone and Face to Face Surveys*. TT Publikaties, Plantage Daklaan 40, 1018CN Amsterdam.

De Leeuw, E. D. (2005). To mix or not to mix data collection modes in surveys. *Journal of Official Statistics, 21(2)*, 233-255.

De Leeuw, E. D., & van der Zouwen, J. (1988). *Data quality in face to face interviews: A comparative meta-analysis. Telephone survey methodology.* Russell Sage Foundation, New York.

De Leeuw, E., Callegaro, M., Hox, J., Korendijk, E., & Lensvelt-Mulders, G. (2007). The influence of advance letters on response in telephone surveys a meta-analysis. *Public Opinion Quarterly, 71(3)*, 413-443.

Dillman, D.A. & Messer, B.L. (2010). Mixed-mode survey. In J.D. Wright & P.V. Marsden (Eds.), *Handbook of Survey Research (2nd edition)* (pp. 551-574). San Diego, CA: Elsevier.

Dillman, D.A., Smyth, J.D., & Christian, L.M. (2014). *Internet, phone, mail, and mixed-mode surveys: the tailored design method.* John Wiley & Sons.

Dodou, D., & De Winter, J.C.F. (2014). Social desirability is the same in offline, online, and paper surveys: A meta-analysis. *Computers in Human Behavior, 36*, 487-495.

Dwight, S.A., & Feigelson, M.E. (2000). A quantitative review of the effect of computerized testing on the measurement of social desirability. *Educational and Psychological Measurement, 60(3)*, 340-360.

Dybä, T., Kitchenham, B.A., & Jorgensen, M. (2005). Evidence-based software engineering for practitioners. *Software, IEEE, 22(1)*, 58-65.

Farrington, D.P., MacKenzie, D.L., Sherman, L.W., & Welsh, B.C. (Eds.). (2003). *Evidence-based crime prevention.* Routledge.

Gnambs, T., & Kaspar, K. (2015). Disclosure of sensitive behaviors across self-administered survey modes: A meta-analysis. *Behavior research methods, 47(4)*, 1237-1259.

Gnambs, T., & Kaspar, K. (2016). Socially Desirable Responding in Web-Based Questionnaires A Meta-Analytic Review of the Candor Hypothesis. Assessment, Online first: http://dx.doi.org/10.1177/1073191115624547

Goyder, J. (1985). Face-to-face interviews and mailed questionnaires: The net difference in response rate. *Public Opinion Quarterly, 49(2)*, 234-252.

Goyder, J. (1987). *The silent minority: Nonrespondents on sample surveys.* Westview Press.

Groves, R.M. (2004). *Survey errors and survey costs.* Hoboken, NJ: John Wiley & Sons.

Green, K.E., & Hutchinson, S.R. (1996). *Reviewing the Research on Mail Survey Response Rates: Meta-Analysis.*

Groves, R.M., Fowler Jr, F.J., Couper, M.P., Lepkowski, J.M., Singer, E., & Tourangeau, R. (2011). *Survey methodology (Vol. 561).* John Wiley & Sons.

Groves, R.M., & Peytcheva, E. (2008). The impact of nonresponse rates on nonresponse bias. A meta-analysis. *Public Opinion Quarterly, 72(2)*, 167-189.

Hox, J.J., & De Leeuw, E.D. (1994). A comparison of nonresponse in mail, telephone, and face-to-face surveys. *Quality and Quantity, 28(4)*, 329-344.

Lozar Manfreda, K.L., Bosnjak, M., Berzelak, J., Haas, I., Vehovar, V., & Berzelak, N. (2008). Web surveys versus other survey modes: A meta-analysis comparing response rates. *Journal of the Market Research Society, 50(1)*, 79.

Mavletova, A. & Couper, M.P. (2015). A meta-analysis of breakoff rates in mobile web surveys. In D. Toninelli, R. Pinter &, P. de Pedraza (Eds.), *Mobile research methods. Opportunities and challenges of mobile research methodologies* (pp. 81-98). London, UK: Ubiquity Press.

Medway, R. L., & Fulton, J. (2012). When more gets you less: a meta-analysis of the effect of concurrent web options on mail survey response rates. *Public Opinion Quarterly, 76(4)*, 733-746.

Mercer, A., Caporaso, A., Cantor, D., & Townsend, R. (2015). How Much Gets You How Much? Monetary Incentives and Response Rates in Household Surveys. *Public Opinion Quarterly, 79(1)*, 105-129.

Pring, R., & Thomas, G. (2004). *Evidence-based practice in education.* McGraw-Hill Education (UK).

Richman, W.L., Kiesler, S., Weisband, S., & Drasgow, F. (1999). A meta-analytic study of social desirability distortion in computer-administered questionnaires, traditional questionnaires, and interviews. *Journal of Applied Psychology, 84(5)*, 754.

Rousseau, D.M. (2012). *The Oxford handbook of evidence-based management.* Oxford University Press.

Sackett, D.L., Rosenberg, W.M., Gray, J.M., Haynes, R.B., & Richardson, W.S. (1996). Evidence based medicine: What it is and what it isn't. *British Medical Journal, 312(7023)*, 71-72.

Shih, T.H., & Fan, X. (2007). Response rates and mode preferences in web-mail mixed-mode surveys: a meta-analysis. *International Journal of Internet Science, 2(1)*, 59-82.

Shih, T.H., & Fan, X. (2008). Comparing response rates from web and mail surveys: A meta-analysis. *Field methods, 20(3)*, 249-271.

Tourangeau, R., & Yan, T. (2007). Sensitive questions in surveys. *Psychological Bulletin, 133(5)*, 859.

Weisband, S., & Kiesler, S. (1996). Self disclosure on computer forms: Meta-analysis and implications. Proceedings of the ACM CHI 96 Human Factors in Computing Systems Conference April 14-18, 1996, Vancouver, Canada, pp. 3-10. http://www.sigchi.org/chi96/proceedings/papers/Weisband/sw_txt.htm

Ye, C., Fulton, J., & Tourangeau, R. (2011). More positive or more extreme? A meta-analysis of mode differences in response choice. *Public Opinion Quarterly, 75(2)*, 349-365.

Mixing Online Panel Data Collection with Innovative Methods

Annette Scherpenzeel
Munich Center for the Economics of Aging (MEA)

1 Introduction[1]

Mixed mode studies in survey research have been around since a long time. Whenever a new mode of data collection emerges, it has been combined with existing traditional modes of data collection, and compared in terms of resulting response rates, response bias, data quality and measurement error (Couper 2011, for general overviews of traditional mixed mode studies see de Leeuw 2005 and De Leeuw et al. 2008). The first studies focused on comparisons of the traditional modes paper-and-pencil and face-to-face interviews. These modes were, in turn evaluated again after telephone interviewing evolved. The next stage was a series of studies comparing the effect of computer assisted forms of telephone interviewing (CATI) and face-to-face interviewing (CAPI). Since the emergence of web interviewing (CAWI), most mixed mode studies have compared this mode with the foregoing modes (for overviews of such studies, see Lozar et al. 2008; de Leeuw and Hox 2011).

The most recent comparative mode studies focus on the comparison of web interviewing on computers versus mobile devices, such as smartphones and tablets (see, for example, Antoun 2015; de Bruyne 2015; Lugtig and Toepoel 2016). Furthermore, technological development continues to offer ways of

1 We thank CentERdata for enabling the studies reported in this paper, in particular Josette Janssen, Salima Douhou, Maarten Streefkerk and Joris Mulder who organized the complex field work for all studies, CentERdata's director Marcel Das, and Maurice Martens, Iggy van der Wielen, Bart van Nieuwburg and Lennard Kuyten who developed the innovative apps and software.

data collection that go beyond asking survey questions, for example by continuously tracking people's behavior. It is this development, the mixing of interviewing with completely new ways of measuring behavior and feelings, which is the subject of the present paper. We will illustrate the possibilities of new mode mixtures with studies that have been conducted in the LISS panel, a probability based online panel which was especially developed for scientific research and for experimentation. The purpose of the paper is to not only demonstrate the interesting and truly innovative ways of data collection which have become possible, but to also evaluate the problems encountered and the resulting response rates and data quality. We will discuss the different ways in which the new techniques were combined with the normal panel interviews using the framework of mixed-mode designs given by De Leeuw and Hox (2011). They distinguish four main groups of mixed-mode design, which can be applied to traditional mixed-mode studies as well as to the most recent multi-mode web surveys:

1. Contacting by Different Modes: to reduce nonresponse, e.g. Advance letter, reminders, screening
2. Another Mode for Specific Questions in the Questionnaire: e.g. Self-administered part for sensitive questions
3. Different Modes for Different Respondents: same questions in different modes, to reduce nonresponse or noncoverage. E.g.: for non-internet group; for nonrespondents; respondents in different countries
4. Alternating Modes in a Longitudinal Design. E.g. first wave face-to-face, second wave Internet

We present the applications of new techniques and innovative modes within the framework of this categorization in order to show the purposes which such techniques can fulfill in survey data collection.

2 Mixed modes in probability based online panels

In the past decade several online panels for scientific purposes have been set up, based on true probability samples. In the United States, Knowledge Networks and RAND have for example built such panels. In Europe, scientific online panels have been established in different countries, such as the Longitudinal Internet Studies for the Social Sciences (LISS) Panel in the Netherlands, the German Internet Panel (GIP), the Longitudinal Study by Internet for the Social Sciences (ELIPSS) Panel in France, and the GESIS Panel in Germany (for an overview of all four European panels see Blom et al. 2015).

As Blom et al. (2015) describe, these panels all use traditional, offline modes to contact and recruit the sample members for the online panels. They thus fit into the first category of mixed mode designs distinguished by de Leeuw and Hox (2011): Contacting by Different Modes. The mixed mode recruitment is an essential part of the design of such panels, since it is the only way to cover the complete probability sample of the general population which they are based on. Hence, the panel members are recruited using face-to-face contact, telephone contact or a combination of these two modes before they start participating in the online interviews. Next, while some of these panels provide internet access and computers or tablet to those sample units who do not have their own internet access, some other panels include these sample members by offering them a different mode of interviewing, for example mail questionnaires. The GESIS panel is an example of this mixed design, using online and mail questionnaires for different subsamples in the panel, and hence an illustration of the third category of mixed-mode designs described above: Different Modes for Different Respondents.

The LISS panel is often regarded as the first of the scientific probability based online panels in Europe. However, it followed a design which had been in use for a longer time, first at the Telepanel in Amsterdam during the early nineties (Saris 1998) and from 1997 onwards at the CentERpanel in Tilburg (Hoogendoorn and Daalmans 2009). Building on these experiences and the existing infrastructure of the CentERpanel, the LISS panel was able to progress quickly and take the forefront in integrating new modes of datacollection into the online panel. Within one year after its start, in 2008, the first experiments with new data collection techniques were designed. These experiments used self-tests to collect biomarkers in the panel (Avendano et al. 2011). Measures of cholesterol level, daily cortisol pattern and waist circumference were obtained, which were all three considered to be strong predictors of health but relatively noninvasive to collect (Avendano et al. 2011). These experiments fit into the second type of mixed-mode study distinguished by de Leeuw and Hox (2011): Another Mode for Specific Questions, since specific health measures were collected which could not be obtained in the regular online questionnaires. However, as Avendano, Scherpenzeel and Mackenbach (2011) report, the biomarker measures were a considerable burden for the respondents and the participation rates were low (15% of those invited to participate actually performed the tests in the cholesterol and cortisol experiments, 26%

in the waist circumference experiment). In part, the large response loss was due to the written consent[2] that had to be obtained from the panel members before they could participate in these experiments.

For these reasons, the self-test biomarker measures were considered to be unsuitable to be used in mixed mode designs in the online panel and were discontinued. In the next years, experiments were developed using more user-friendly and technologically innovative methods. We will discuss the following four studies using this type of innovative modes in the LISS panel:

1. The weighing study: A continuous measurement of weight and fat percentage over time using Internet weighing scales
2. The smartphone Time Use study: The collection of time use data, experience sampling data, and data about the use of social media, by means of a smartphone app
3. The Mobile Mobility study: The collection of mobility data by means of a smartphone application using GPS data
4. The Actigraphy study: The measurement of the physical activity of respondents using accelerometers.

The aim of the paper is to give an overview of the methodological aspects of the four studies: the design, the feasibility of implementing the methods in an online panel, the willingness of respondent to participate and the difficulties encountered. We will give a few summarized examples of substantive results as well, to illustrate the value of using new techniques in an online panel. However, since the substantive results are not the subject of this paper, we will refer to other publications for further descriptions of such results.

3 Four innovative studies in the LISS panel: General design

The LISS panel was founded in 2007 and consists of almost 8000 individuals who complete online questionnaires every month. Households that could not otherwise participate are provided with a computer and Internet connection. A detailed description of the LISS panel design, recruitment and response can be found in Scherpenzeel and Das (2011). The panel is operated by CentER-

---

2 The experiments were subject to approval by the Medical Ethical Commission (METC) of Erasmus MC Rotterdam, the Netherlands. This METC ruled that a written consent was required.

data, Tilburg University, and is the central part of a larger project, titled the Advanced Multidisciplinary Facility for Measurement and Experimentation in the Social Sciences (MESS). The MESS project and its core part the LISS panel were funded by the Netherlands Organisation for Scientific Research.

For all four innovative modes studies, subsamples of the LISS panel were used. In general, an online invitation to participate in a special study was first send to all LISS panel members, explaining that only a limited number of devices was available and we would probably have to make a selection from the panel members that were willing to participate. This "scarcity" principle was assumed to increase the willingness to participate, following Groves, Cialdini and Couper (1992). The invitation was programmed into the online panel member page, as a regular questionnaire. Links to instruction videos, specially developed for the LISS panel studies, were given in the invitation to show what the participation involved and to take away respondent's fear of not being able to handle the new technology[3]. In addition, we developed refusal conversion screens which were presented following a (closed) question asking for the reason of the refusal. The refusal conversion argument shown on the screen was tailored to the refusal reason the respondent had selected. For example, when a respondent selected as refusal reason for the weighing study: "because I don't want to measure my weight", the following text was shown:

(Translated from original Dutch version)

> *"You indicate that you don't want to participate because you don't want to measure your weight or you don't want to weigh yourself frequently.*
>
> *It would be a pity if only people would participate who are already frequently weighing themselves. That would give a biased impression of the weight and health of the Dutch population. It is exactly your contribution that would really help the researchers of the Tilburg University. In addition, you will receive 3.50 euros for each month that you participate. For that, you only have to stand on the weighing scale for a moment, even with your eyes closed if you wish."*

3 A pilot study preceding the weighing study had shown that the most common reason for refusal was the fear of not being able to install the scale and connect it to the Internet.

Several concepts are applied in this argument which, according to Groves, Cialdini and Couper (1992) should increase the response rate: The text emphasizes the scientific importance, mentions an authority (Tilburg University), explicitly uses the word "helping" and indicates what people get in return (reciprocity). The refusal reasons which respondents could select were based on the most frequently given answers to an open-ended question in pilot studies. If too many panel members were willing to participate, a random subsample was drawn from all potential participants. Those who were not selected received a thank you email with explanations about the limited number of devices available and the high number of willing participants.

In all four studies, intensive efforts were made to stimulate participation, by active helpdesk calls before the fieldwork started, during and after the fieldwork. In addition, instruction videos were available for panel members and feedback of results was provided on the panel member's personal LISS web page. The collection of the special data by the devices was combined with specific questionnaires, for example a monthly questionnaire on activity and health in the weighing scale study and a day reconstruction questionnaire in the accelerometer experiment.

We will now give a short description of the objective and specific design characteristics of each of the four studies, before we turn to the general overview of response rates, difficulties and data quality outcomes.

4 Weighing study

Background and Objective

Social science research on health and health behaviors often uses BMI based on self-reports of weight and height as an indicator of health risks. However, a large literature documents biases in self-reported weight. In their review article Connor Gorber et al. (2007) report that studies comparing self-reported and objectively measured weight usually find under-reporting for weight and BMI, with a great deal of individual variability. In addition, a BMI based on self-reports cannot distinguish fat from fat-free mass such as muscle and bone. Fat is a stronger predictor of morbidity and health (in particular cardiovascular diseases and diabetes) than is total body mass. Another major weakness of weight measurements in social science surveys is its low frequency, typically once a year in panel studies, or one single time in cross-sectional studies. This may mask substantial weight fluctuations over time and relationships with health behavior or ageing. Technological advances can help to obtain high frequency objective measures of weight and body fat. The objective of the LISS panel weighing study was to use such measures to validate self-reports of weight as well as to follow weight and body fat variability over time in an accurate way to improve our understanding of the relationships between weight, health, and health behaviors.

Sample and study design

The LISS weighing study was a longitudinal study which lasted 3 years, following the same panel respondents over time. A first sample of 950 households in the LISS panel started to participate in it in 2010, a refreshment sample of 300 new households was added after 2 years. We provided these households with a device that measures body weight and fat percentage (based on bioelectrical impedance), and that wirelessly sends this information to the LISS database. Since the weight measurement was embedded in the LISS panel, the data are linked to a wealth of socioeconomic variables, including health related behaviors like smoking, drinking, sporting and the use of health care.

Device

The scale connected to an internet gateway via a radio signal. Both devices did not need to be in the same room. If a panel member stepped onto the scale, the scale measured weight and bioelectrical impedance, subsequently sending this information to the panel's central server via the gateway. Respondents were requested to step on the scale bare-footed and always at the same time of the day, wearing similar clothes. The scale used electrodes on the scale to send a low voltage current through the body. With this system the total impedance of the body is calculated and provides an estimate of the body's water volume. This total body water volume is then used to estimate fat-free body mass and, by difference with body weight, body fat. A more detailed description of this estimation and the use of the scale is given by Kooreman and Scherpenzeel (2014).

5 Smartphone Time Use Study

Background and objective

Time Use Research (TUR) is usually carried out using questionnaires and diaries. Respondents complete, for example at the end of the day, all their activities of one day, spread over fixed time-slots. With current technology, such as smartphones and "apps", TUR can be set up in a completely different way. Respondents having a smartphone with them can enter their activities several times during a day. In addition, with smartphones much additional data can be collected, such as the location of the respondent at the time of the activity or photos and videos of the activity performed. The smartphone Time Use study in the LISS panel was carried out in cooperation with The Netherlands Institute for Social Research (SCP), which carries out the regular TUR in the Netherlands within the framework of the Harmonized European Time Use Survey (HETUS, Eurostat 2009).

Sample and study design

The major disadvantage of smartphone data collection is the confounding of mode effects and sample selection bias, since only respondents having a smartphone with Internet access can participate. In the LISS panel, we therefore wanted to explore the possibility to lend smartphones to people, comparable to lending computers to households that did not have a computer to participate in the LISS panel.

Between November 2011 and May 2012, a series of pilot experiments were conducted to test the idea of lending smartphones to respondents. The goal was to find out if inexperienced respondents are willing and able to complete a time use survey on a smartphone, to optimize the time use app for inexperienced users, and to test the resulting data quality. We selected 50 participants who owned an Android smartphone and 50 participants without a smartphone who were provided with an Android smartphone by CentERdata.

Following the pilot experiments, we implemented the smartphone app in a larger and representative survey in the LISS panel in 2012/13. This large scale study aimed to compare the paper diary of the Dutch time use survey (conducted in 2011/12) to the smartphone diary (data collected in 2012/13). Furthermore, the study aimed to make use of the special features of smartphone data collection to enrich the normal time use data. The first smartphone function exploited was the push function, which was used to add Experience Sampling questions to the time use app. At six randomly selected moments, spread over the day, the time use app gave a notification and three questions popped up (Figure 1). The three questions asked how the respondent felt at that moment (how happy, how rushed, and how tired), using slider scales. When a respondent did not react, they disappeared from the screen after 10 minutes. The experience sampling data about feelings can thus be combined with the time use data collected in the same app using the same 10 minute time-slots. The second smartphone function we employed to collect additional data was the GPS. The time use app registered GPS data if the respondent had allowed that (consent to collect GPS data was asked at the start of the app) and if they had turned on the GPS of the smartphone. Finally, the app registered the number of telephone calls, text and Internet messages done with the smartphone. Participants were told in advance about this registration and were given the option to stop participating if they did not agree to that.

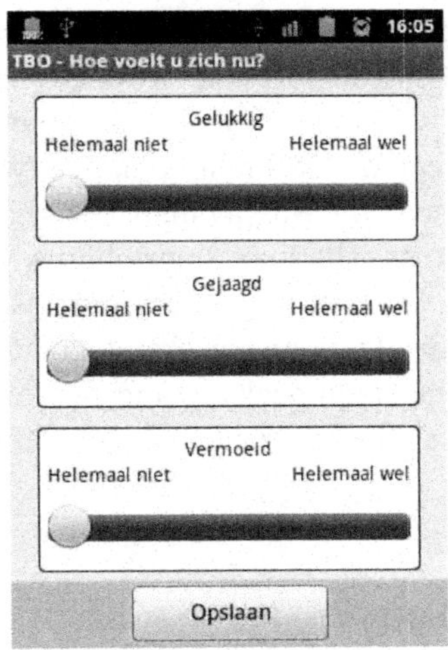

Figure 1 The three pop-up Experience Sampling questions, asking: Time Use Survey - How do you feel at this moment? Happy, Rushed, Tired. The scale labels are: Not at all – Extremely. The button below in the screen says 'Save'.

Similar to the normal paper-and-pencil TUR survey, the data collection for the main survey was spread over one year. Each month, a different batch of about 170 respondents was invited to participate, in order to obtain a total net sample of approximately 2000 participants after 12 months. In this way, we could account for seasonality in the time use data. Another advantage of this design was that a small number of loan smartphones was needed since they could be lent to a different batch of panel members each month. Each participant filled in the diary on one weekday and one weekend day during the same week. The days were systematically spread over the participants.

Device

The time use app was developed for Android smartphones and for iPhones. The participants owning an Android smartphone or iPhone could download the app from App stores or via a link at the CentERdata website. Participants not owning an Android smartphone or iPhone on which the app could be used were provided with an Android smartphone (Samsung Galaxy GIO) by CentERdata, with the time use app already installed on it. In addition, an instruction video was developed showing how to use the loaned smartphone and the time use app. The app had to be installed and could then be accessed multiple times. Since the app also worked offline, respondents could fill in the diary anywhere at any time, independent of Internet accessibility. The diary data were sent to the research institute automatically ("synchronized") whenever a 3G or Wi-Fi-connection was available, without further action being required by the respondents. The loan smartphones were sent to the participants by post. After one week, in which respondents participated in the time use study on one weekday and on one weekend day, the smartphone were sent back to CentERdata in the same package and without costs. At CentERdata, the returned smartphones were cleaned and re-installed, and send out again to the next participant.

6 The Mobile Mobility study

Background and objective

In most countries, including the Netherlands, the understanding of people's travel behavior is based on cross-sectional travel surveys where only one day is surveyed for each respondent. This is not enough to gain a proper understanding of the dynamics in travel behavior and changes in behavior needed to reverse the long-term trends of growing mobility, congestion, increasing oil consumption and greenhouse gas (GHG) emissions. As part of a comprehensive research program conducted by the Centre for Transport Studies at the University of Twente, a field experiment was setup in the LISS panel using the GPS in smartphones to collect continuous long-term data on individual travel behavior. Smartphones are carried by people throughout the day and are therefore especially suitable for collecting accurate and extensive travel behavior data at low level of respondent burden. However, there was yet little experience with using smartphones as data collection tools in the transport field. The LISS panel experiment collected multiple-week and multiple-year travel behavior data from 600 panel members using smartphones. Similar to the design in the smartphone Time Use study, CentERdata again loaned smartphones to LISS panel members who did not own a smartphone themselves, in order to attain a representative sample of participants in the mobility study. The project was conducted by the Centre for Transport Studies at the University of Twente, in collaboration with CentERdata, the ICT research institute Novay, and the Dutch Ministry of Infrastructure and Environment.

Sample and study design

A pilot study for the mobility smartphone study was conducted in the LISS panel in January 2013. The first wave of the main study was carried out from April to July 2013, the second and third wave in the same months in 2014 and 2015. A random selection of 500 panel members who were willing to participate in the mobility study, including both smartphone owners and panel members without a smartphone, was selected for each wave. Each wave lasted about four weeks of fieldwork. As described for the smartphone Time Use study, the loan smartphones were sent to the participants by post and returned by them to CentERdata at the end of the four weeks.

Device

In the smartphone mobility study, the same loan Android smartphones were used as in the smartphone Time Use study. A mobility app was developed for iPhone and Android platforms by the ICT research institute Novay, in assignment by the University of Twente. The app automatically recorded trips using GSM/UMTS cell, Wi-Fi and GPS sensors. It detected whether or not the smartphone was moving and if so, it collected a location trace of the location measurements. If the smartphone remained stationary for some time, the app finalised the active collection and would send the data (i.e. location trace) to a server. Subsequently, on the server the location trace was cleansed with outlier detection and a trip was constructed from the location trace, using algorithms to automatically detect (multi-modal) tours, trip purpose and transport mode (Geurts et al. 2013).

In addition, an online interface was developed by CentERdata, where participants could check the registrations made by the mobility app and edit them if they were incorrect. In this way, the researchers of the Twente University could study the reliability of the app registrations.

7 Actigraphy study

Background and objective

Physical activity is a prime component of health behavior and accurate measurement is necessary for a better understanding of what drives differences in physical activity, how this is related to health, and how this can be influenced by policy. Obtaining internationally comparable objective measures of physical exercise has proven to be very difficult given its subjective nature. Almost all existing large-scale studies of physical activity have used self-report questionnaires. Although questionnaires are valuable, they also have their limitations, especially for international comparisons. First, they typically provide little information about the pattern of activity across the day and through the week. Self-reported measures are usually limited to certain aspects of daily activity such as structured exercise or walking and daily activities and sedentary behavior are not captured. Second, responses to questionnaires may not be accurate because of the cognitive challenge of estimating frequency and duration of activity and social desirability bias. Third, there may be important cultural differences across countries or across socio-economic groups in what constitutes exercise and vigorous exercise in particular. The development of accelerometers has opened up new possibilities for studying all intensity levels of physical activity from completely sedentary to vigorous activity available over periods of several days. The first aim of the LISS panel Actigraphy study was to understand the degree to which these limitations may distort the measurement and comparisons of physical activity. Secondly, the aim was to study patterns of activity and sedentary behavior through the day and week, using the continuous objective accelerometer measurement.

Sample and study design

The study involved wearing a wrist-worn accelerometer for 8 days, and additional questionnaires eliciting self-reports of physical activity and time use. In September 2012, a feasibility pilot was carried out among 200 LISS panel respondents, using 100 accelerometers. Starting in February 2013, the accelerometer main study was carried out on a sample of about 1000 LISS panel members, using 300 accelerometers. The accelerometers were sent to participants by post, with full instructions on its use and a log book. They were returned by post at the end of the 8-day period, after which CentERdata downloaded the data from the device, cleaned and re-installed it, and sent it to the next participant.

Device

GENEActiv accelerometers were used for the study. This is a wrist-worn accelerometer, which also measures near-body temperature and includes a configurable clock, allowing data to be matched to reported activity or other measures. The accelerometers are charged in a cradle connected to a USB power source. This cradle also allows for communication with the GENEActiv software used to configure the instruments, and download and manage recorded data.

8 Results

Response rates

Table 1 gives an overview of the response of the LISS panel members in the different innovative studies. For the two smartphone studies, we used one combined online invitation questionnaire, in August 2012. Respondents could choose to either participate in both studies (Time Use Study and Mobile Mobility Study), in only one of the two, or refuse both. They could also ask for more information before deciding, in which case they were called by our helpdesk. For the Time Use Study, a different sample of 170 panel members was selected each month from the pool of panel members who had indicated they were willing to participate in the study.

Table 1 Response to the invitations for all four innovative studies. Conditional percentages

	Weighing Study	Smartphone Time Use Study	Smartphone Mobility Study	Actigraphy study
Total invited	7264	7107[1]	7107[1]	2559[2]
Completed invitation questionnaire	72%	75%	75%	77%
Willing to participate[3]	56%	37%	37%	57%
Participated[4]	75%	68%[5]	81%[6]	90%

1 The invitation for both smartphone studies was included in one questionnaire. Respondents could indicate if they wanted to participate in both studies, choose one of the two, refuse both, or get more information.
2 A random subsample of the total panel was invited for the Actigraphy study.
3 Conditionally on completion of the invitation questionnaire.
4 Conditionally on a (random) selection from those who were willing to participate.
5 Monthly average from October 2012 to September 2013.
6 Response in the first wave, averaged over two batches of participants. Response is defined as having at least one trip registration in the mobile app.

In all four studies, about 75% of the panel members completed the online invitation questionnaire, reflecting the usual monthly response in the LISS panel. The willingness to participate, as indicated in these invitation questionnaires, was clearly lower in the two smartphone studies (37% in each) than in the weighing and actigraphy studies (56% and 57%, respectively). The lower willingness could reflect, for example, privacy concerns, a higher perceived respondent burden, or fear of not being able to use the technology. We did not study the reason for the difference in participation willingness. The actual participation rates, after panel members had agreed to participate and received the device, show a different pattern. The rate was lowest in the smartphone Time Use study (68%), which was the most burdensome study of the four, demanding respondents to fill in all their activities for two whole days and the experience sampling questions several times a day. It was followed by the weighing study (75%) which did not require a lot of effort from the respondents, but still that they would step on the weighing scale regularly. However, the relatively low response rate in this study can in part be related to technical problems with the data transfer of the weighing scales in the first period of the study, which we will discuss below. The Actigraphy study, which did not necessitate any response from the panel members other than wearing the wrist device, had the highest final participation rate of the four studies (90%). The Mobile Mobility Study had a high final response at well, 80% of those who were willing to participate actually did so. During the course of the day, this study was non-invasive because the app would record the trips of the respondent automatically. However, the checks and editing of the registered trips which the respondents were supposed to do online were a considerable demand, although they could be done at the end of the day.

If the willingness to participate in the innovative studies is related to specific respondent characteristics, the resulting net samples would be biased. This was studied by Fernee and Sonck (2014) for the smartphone Time Use study. They found no differences in the sample distributions of gender, age, education, household composition, working status and urbanization between the participants in the LISS panel smartphone Time Use study and the regular paper-and-pencil TUR of 2011/12 conducted by the SCP in the Netherlands. In contrast, a large difference in sample composition was found between the LISS panel sample members who participated with their own smartphone and those who were provided with a loan smartphone to participate: The smartphone owners who participated were on significantly younger, higher educated, more likely to have children in the household, working and living in more urbanized regions. This is an important result, since it not only proves the importance of including people who do not own a smartphone in a study that aims to be representative of the general population, but also shows that this can successfully be done by providing people with loaned smartphones to participate.

Technical and operational difficulties

Loaning smartphones and accelerometers to respondents and sending them by post has a certain risk of loss. This risk turned out to be relatively small: Until July 2013, we lost 18 of the 440 (4%) loan smartphones in use for the two smartphone studies and about 13 of the 300 (4%) accelerometers. A much larger problem for the Actigraphy study was the defect rate: over 90 accelerometers had to be returned to GENEActiv during the fieldwork because of defects.

Technical problems also occurred in the weighing study, causing some loss of data during short but recurring periods of time. The weight data were transferred from the gateway at the respondent's home to the CentERdata database through a server owned by the company that developed the weighing scales. At this server, an algorithm which was owned by the company transformed the impedance data to weight and body fat data. The company's server had a few disruptions during the fieldwork period, which lasted shortly but would disorganise the automatic transfer of the data from many of the gateways in the respondents' homes. Respondents then had to reset the gateway, by dis- and reconnect it. Messages were sent to all participants at each occurrence of this problem, asking them to perform this reset, but these messages were not always read of followed up. This implied that the CentERdata helpdesk had to telephone all remaining participants to get the reset done and to get the data transfer working again. The data loss as a result of these disruptions was small in comparison to the overall amount of data collected with the weighing scales and did not pose a problem for the data analysis, but it did entail a considerable workload for the helpdesk of the survey institute.

The two smartphone studies did not suffer from major technical problems during the main data collection, after the app's had been extensively tested and improved in the pilot studies. On the contrary, the smartphone Time Use pilot experiments showed that it was feasible to conduct time use research with an app on the smartphone for both experienced and inexperienced users. Respondents were able to use the app on a loaned smartphone to register their time use. With regard to data quality, the Mobile Mobility app in the first wave appeared to have some difficulty in correctly identifying modes of transport, in particular the use of tram, bus and train (Thomas et al. 2014). The algorithm of the app was therefore improved for the next waves of the study. This problem did, however, not cause any technical disruptions during the fieldwork. The only technical issue causing possible data loss was the battery use of the apps. The GPS registrations implemented in both the Time Use and the Mobile Mobility study caused the smartphone batteries to discharge rather fast. This was especially reported by the participants using a loan smartphone, perhaps related to their inexperience with the battery discharge of smartphones with Internet connections, or to the quality of the battery in the loan smartphone. The fast battery discharge was the main complaint of all participants in the two smartphone studies, expressed in an evaluation questionnaire.

The most important difficulty associated with the use of the apps in the LISS panel was the large investment it demanded in terms of man hours for software development and fieldwork operations. The development of an app for specific use in a single study such as the TUR study is a large and rather inefficient investment. A browser-based questionnaire can, when using one of the many user-friendly software packages available nowadays for online questionnaires, be programmed by researchers or other non IT-programmers, and be used on different types of computers, different browsers and often even on mobile devices without much adaptations. This is not the case for apps. Apps have to be developed for each operating system separately (for example for Apple IOS, Android, Nokia OS, Blackberry OS, etc.) and professional software developers are needed for that. Furthermore, after each change in the app, users (in our case the respondents) have to download and install it again. For use in a survey, where response rates are essential, it is therefore important to exhaustively test the app in repeated test- and pilot rounds, to minimize the need for adaptations and corrections after the start of the main fieldwork. The development of the user-friendly and profoundly tested time use app, including all the special features it had like push functions for Experience Sampling and collection of social media use data, required over 400 programmer man-hours for the Android version, and about another 400 for the iPhone version. For the Android version, these man-hours include the complete specification and building of app diary on the basis of the normal paper diary, and all adaptations after two pilot tests. For the iPhone version, the man-hours represent the re-programming of the already designed Android app for the IOS operating system and adaptations after a pilot study. Furthermore, both smartphone studies as well as the Actigraphy study demanded many operational hours, due to the logistics of repeatedly sending out the loan devices, cleaning and re-installing them, registration of incoming and outgoing batches, and extensive helpdesk support for the participants during the entire fieldwork period.

A final operational point that had to be taken into account is the treatment of the GPS data as collected in the two smartphone studies. GPS data can, in combination with other LISS data or even only on the basis of the GPS coordinates of one's home address, easily be used to identify a person. It was therefore necessary to develop extensively secured data transfer protocols and restricted access to the data for research purposes, in contrast with the normal free data access policy of the LISS panel. Researchers can apply for use of the GPS data, which can be assessed remotely on a protected server at CentERdata, without the possibility to download the data to a local environment or directly link them to other data.

Validation of self-report data

In all four studies, the data obtained with the innovative methods of data collection were compared with the self-report data obtained using the regular online questionnaires. The weighing study, the Mobile Mobility study, and the Actigraphy study proved the existence of some clear biases in the self-reports. For example, the average self-reported weight of participants in the LISS panel weighing study is 0.9 kilograms lower than the average actual weight for men and 0.7 kilogram lower for women. Furthermore, participants with a high actual BMI have a stronger tendency to underreport their weight whereas participants with a too low actual BMI, according to WHO standards, tend to over report their weight (Kooreman and Scherpenzeel, 2014). The Mobile Mobility app registered significantly more trips per person per day than is normally found in the traditional travel surveys conducted by Statistics Netherlands, thus proving the existence of an underreporting bias in this survey (Thomas et al. 2014)[4]. In the Actigraphy study, bias in self-reports of activity were related to respondent characteristics. For instance, older age groups self-reported that they are more physically active, in contrast with the objective measure taken by the accelerometers, which revealed that age is negatively associated with physical activity. Likewise, females, students, and high income group mentioned that they are more physically active than their comparison groups, whereas the objective measure showed no such differences (Kapteyn 2015).

The smartphone Time Use study, in contrast, resulted in nearly equal time use distributions as the regular paper-and-pencil TUR of 2011/12 in the Netherlands with regard to the five main categories of activities: Leisure time, travel, employment and study, household and family care and sleep/eat/personal care (Fernee and Sonck 2014). However, some differences in reported time use were observed for a few subcategories of activities, such as food preparation, eating (for both less time was reported in the smartphone study), or computer activities (more time was reported in the smartphone study). As was described in the section on response, the differences are most probably not caused by selection bias, as the sample distributions on some major

4 The app registrations also showed a slight under registration of trips in comparison with the online checks and adaptations to these registrations as done by the LISS panel participants. However, the number of trips per person per day as registered in the app is still clearly higher than the number found in the traditional surveys.

demographic variables were equal in both studies. Rather, they seem to reflect mode differences. We do not know which of the two modes, paper-and-pencil or smartphone app, reflects the true time use distribution, but a change of modes in longitudinal, repeated TUR can hence affect the comparability of the results for some of the more detailed levels of activities.

Data enrichment

Two of the studies reported here aimed to not only increase the accuracy of measurement by using different modes, but also to enrich the existing LISS data with supplementary special measures. We will shortly describe some examples of remarkable findings based on these supplemental data, referring to the publications about these results for more extensive descriptions.

The advanced weighing scales provided a measure of body fat, in addition to weight, which cannot be obtained through questionnaires. Kooreman and Scherpenzeel (2014) showed with the help of this additional measure that in the general population fat-based measures of obesity point at a substantially larger prevalence of obesity than BMI-based measures. Hence, the innovative mode of datacollection provided a true enrichment of the data. In addition, the weight data obtained with the scales documented the existence of a weekly cycle in body mass (Kooreman and Scherpenzeel 2014). This cycle can only be observed by collecting high frequency (daily) precise measures of weight, which is infeasible to do by means of daily questionnaires.

The Experience Sampling measures of mood, as implemented in the smartphone Time Use study are another example of supplemental data going beyond the normal time use data. Sonck and Fernee (2013) observed that the random pop-up Experience Sampling questions showed clear fluctuation patterns in moods during the day and across the days of the week, which cannot be seen based on a general estimation at the end of a fieldwork day. These fluctuations could then be related to the type of activities performed in the same time slots.

9 Conclusions

Technological development continues to offers new ways of data collection and new ways of mixing modes of data collection. In this paper, we have described how smartphone features and life-tracking technology can be used to collect more accurate data and supplemental measures in an online panel.

All four studies can be considered to be examples of the second type of mixed-mode study distinguished by De Leeuw and Hox (2011): Another Mode for Specific Questions, but in a new and pioneering way. A general aim of the four studies was to enrich the existing LISS data with additional measures, offering new, unique analysis possibilities for researchers in the domains time use, health, mobility and activity. Another aim was to validate data obtained with traditional self-report methods with these new and in some cases objective continuous measures. It was shown that the willingness of respondents to participate in such innovative studies as well as final actual response rate was satisfactory. Furthermore, in the smartphone studies, inexperienced users were also able to participate in the smartphone studies, using loan smartphones with the apps installed on it. The principle of providing smartphones to respondents in the studies described here is similar to the strategy of providing computer equipment and internet access to non-internet users in order to enable them to participate in an online panel, as the LISS panel and other similar panels for scientific use have been doing for about a decennium. In the smartphone Time Use study, it resulted in a net sample of participants which was clearly more representative than a sample of smartphone users only.

The weighing study and Mobile Mobility study proved, with the help of the objective measures, the existence of bias in the self-reports of weight and travel behaviour. Furthermore, the weighing study and smartphone Time Use study reported fluctuating patterns in weight and in mood across days and weeks which can only be observed using detailed high frequency measures.

In some cases, further technical improvements in the devices used are still needed. However, the main impediments for this type of study are the amount of time and manpower that is needed to implement the technologies and the complex operations and logistics. As Couper stated in his view on the future of survey methods (Couper 2011), the times demand for survey methods which are easy and undemanding, since respondent's time and willingness have become precious. The weighing scales, mobility app, and accelerometers described here are good examples of methods which automatically register behaviour ("life-tracking" methods) or demand little effort from the respondents. However, these methods move the burden from the respondent to the researcher or the research institute: Whereas the respondents only have to wear a wrist-watch, carry their own smartphone with them or step on a weighing scale like they would normally do, researchers and fieldwork management have to invest much more in the survey preparation and support than when they use only regular computer assisted questionnaires. For each future study, such investments must be weighted against the gains in response, data quality and data enrichment.

References

Antoun, C. (2015). Mobile Web Surveys: a First Look at Measurement, Nonresponse, and Coverage Errors. Doctoral Dissertation, the University of Michigan.

Avendano, M., Scherpenzeel, A., & Mackenbach, J. (2011). Can biomarkers be collected in an Internet survey? A pilot study in the LISS panel. In M. Das, P. Ester, & L. Kaczmirek (Eds.), *Social and behavioral research and the Internet: Advances in applied methods and research strategies*, New York: Taylor & Francis Group.

Blom, A.G., Bosnjak, M., Cornilleau, A., Cousteaux, A., Das, M., Douhou, S., & Krieger, U. (2015). Comparison of Four Probability-Based Online and Mixed-Mode Panels in Europe. *Social Science Computer Review 0894439315574825*, first published on March 31, doi: 10.1177/0894439315574825.

Connor Gorber, S., Tremblay, M., Moher, D., & Gorber, B. (2007). A comparison of direct vs. self-report measures for assessing height, weight and body mass index: a systematic review. *Obesity Reviews*, 8, 307-326.

Couper, M.P. (2011). The future of modes of data collection. *Public Opinion Quarterly*, 75, (5), 889-908.

De Bruyne, M. (2015). *Designing Web Surveys for the Multi-Device Internet.* Doctoral Dissertation, Tilburg University.

De Leeuw, E.D. (2005). To mix or not to mix data collection modes in surveys. *Journal of Official Statistics*, 21, 233-255.

De Leeuw, E.D., Hox, J.J., & Dillman, D.A. (2008). Mixed-mode surveys: When and why. In E.D. de Leeuw, J.J. Hox, & D.A. Dillman (Eds.), *International Handbook of Survey Methodology.* Boca Raton: CRC Press.

De Leeuw, E.D., & Hox, J.J. (2011). Internet surveys as part of a mixed-mode design. In M. Das, P. Ester, & L. Kaczmirek (Eds.), *Social and behavioral research and the Internet: Advances in applied methods and research strategies.* New York: Taylor & Francis Group.

Eurostat (2009). Harmonized European time use surveys, Guidelines 2008. Methodologies and Working Papers. Luxembourg: Office for Official Publications of the European Communities. http://ec.europa.eu/eurostat/en/web/products-manuals-and-guidelines/-/KS-RA-08-014. Zugegriffen: 26. Juli 2016.

Fernee, H., & Sonck, N. (2014). A comparison between time-use data collected by smartphones and a paper diary [powerpoint slides]. Presentation at the *XV111 ISA World Congress of Sociology*, 13-19 July 2014, Yokohama, Japan

Geurs, K., Veenstra, S., & Thomas, T. (2013). The setup of a mobile mobility panel for the Netherlands. Paper presented at the 13th The World Conference on Transport Research (WCTR), July 15-18, 2013, Rio de Janeiro, Brazil.

Groves R.M., Cialdini, R.B., & Couper, M.P. (1992). Understanding the Decision to Participate in a Survey. *Public Opinion Quarterly*, 56, 475-495.

Hoogendoorn, A., & Daalmans, J. (2009). Nonresponse in the recruitment of an internet panel based on probability sampling. *Survey Research Methods*, 3, 59-72.

Kapteyn, A. (2015). *Comparing subjective and objective physical measures across countries*. Manuscript.

Kooreman, P., & Scherpenzeel, A. (2014). Advanced Body Mass Measurement, Feedback, and Health Behaviors. *Economics and human biology*, 14, 141-153.

Lozar Manfreda, K., Bosnjak, M., Berzelak, J., Haas, I., & Vehovar, V. (2008). Web surveys versus other survey modes: A meta-analysis comparing response rates. *International Journal of Market Research*, 50, 79-104.

Lugtig, P., & Toepoel, V. (2015). The Use of PCs, Smartphones, and Tablets in a Probability-Based Panel Survey: Effects on Survey Measurement Error, *Social Science Computer Review*, 34, 78-94.

Saris, W.E. (1998). Ten Years of Interviewing Without Interviewers: The Telepanel. In M. P. Couper et al. (Eds.), *Computer Assisted Survey Information Collection* (p. 409-429), New York: Wiley.

Scherpenzeel, A., & Das, M. (2011). True Longitudinal and Probability-Based Internet Panels: Evidence from the Netherlands. In M. Das, P. Ester, & L. Kaczmirek (Eds.), *Social and behavioral research and the Internet:*

Advances in applied methods and research strategies, New York: Taylor & Francis Group.

Sonck, N., & Fernee, H. (2013). *Using smartphones in survey research: a multifunctional tool. Implementation of a time use app; a feasibility study.* SCP-publication 2013-22, The Hague: The Netherlands Institute for Social Research.

Thomas, T., Geurs, K., Bijlsma, M., & Douhou, S. (2014). Hoe mobiel zijn we eigenlijk? Eerste inzichten uit het Mobiele Mobiliteitspanel (How mobile are we really? First insights from the Mobile Mobility Panel). *Tijdschrift Vervoerswetenschap*, 50 (3), 138-154.

Ein Verfahren zur Dekomposition von Mode-Effekten in eine mess- und eine repräsentationsbezogene Komponente

Heinz Leitgöb
Universität Eichstätt-Ingolstadt

1 Problemstellung

Die valide standardisierte Messung sozialer Phänomene setzt voraus, dass die Wahl des Erhebungsverfahrens keinen Einfluss auf das Antwortverhalten der Respondenten ausübt und die verfügbaren *survey administration modes* (z.B. persönlich, telefonisch, postalisch, webbasiert) identische Antworten auf dieselben Fragen bzw. Items hervorbringen. Allerdings gilt es als gesicherte Erkenntnis der Umfrageforschung, dass sich diese Invarianzbedingung insbesondere bei sensitiven Fragestellungen (Tourangeau und Smith 1996; Tourangeau et al. 1997; Tourangeau und Yan 2007) im Allgemeinen nicht aufrechterhalten lässt und ein Auftreten von „Mode-Effekten" zu erwarten ist (siehe zusammenfassend etwa Bowling 2005; Schwarz et al. 1991 bzw. die wegweisenden Meta-Analysen von de Leeuw 1992 sowie de Leeuw und van der Zouwen 1988). Diesem klassischen, auf den Prozess des Messens beschränkten und demzufolge als „eng" zu bezeichnenden Verständnis von Mode-Effekten kann die folgende Definition zugrunde gelegt werden: „At its most general, the term *mode effects* refers to any influence on survey responses that is due to the mode of data collection" (Jans 2008, S. 476; Hervorhebungen im Original). Neben diesen auf den „*measurement*-Pfad" des *survey lifecircle* Modells (SLM) von Groves et al. (2009) bezogenen Einflüssen erweisen sich zudem die im „*representation*-Pfad" des SLM ablaufenden Prozesse (insbesondere die Bestimmung der Auswahlgrundlage, Konstruktion und Ziehung der Zufallsstichprobe, Rekrutierung der ausgewählten Individuen) als mode-sensitiv und schlagen sich auf die Qualität nieder, mit der die jeweils realisierte Nettostichprobe die festgelegte Zielpopulation repräsentiert.

Das auf den Erhebungsmodus zurückzuführende absolute Ausmaß aller mess- und repräsentationsbezogenen Einflüsse, von Kury et al. (2015, S. 80) auch als „weite“ bzw. „holistische“ Definition von Mode-Effekten bezeichnet, lässt sich in aller Regel nicht abschließend bestimmen, da die „wahren“ Populationsparameter unbekannt sind und sich dem Vergleich mit ihren als Stichprobenstatistiken realisierten Schätzern entziehen. Dieser Umstand veranlasste die Umfrageforschung zur Etablierung relationaler Identifikationsstrategien, deren gemeinsames Fundament die inferenzstatistisch abgesicherte Kontrastierung der interessierenden Schätzer auf der Grundlage divergierender Modes bildet (z.B. Groves 2005, S. 503ff).[1] Jäckle et al. (2010) differenzieren in diesem Zusammenhang zwei grundlegende Typen von mode-vergleichenden Studien: (*i*) Jene, die sich dem Fokus des Erkenntnisinteresses auf die „enge“ Konzeption von Mode-Effekten geschuldet auf die Ermittlung des *pure mode effects* (Jäckle et al. 2010, S. 6) konzentrieren und (*ii*) jene, deren Intention in der vergleichenden Gegenüberstellung optimaler Designs der jeweiligen Erhebungsverfahren liegt. Während die erstgenannte Gruppe von Studien auf die isolierte Betrachtung der relativen Einflussnahme des Erhebungsmodus auf die Messung respektive den Antwortprozess abstellt, verfolgt die zweite Gruppe das Ziel, die globale Vergleichbarkeit von mit unterschiedlichen *systems of data collection* (Jäckle et al. 2010, S. 6) generierten Daten zu evaluieren und versucht so dem weiten Verständnis von Mode-Effekten Rechnung zu tragen (für nähere Details siehe etwa Groves et al. 2009, S. 160ff). In der Forschungsrealität lässt sich nach Groves et al. (2009, S. 162) jedoch die Mehrheit der mode-vergleichen

1 Da aus dem bloßen Vergleich der mode-spezifischen Schätzer ohne Referenz zu den „wahren“ Populationsparametern keine substantiellen Aussagen über deren Qualität getätigt werden können, rekurrieren mode-vergleichende Studien oftmals auf eine Reihe von Indikatoren, die eine Abschätzung der jeweils vorliegenden Datenqualität erlauben sollen. Hierzu gehören nach Jäckle et al. (2010, S. 5) Indikatoren der Vollständigkeit (z.B. die mittlere *item nonresponse* Rate, die mittlere Anzahl an Antworten auf „*tick all that apply*“-Fragen, die mittlere Länge der Antworten auf offene Fragestellungen), der Exaktheit (z.B. über den Abgleich mit externen Datenquellen) und der Zuverlässigkeit (z.B. über psychometrische Skaleneigenschaften) der Antworten.

Studien auf einem Kontinuum mit den beiden erläuterten Gruppen als den einander gegenüberliegenden Polen verorten.

Verhältnismäßig geringe Bemühungen wurde bislang in die Entwicklung von Ansätzen investiert, die auf die analytische Zerlegung des unter der weiten Definition subsumierten gesamten Mode-Effekts in seine mess- und repräsentationsbezogenen Komponenten abstellen. Einzelne vielversprechende Vorschläge entstammen der in den letzten Jahren stark an Bedeutung und Umfang gewonnenen Forschung zu *mixed-mode* (MM) Surveys (z.B. Schouten et al. 2013; Vannieuwenhuyze et al. 2010, 2014; Vannieuwenhuyze und Loosveldt 2012). Allerdings lassen sich diese nicht unmittelbar auf den konventionellen[2] Mode-Vergleich mit designbasierter Zufallszuweisung des Erhebungsmodus oder wiederholten Messungen (siehe Abschnitt 2) übertragen, da jene Mechanismen, die zur Emergenz repräsentationsbezogener Mode-Effekte führen, nicht dem Prozess der auf individuellen Präferenzen und technischen Voraussetzungen basierenden Selbstselektion in eines der wählbaren Erhebungsverfahren in einem MM-Survey entsprechen.[3] So ist beispielsweise ein beträchtlicher Teil des *representation*-Pfades in vielen MM-Surveys für alle implementierten Modes identisch, da die Stichprobenziehung über die Auswahlgrundlage jenes Modes realisiert wird, für die der geringste *coverage error* erwartet wird und die die Konzeption eines möglichst effizienten Stichprobendesigns erlaubt. Zudem erfolgt die anschließende Erstkontaktierung der ausgewählten Befragungsteilnehmer in aller Regel über jenen Kommunikationskanal, der für den dem Stichprobenverfahren zugrunde liegenden Erhebungsmodus idealtypisch ist. Dies hat zur Folge, dass der aus Teilnahmeverweigerungen resultierende *unit nonresponse error* entweder ausschließlich dem für die Akquise verantwortlichen Modus zugeschrieben oder als mode-unspezifisch angesehen werden muss. Nicht zuletzt aufgrund dieser Inkompatibilitäten der im Bereich der MM-Forschung elaborierten Ansätze mit den in der mode-vergleichenden Forschung bestehenden Gegebenheiten liegt dem Beitrag die Absicht zugrunde, ein den spezifischen Anforderungen

2 Wird in der Folge nicht explizit auf MM-Surveys Bezug genommen, bezieht sich die Argumentation ausschließlich auf den konventionellen Mode-Vergleich.

3 Als Referenz im MM-Framework wird an dieser Stelle ein Querschnittdesign mit einer Stichprobe und einheitlichen Messinstrument angenommen. Eine plakative Übersicht der unterschiedlichen Typen von MM-Designs stellt de Leeuw (2005) zur Verfügung.

genügendes bzw. des konventionellen Mode-Vergleichs" zur Trennung von mess- und repräsentationsbezogenen Mode-Effekten vorzuschlagen. Als analytische Grundlage soll ein von Blinder (1973) und Oaxaca (1973) eingeführtes ökonometrisches Verfahren zur Dekomposition jener Effekte (in weiterer Folge auch als BO-Dekomposition bezeichnet) rekurriert werden, die für das Auftreten von Mittelwertdifferenzen zwischen zwei Gruppen in einem interessierenden Merkmal verantwortlich zeichnen (siehe Abschnitt 4). Demgemäß stellt das propagierte Verfahren auf die Aufklärung von Differenzen in mode-spezifischen Stichprobenmittelwerten ab.

Dem weiteren Beitrag liegt folgende Struktur zugrunde: Zunächst erfolgt die Erläuterung der allgemeinen formalen Grundlagen von Mode-Vergleichen unter Berücksichtigung der dieser Fragestellung inhärenten kontrafaktischen „Natur" (Abschnitt 2). Der anschließende Abschnitt 3 enthält eine knappe Darstellung des Erkenntnisstandes über jene Mechanismen, die das kausale Beziehungsgefüge der mode-bezogene Einflüsse auf das Antwortverhalten sowie die Komposition der realisierten Stichproben konstituieren. Das Kernstück und zugleich innovative Moment der Arbeit ist in Abschnitt 4 verortet und enthält die in den Rahmen des Mode-Vergleichs eingebettete Explikation der BO-Dekomposition. Der finale Abschnitt 5 dient der Zusammenfassung und Konklusion.

2 Formale Grundlagen des Mode-Vergleichs aus kontrafaktischer Perspektive

An den Beginn der Auseinandersetzung mit Möglichkeiten der analytischen Zerlegung von Mode-Effekten in eine repräsentations- und eine messbezogene Komponente soll das um einen Methodenfaktor erweiterte Messfehlermodell der klassischen Testtheorie (KTT; klassisch: Lord und Novick 1968; einführend: z.B. Moosbrugger 2012) gestellt werden (z.B. Biemer und Stokes 2004). Demzufolge setzt sich die beobachtbare Antwort y_{ij} eines Individuums i auf Item j additiv aus dessen „wahrem" Wert τ_{ij}, einer systematischen Methodenkomponente M_{ij} und einem zufälligen Messfehler ε_{ij} zusammen:

$$y_{ij} = \tau_{ij} + \underbrace{M_{ij} + \varepsilon_{ij}}_{\epsilon_{ij}} \qquad (1).$$

Gemäß den Axiomen der KTT gelten $E(\varepsilon_j) = 0$ und $\mathrm{Corr}(\tau_j, \varepsilon_j) = 0$. Ferner sei der gesamte Messfehler ϵ_{ij} definiert als die Summe von M_{ij} und ε_{ij} bzw. die Differenz zwischen y_{ij} und τ_{ij}. Über die Konkretisierung des Methodenfaktors M_{ij} lässt sich eine explizite Berücksichtigung des Erhebungsmodus m im Messmodell aus Gl. (1) herstellen. Dieser soll als Summe der mode-bedingten ($\mathcal{M}_{ijm}$) und mode-unabhängigen ($\mathcal{M}_{ij}$) Methodeneinflüsse (z.B. Art der Itemformulierung bzw. des Frageanreizes, Eigenheiten der zugrunde gelegten Skala) auf die nun mode-spezifische Antwort y_{ijm} spezifiziert werden:

$$M_{ijm} = \mathcal{M}_{ijm} + \mathcal{M}_{ij} \quad (2).$$

Durch Einsetzen von Gl. (2) in Gl. (1) ergibt sich die folgende Messgleichung:

$$y_{ijm} = \tau_{ij} + \underbrace{\mathcal{M}_{ijm} + \mathcal{M}_{ij} + \varepsilon_{ijm}}_{\epsilon_{ij}m} \quad (3).$$

Der Identifikation des auf den Mess- bzw. Anwortprozess reduzierten und zuvor als „eng" bezeichneten relativen Mode-Effekts liegt das kontrafaktische Problem (z.B. Collins et al. 2004; Holland 1986; Lewis 1973; Morgan und Winship 2015; Rubin 1974, 2005) zugrunde, demzufolge die beobachtbaren Antworten zweier bzw. multipler Modes nicht simultan und unabhängig voneinander beobachtet werden können. Zur formalen Darstellung des Problems lässt sich das folgende, auch als Neyman-Rubin *causal model* bezeichnete kontrafaktische Modell mit $m = \{a, b\}$ formulieren:

$$y_{ij} = y_{ija} + (\delta_{ij}) D_{ij} \quad (4)$$

mit der Indikatorfunktion

$$D_{ij} = \begin{cases} 0 \ \mathit{falls} \ m = a \\ 1 \ \mathit{falls} \ m = b \end{cases} \quad (5)$$

und

$$\delta_{ij} = y_{ijb} - y_{ija} \quad (6)$$

als dem individuellen Treatment-Effekt (im gegebenen Fall: Mode-Effekt) für Individuum i in Item j. Der Term δ_{ij} bildet somit die individuelle Differenz in den beobachtbaren Antworten zwischen den beiden Modes a und b ab, d.h. im Falle von Modesensitivität gilt $y_{ija} \neq y_{ijb}$ und folglich $\delta_{ij} \neq 0$.

Durch die Integration von Gl. (3) in Gl. (6) wird ersichtlich, dass δ_{ij} die Summe der Differenzen der mode-spezifischen Methodeneinflüsse ($\Delta\mathcal{M}_{ij}$) und der zufälligen Messfehler ($\Delta\varepsilon_{ij}$) repräsentiert:

$$\begin{aligned}\delta_{ij} &= \tau_{ij} + \mathcal{M}_{ijb} + \mathcal{M}_{ij} + \varepsilon_{ijb} - \left(\tau_{ij} + \mathcal{M}_{ija} + \mathcal{M}_{ij} + \varepsilon_{ija}\right) \\ &= \left(\mathcal{M}_{ijb} - \mathcal{M}_{ija}\right) + \left(\varepsilon_{ijb} - \varepsilon_{ija}\right) \\ &= \Delta\mathcal{M}_{ij} + \Delta\varepsilon_{ij} \qquad (7).\end{aligned}$$

Zur Überwindung der mit dem kontrafaktischen Problem einhergehenden Unteridentifikation individueller Kausaleffekte wird der Fokus auf aggregierte kausale Effekte verlagert (Morgan und Winship 2015, 43ff). Konkret wird über die Einführung von Erwartungswerten der *average treatment effect* (ATE; dieser könnte im gegebenen Kontext auch als „*average mode effect*“ bezeichnet werden) gebildet, der im vorliegenden Fall die mittlere Differenz der beobachtbaren Antworten auf Item j zwischen a und b für die interessierende Population repräsentiert. Da gemäß der KTT $E(\varepsilon) = 0$ und folglich $E(\Delta\varepsilon_j) = 0$ gilt, entspricht der in der Folge mit δ bezeichnete ATE dem Erwartungswert der Differenz der mode-bedingten Methodeneffekte $E(\Delta\mathcal{M}_j)$:

$$\begin{aligned}\delta = E(\delta_j) = E(\Delta y_j) &= E(\Delta\mathcal{M}_j) + E(\Delta\varepsilon_j) \\ &= E(\Delta\mathcal{M}_j) \qquad (8).\end{aligned}$$

Ferner ist aus Gl. (8) zu entnehmen, dass sich (*i*) Mode-Effekte als zwischen Modes divergierende spezifische Messfehlerkomponenten manifestieren (siehe auch Lyberg und Kasprzyk 2004) und (*ii*) die für den „engen“ Mode-Vergleich zentrale Information $E(\Delta\mathcal{M}_j)$ aus der grundsätzlich beobachtbaren Größe $E(\Delta y_j)$ gelernt werden kann. Zur näheren Bestimmung von $E(\Delta y_j)$ kann unter Nutzung der Linearitätseigenschaft des Erwartungswerts und der Entsprechung $E(y) = \mu(y)$ die folgende Formalisierung hergeleitet werden:

$$E(\Delta y_j) = \mu(y_{jb}) - \mu(y_{ja}) = \Delta\mu(y_j) \qquad (9)$$

Der Term $\mu\left(y_{jm}\right)$ entspricht dem Populationsmittelwert der Antworten auf Item j unter Mode m. Im Rahmen der empirischen Bestimmung des *pure mode effects* besteht die statistische Aufgabe demzufolge in der Generierung von unverzerrten Schätzern für $\mu\left(y_{ja}\right)$ und $\mu\left(y_{jb}\right)$, deren Kenntnis gemäß Gl. (8) und (9) die Bestimmung des Schätzers für den ATE $\left(\hat{\delta}\right)$ erlaubt. Unter Idealbedingungen in sämtlichen Prozessen des *representation*-Pfades mit einer auf einem perfekten *sampling frame* basierenden einfachen Zufallsauswahl sowie der Absenz von *unit* und *item nonresponse* erfüllt der Stichprobenmittelwert $\overline{y}_{jm}$ mit

$$\overline{y}_{jm} = \frac{\sum_{i=1}^{n_m} y_{ijm}}{n_m} \tag{10}$$

und dem dazugehörigen Schätzer des Stichproben- bzw. Standardfehlers

$$\hat{\sigma}\left(\overline{y}_{jm}\right) = \sqrt{\frac{\hat{\sigma}^2\left(y_j\right)}{n_m}} \quad \text{mit} \quad \hat{\sigma}^2\left(y_j\right) = \frac{n}{n-1} s^2\left(y_j\right) \tag{11}$$

diese Anforderung, da y_j allgemein einen erwartungstreuen[4] (und effizienten) Schätzer für $\mu\left(y_j\right)$ darstellt (z.B. Bortz 2005). Die Unsicherheit, mit der $\overline{y}_{jm}$ als Schätzer für $\mu\left(y_{jm}\right)$ behaftet ist, wird unter diesen restriktiven Konditionen vollständig über $\hat{\sigma}\left(\overline{y}_{jm}\right)$ abgebildet.

Der Schätzer des ATE $\left(\hat{\delta}\right)$ lässt sich in der Folge anschreiben als

$$\hat{\delta} = \overline{y}_{jb} - \overline{y}_{ja} = \Delta\overline{y}_j \tag{12}$$

4 Die gegebene Situation erfordert die Bereitstellung einer für den vorliegenden Beitrag geltenden semantischen Abgrenzung der Begriffe „Erwartungstreue" und „Unverzerrtheit": Während hier Erwartungstreue als eine unter bestimmten Regularitätsbedingungen gültige und formal belegbare statistische Eigenschaft eines Schätzers verstanden werden soll bezieht sich der Begriff der Unverzerrtheit auf die konkrete Eigenschaft empirisch realisierter Schätzer, ausschließlich zufallsbedingt vom entsprechenden Populationsparameter abzuweichen. Diesem Verständnis zufolge kann ein erwartungstreuer Schätzer etwa dann verzerrt sein, wenn systematische Effekte im Rahmen des *representation*-Pfades auftreten, die in einer nicht zufälligen Unter- oder Überrepräsentanz relevanter Gruppen in der Stichprobe resultieren. Abschließend sei nochmals explizit angemerkt, dass sich die aus Gründen der Praktikabilität eingeführte begriffliche Differenzierung auf diesen Beitrag beschränkt.

Ferner entspricht unter Annahme gleicher Populationsvarianzen der Schätzer des Standardfehlers für $\hat{\delta}$ dem Standardfehler für Mittelwertdifferenzen bei Vorliegen unabhängiger Stichproben (z.B. Bortz 2005, 140f):

$$\hat{\sigma}\left(\hat{\delta}\right)=\sqrt{\frac{\left(n_b-1\right)\hat{\sigma}_b^2+\left(n_a-1\right)\hat{\sigma}_a^2}{\left(n_b-1\right)+\left(n_a-1\right)}}\sqrt{\frac{1}{n_b}+\frac{1}{n_a}} \quad (13).$$

Die den Gl. (12) und (13) zugrunde liegende, lediglich unter Erfüllung der zuvor skizzierten Idealbedingungen haltbare „*no error*"-Annahme lässt sich im Forschungsalltag allerdings so gut wie nie aufrechterhalten. Um diesem Umstand Rechnung zu tragen bedarf es einer Relativierung, die sich über die konzeptionelle Berücksichtigung zufallsbezogener und insbesondere systematischer Komponenten in jenen Prozessen, die sich im Rahmen der Bearbeitung der im *representation*-Pfad enthaltenen Aufgaben bzw. Elemente vollziehen, konstituiert. Auf diese Weise finden omnipräsente Phänomene wie *over-* bzw. *undercoverage* und der Ausfall ausgewählter Befragungseinheiten Eingang in den analytischen Kalkül, deren Existenz weitreichende Konsequenzen für die Komposition der realisierten Nettostichprobe mit sich bringt. So resultieren systematische *coverage* und *nonresponse error* trotz einfacher (bzw. selbstgewichteter) Zufallsauswahl in zwischen den einzelnen Individuen der interessierenden Grundgesamtheit divergierenden Inklusionswahrscheinlichkeiten. Diese wiederum manifestieren sich in Verteilungsunterschieden zwischen Grundgesamtheit und Nettostichprobe in einer Reihe von Merkmalen, woraus einer in der Folge als $\mathbf{X}_{Rm}$ bezeichneten Gruppe besondere Bedeutung zukommt, deren Spezifizität in einer von null verschiedenen Korrelation mit den „wahren" Werten der Befragten im interessierenden Merkmal liegt. Aufgrund dieser Eigenschaft zeichnen sich die in $\mathbf{X}_{Rm}$ enthaltenen Merkmale dafür verantwortlich, dass der Stichprobenmittelwert der über ein Erhebungsverfahren m realisierten Nettostichprobe nicht länger einen unverzerrten Schätzer des Populationsparameters $\mu\left(y_{jm}\right)$ darstellt.

Als konkretes Fallbeispiel lässt sich in diesem Zusammenhang das Merkmal „Freizeitverhalten" aus dem Bereich der kriminologischen Dunkelfeldforschung anführen: Personen mit einem ausgeprägten Freizeit- und Ausgehverhalten weisen ein hohes Maß an Mobilität auf, so dass sich deren Kontaktierung bzw. Erreichbarkeit im Rahmen der Feldarbeit als schwierig gestaltet. In der Konsequenz weist die Personengruppe eine gehobene *nonrepsonse*-Wahrscheinlichkeit und letztlich eine systematische Unterrepräsentanz in den Nettostichproben allgemeiner Bevölkerungsbefragungen zu Viktimisierungserfahrungen auf (allgemein: Durrant und Steele 2009; Groves und Cooper 1998; spezifisch: Strangeland 1996; van Dijk et al. 1990; Young 1988 sowie zusammenfassend Guzy 2015). Parallel dazu liegen empirische Evidenzen zur viktimologischen Lesart des *routine activity* Ansatzes (Cohen und Felson 1979; Hindelang et al. 1978;) vor, der zufolge Personen, die sich in ihrer Freizeit gehäuft im öffentlichen (urbanen) Raum bewegen, aufgrund dieser Exposition gegenüber potentiellen Tätern an zum Teil wenig geschützten Orten mit erhöhten Opferrisiken – in erster Linie für Gewaltdelikte und Diebstahl – konfrontiert sind (z.B. Sparks et al. 1977; van Dijk et al. 1990; Birkel et al. 2014 sowie zusammenfassend Guzy 2015; Oberwittler und Kury 2015). Die Koexistenz der beschriebenen Prozesse hat schließlich zur Folge, dass eine Gruppe mit gehobenen Viktimisierungswahrscheinlichkeiten gleichsam eine systematische Untererfassung in einschlägigen Surveys erfährt und die Stichprobenmittelwerte in den entsprechenden Viktimisierungsitems (ohne der Anwendung von Korrekturverfahren) nach unten verzerrte Schätzer der Populationsprävalenzen darstellen.

Die in den vorangegangenen Ausführungen entwickelten Argumente lassen sich nun für den Mode-Vergleich durch die wohlbegründete Annahme der mode-bezogenen Prozessheterogenität weiter generalisieren (zu den Details siehe Abschnitt 3.2). Hierbei wird davon ausgegangen, dass die Konstituierung der Nettostichprobe verantwortlichen repräsentationsbezogenen Mechanismen sich in den verschiedenen Modes der Datenerhebung nicht identisch vollziehen. Vielmehr liegen den Modes vor allem divergierende *coverage* und *nonresponse* Prozesse zugrunde, die dazu führen, dass sich die mode-spezifischen Nettostichproben hinsichtlich der Verteilungen in einer Reihe von Merkmalen unterscheiden. Daraus können wiederum jene Merkmale $\mathbf{X}_R$ als relevant erachtet werden, die mit den wahren Werten im gemessenen Merkmal yj korrelativ verbunden sind.

Um unter der Bedingung der differentiellen systematischen Selektion von über eine Zufallsauswahl gezogenen Individuen in die mode-spezifischen Nettostichproben den zuvor als δ hergeleiteten *pure mode effect* zu identifizieren, bedarf es der Applikation von Ansätzen, die auf die Erfüllung der *strongly ignorable treatment assignment assumption*

$$\left(Y_{ja}, Y_{jb}\right) \perp m \middle| P\left(m = a \middle| \mathbf{X}_R\right) \tag{14}$$

bzw.

$$\left(Y_{ja}, Y_{jb}\right) \perp m \middle| P\left(m = b \middle| \mathbf{X}_R\right) \tag{15}$$

mit $0 < P\left(m = b|\mathbf{X}_R\right), P\left(m = b|\mathbf{X}_R\right) < 1$ abstellen.[5] Diese Annahme der konditionalen Unabhängigkeit des für den Vergleich der Modes a und b relevanten Merkmals Y_j von der mode-spezifischen Selektion in die Nettostichprobe bei gegebenem, durch $\mathbf{X}_R$ determinierten *propensity score* (z.B. Gangl 2010a; Imbens und Rubin 2015; Rosenbaum und Rubin 1983, 1985; Rubin 1974) $P\left(m = a|\mathbf{X}_R\right)$ bzw. $P\left(m = a|\mathbf{X}_R\right)$ lässt sich durch entsprechende Untersuchungsdesigns oder auf analytisch-statistischer Basis herstellen. Lugtig et al. (2011) stellen eine knappe Zusammenschau sowie kritische Reflexion der diesbezüglich zur Anwendung gebrachten Ansätze zur Verfügung: *(i)* experimentelles Setting mit einer zufallsbasierten Auswahl an Respondenten, die im Zuge des Interviews einem Wechsel des Erhebungsmodus ausgesetzt werden (z.B. Heerwegh 2009), *(ii)* zufällige Zuweisung der Respondenten zu einem der untersuchten Modes und Abgleich der mode-spezifischen Stichprobenschätzer mit den entsprechenden Parametern aus verfügbaren Validierungsdaten, *(iii)* statistische Modellbildung unter Anwendung von *propensity score* basierten Regewichtungsverfahren (z.B. Lee 2006) oder regressionsbasiertem Conditioning (z.B. Dillman et al. 2009) und *(iv)* die Konzeption eines quasi-experimentellen Designs inklusive der Anwendung des *propensity score matchings* (einführend z.B. Gangl 2010b; Guo und Fraser 2015; Ho et al. 2007; Morgan und Winship 2015; Stuart 2010) zur Balancierung mode-spezifischer Nettostichproben (z.B. Lugtig et al. 2011).

Wie bereits erläutert konzentrierten sich die Bemühungen der mode-vergleichenden Forschung unter Anwendung der genannten Verfahren bislang überwiegend auf die bloße Kontrolle systematischer Divergenzen in den Kompositionen mode-spezifischer Nettostichproben mit dem Ziel der Isolierung des der „engen" Definition entsprechenden und ausschließlich auf die Messung bzw. den Antwortprozess abstellenden *pure mode effects*. Im Rahmen des vorliegenden Beitrags soll versucht werden, die Einflüsse des Erhebungsmodus auf die repräsentationsbezogenen Prozesse stärker in die Blick zu nehmen und gleichberechtigt neben die Einflüsse auf das Ant-

5 Je nachdem, welcher Mode in den analytischen Fokus gestellt wird, gilt Gl. (14) oder Gl. (15).

wortverhalten der partizipierenden Respondenten zu stellen (die empirische Bedeutsamkeit einer solchen Perspektive wird etwa am Beispiel von viktimisierungsbezogenen Dunkelfeldbefragungen in Guzy und Leitgöb (2015) herausgearbeitet). Demzufolge wird die analytische Zerlegung des in Gl. (12) ausgewiesenen, beobachtbaren „*overall mode effects*" (= Bruttoeffekt), definiert als die „naive Differenz" (Angrist und Pischke 2008, S. 14) der mode-spezifischen Stichprobenmittelwerte $\Delta\overline{y}_j$, in eine mess- und eine repräsentationsbezogene Komponente angestrebt. Um eine fruchtbare Explikation des Dekompositionsverfahrens zu gewährleisten, gilt es im anschließenden Abschnitt 3 zunächst zugrundeliegend in jene Mechanismen einzuführen, die mess- und repräsentationsbezogene Einflüsse des Erhebungsmodus auf die Stichprobenparameter $\overline{y}_{jm}$ hervorbringen.

3 Mess- und repräsentationsbezogene Einflüsse des Erhebungsmodus

Bislang lag der Fokus der mode-vergleichenden Forschung, geprägt durch das in Abschnitt 2 erläuterte kontrafaktische Kausalitätsverständnis, vornehmlich auf der Identifikation der *effects of causes* (z.B. Holland 1986). Dementsprechend galt das erklärte Ziel der Erbringung des empirischen Nachweises, dass der Modus der Datenerhebung einen kausalen Einfluss auf das Antwortverhalten der Respondenten und somit auf den Prozess des umfragebasierten Messens ausübt. Dieses Paradigma soll, so das ambitionierte Ziel des Beitrags, aufgebrochen werden bzw. erste Risse erhalten.

Als Inspiration für die Entwicklung einer Strategie zur Zerlegung des *overall mode effects* in seine mess- und repräsentationsbezogenen Komponenten erscheint eine knappe Auseinandersetzung der bereits extensiv beforschten Thematik der Identifikation[6] von Alters-, Perioden- und Kohorteneffekten (APC; siehe zusammenfassend z.B. Yang und Land 2013) als ertragreich. So gelangten Heckman und Robb (1985, S. 144) im APC-Kontext bereits vor mehreren Jahrzehnten zu folgender Feststellung:

> The age-period-cohort identification problem arises because analysts want something for nothing: a general statistical decomposition of data without specific subject matter motivation underlying the decom-

6 Für eine allgemeine Diskussion über Identifikationsprobleme in den Sozialwissenschaften siehe Manski (1995, 2007).

> position. In a sense it is a blessing for the social science that a purely statistical approach to the problem is bound to fail.

Eine (späte) Reaktion auf diese substantielle Kritik stellt der von Winship und Harding (2008) propagierte mechanismenbasierte Ansatz[7] zur Identifikation von APC-Effekten dar, dessen konzeptionelles Herzstück das *front-door criterion*[8] (z.B. Pearl 2009) repräsentiert und somit auf die Verwertung der kausalen Information über die zwischen *A*, *P* sowie *C* und einer interessierenden Outcomevariable *Y* mediierenden Prozesse abstellt. Für die Bearbeitung des dem Beitrag zugrunde liegenden Dekompositionsproblems lassen sich daraus folgende Erkenntnisse ableiten: (*i*) Der Lösungsansatz bedarf der Berücksichtigung von Informationen, die über $\hat{\mu}(y_{ja})$ und $\hat{\mu}(y_{jb})$ hinausgehen. (*ii*) Die Informationen müssen sich, wie in Abschnitt 4 noch ausgeführt werden soll, auf jene Elemente der mode-spezifischen mess- und repräsentationsbezogenen Mechanismen beziehen, die auch im Zuge der Genese des für den Mode-Vergleich interessierenden Phänomens in Erscheinung treten. Damit verbunden ist ein zumindest konzeptioneller Perspektivenwechsel hin zum „*causes of effects*"-Paradigma (z.B. Heckman 2005), in dessen Bezugsrahmen das Erkenntnisinteresse auf die Erhellung jener mit Effektstrukturen des kausalen Beziehungsgefüges zwischen Ursache und Outcome gefüllten Blackbox abzielt, die im Rahmen des kontrafaktischen Ansatzes infolge der exklusiven Fokussierung auf die Identifikation der „*effects of causes*" durch „konsequente Manipulation" (Goldthorpe 2001; Holland 1986) verschlossen bleibt (z.B. Astbury und Leeuw 2010; Cook

7 Das theoretisches Fundament dieses spezifischen Kausalitätsverständnisses – von Goldthorpe (2001) auch unter dem Begriff „*causality as generative process*" subsumiert – bilden Arbeiten aus der einschlägigen Wissenschaftsphilosophie sowie der analytischen Soziologie (z.B. Bunge 1997, 2004; Demeulenaere 2011; Elster 1983, 1985, 1989, 2007; Gerring 2007, 2010; Glennan 1996, 2002, 2005; Gross 2009; Hedström 2005; Hedström und Bearman 2009; Hedström und Swedberg 1996, 1998; Hedström und Ylikoski 2010; Illari und Williamson 2012; Little 1991, 2009; Machamer et al. 2000; Mayntz 2004; Steel 2004; Stinchcombe 1991; Woodward 2002, 2003).

8 Gemäß dem *front door criterion* kann der kausale Einfluss eines Merkmals *X* auf ein zu erklärendes Phänomen *Y* identifiziert werden, wenn alle(!) mediierenden Merkmale, über die *X* auf *Y* wirkt, im Kausalmodell Berücksichtigung finden und deren Effekte zum totalen Effekt aufsummiert werden. Zu näheren Details siehe neben Pearl (2009) auch einführend Knight und Winship (2013) sowie Morgan und Winship (2015, S. 330ff).

2002; Gross 2009; Heckman 1992; Heckman und Smith 1995; Hedström und Ylikoski 2010; Howe 2004; Imai et al. 2011, 2013).

Um in Abschnitt 4 die Aufgabe der Dekomposition des *overall mode effects*, informiert über jene Mechanismen, die in divergierende stichprobenbasierte Schätzer der interessierenden Populationsmittelwerte für unterschiedliche Modes der Datenerhebung resultieren, in Angriff nehmen zu können, sollen diese gegliedert nach Messung (Abschnitt 3.1) und Repräsentation (Abschnitt 3.2) vorgestellt werden. Zuvor gilt es allerdings die ätiologischen Grundlagen von Mode-Effekten zu beleuchten, um ein holistisches Verständnis des Phänomens zu entwickeln. So lässt sich deren Auftreten prinzipiell auf Unterschiede zwischen den Modes entlang einer Reihe von Dimensionen zurückführen. Während de Leeuw (1992, 2008) drei Klassen von Faktoren herausgearbeitet hat (*interviewer effects, media related factors, factors influencing information transmission*), etablierten sich – darauf aufbauend – in den letzten Jahren die fünf nachfolgenden Dimensionen (Groves et al. 2009; Jans 2008; zusammenfassend: Kury et al. 2015):

(i) Degree of interviewer involvement

Datenerhebungsverfahren unterscheiden sich hinsichtlich des Ausmaßes der Einbindung von Interviewern recht deutlich. Während postalische bzw. onlinebasierte Befragungen in aller Regel gänzlich ohne den Einsatz von Interviewern ablaufen, steigt die Intensität der Interviewer-Respondenten-Interaktion von der Beantwortung selbstadministrierter Fragebögen im Rahmen einer intervieweradministrierten Befragung über Telefoninterviews bis hin zu persönlichen Interviews (z.B. Schaeffer et al. 2010). Die Präsenz von Interviewern 'can both increase and decrease the quality of survey statistics' (Groves et al. 2009, S. 154). So können Interviewer während einer Befragung einerseits wichtige Aufgaben wie z.B. die Motivierung der Respondenten zur vollständigen Teilnahme, die Entkräftung von Vorbehalten gegenüber der Befragung, die Bereinigung von Unklarheiten hinsichtlich des Verständnisses einzelner Fragen, die Kompensation limitierter Lese- und schriftsprachlicher Kompetenzen sowie eine Intervention bei offenkundig inadäquaten Antworten wahrnehmen (z.B. de Leeuw 2008; Weisburd 2005). Auf der anderen Seite kann durch deren Präsenz das Antwortverhalten der Respondenten in negativer Weise beeinflusst werden und – insbesondere bei *sensiblen bzw. emotionalen Fragen* (z.B. Lensvelt-Mulders 2008; Tourangeau et al. 2000; Tourangeau und Yan 2007) – verstärkt zu (*item nonresponse*) sozial erwünschten Antworten (*social desirability*) sowie bewussten Falschangaben (*motivated* bzw. *deliberate misreporting*; z.B. Krumpal 2013; Tourangeau et al. 2015) führen oder mit dem von manchen Respondenten empfundenen Zwang zur Bereitstellung *möglichst konsistenter Antwortmuster* (*consistency motif*; z.B. Podsakoff et al. 2003; Schmitt 1994; zu den theoretischen Grundlagen siehe Heider 1958; Osgood und Tannenbaum 1955) verbunden sein, um im Zuge des Interviews als rationaler Akteur wahrgenommen zu werden.

(ii) Degree of interaction with the respondent

Diese Dimension zielt auf die zwischen den Modes divergierende Fülle an Möglichkeiten der Einflussnahme auf den Befragungsprozess ab und ist in hohem Maße mit (*i*), der Intensität der Einbindung von Interviewern, verwoben. So erlaubt eine ausgeprägte Interviewer-Respondenten-Interaktion, gesteuert über geschulte und instruierte Interviewer eine stärkere Kontrolle der Erhebungssituation und bietet vermehrte Möglichkeiten zur aktiven Intervention als dies im Falle von selbstadministrierten Verfahren der Fall ist. Diese entziehen sich aufgrund der fehlenden Interviewerpräsenz weitgehend der Möglichkeit zur Kontrolle des Settings, in dem die Beantwortung der Fragen durch die Respondenten erfolgt und der damit verbundenen Vermeidung des Auftretens systematischer externer Einflüsse bzw. Störfaktoren (z.B. anwesende Dritte, diverse Ablenkungsquellen).

(iii) Degree of privacy

Datenerhebungsverfahren variieren ferner hinsichtlich des Ausmaßes an Privatsphäre, das sie den Respondenten im Zuge der Beantwortung der Fragen gewähren. Die Wahrnehmung von Ungestörtheit bzw. Vertraulichkeit kann einerseits positiv auf die Entscheidung für die Teilnahme an einer Befragung wirken und auf diese Weise zur Prävention von *unit nonresponse* beitragen. Auf der anderen Seite kann ein hohes Maß an durch einen Erhebungsmodus gebotener Privatheit insbesondere bei sensiblen Fragestellungen auch die Bereitschaft zur Kommunikation der korrekten Antwort ganz entscheidend mitbestimmen. So berichten Tourangeau und Yan (2007, S. 859): „[...] misreporting on sensitive topics is a more or less motivated process in which respondents edit the information they report to avoid embarrassing themselves in the presence of an interviewer or to avoid repercussions from third parties“. In Entsprechung dazu identifizieren Kreuter et al.

(2008) eine stärkere Tendenz zu sozial erwünschtem Antwortverhalten auf sensitive Fragen in telefonischen Interviews als in einer ebenfalls durchgeführten Weberhebung. Für eine allgemeine Diskussion der Thematik siehe Bowling (2005).

Das Ausmaß an Privatsphäre steht allerdings in klarem Konflikt mit der zuvor erläuterten Dimension der Interviewer-Respondenten-Interaktion. Während im Sinne der Kontrolle des Befragungsprozesses die starke – bestenfalls physische – Präsenz eines Interviewers angestrebt wird, erscheinen selbstadministrierte Verfahren aus der Perspektive der von den Respondenten wahrgenommenen Privatheit der Befragungssituation die Qualität der Messungen zu begünstigen. So verfügen die Befragten in selbstadminstrierten Modes mehr oder weniger über die freie Wahl des Settings zur Beantwortung der Fragen[9] und können auf diese Weise den Grad an Privatheit selbst determinieren. Allerdings wurden in den letzten Jahren auch verstärkt technische Innovationen wie *interactive voice response* (*IVR*; z.B. Couper et al. 2004; Tourangeau et al. 2002) oder *telephone audio computer assisted self interviewing* (*telephone autio-CASI*; z.B. Cooley et al. 2000; Turner et al. 2005) zum Einsatz gebracht, um in telefonischen Umfragen von der Administration der Befragung durch Interviewer abzusehen.

(iv) Channels of communication

Die zur Anwendung geeigneten Kommunikationskanäle stellen ein weiteres differenzierendes Moment konventioneller Erhebungsverfahren dar. Allgemein definiert umfassen diese die sinnesorganischen und kognitiven Möglichkeiten zur Wahrnehmung und bewussten Aufnahme von außen an Individuen herangetragener Information sowie auf die Vermittlung von interner Information an die erreichbare Umwelt. Während das kommunikative Element interviewerbasierter Erhebungsverfahren in aller Regel auf der verbalen Interaktion zwischen einem Interviewer und den Respondenten beruht, liegen selbstadministrierten Befragungen meist visuelle Kanäle der Informationsvermittlung zugrunde. Da sich gesprochene Sprache und Schriftsprache in einer Mehrzahl an Dimensionen voneinander absetzen (z.B. Osada 2004), bedürfen sie auch unterschiedlicher Voraussetzungen (z.B. Hör-, Seh- und Ausdrucksfähigkeit) sowie der differentiellen Kenntnis bzw. Beherrschung verschiedener Fähigkeiten und Kulturtechniken

9 Zur Relevanz der Situationsspezifität im Umfragekontext siehe Bachleitner und Aschauer (2009) sowie Bachleitner et al. (2010).

(z.B. Lesekompetenz, schriftsprachliche Verbalisierungsfähigkeit). Daraus ist abzuleiten, dass Limitierungen bzw. Defizite von Respondenten in diesen Merkmalen auch die Qualität der Messungen in den unterschiedlichen Modes in divergierendem Ausmaß beeinflussen. Weiterhin ist aus repräsentationsbezogener Perspektive die mode-spezifisch realisierbare Anpassungsleistung des Erhebungsdesigns an die entsprechenden Bedürfnisse aller Elemente der Zielpopulation von Bedeutung, da bei unzureichendem Ausmaß mit einer systematischen Untererfassung spezifischer Bevölkerungsgruppen (z.B. Personen mit geringen Lesekompetenzen in der Interviewsprache infolge von Migrationserfahrungen) als Konsequenz aus von verweigerungsbedingtem unit nonresponse gerechnet werden muss.[10]

(v) Technology use

Schließlich repräsentieren die Art und das Ausmaß des Einsatzes technologischer Mittel die letzte relevante Determinante für die Emergenz von Mode-Effekten aus dem von Jans (2008) sowie Groves et al. (2009) bereitgestellten Schema. Zunächst gilt es allgemein festzuhalten, dass die letzten beiden Jahrzehnte durch eine rapide fortschreitende Entwicklung der computergestützten Erhebung von Umfragedaten gekennzeichnet waren. So hat sich im Rahmen von face-to-face Interviews *computer assisted personal interviewing* (CAPI) und bei telefonischen Befragungen *computer assisted telephone interviewing,* (CATI) durchgesetzt und entspricht mittlerweile dem State of the Art. Weiterhin konnte sich das Internet infolge der gestiegenen Verbreitung im privaten Bereich und den technischen Innovationen in den Verfahren der Online- bzw. Webbefragung (siehe etwa Couper und Bosnjak 2010) als bedeutsames Instrument der Umfrageforschung etablieren.

Während der Einsatz computergestützer Verfahren eine größere Gestaltungsfreiheit beim Design der Erhebungsinstrumente erlaubt (z.B. durch die einfache Integration komplexer Filtersysteme, die zufällige Anordnung von Items oder Ausprägungen zur Vermeidung von *primacy* bzw. *recency* Effekten oder die Implementierung adaptiver Testverfahren) und ein hö-

10 Zu den allgemeinen Besonderheiten und Problemlagen bei der surveybasierten Befragung von Migranten siehe z.B. Stadler (2009) und Aschauer (2009), von Personen mit gesundheitlichen Beeinträchtigungen z.B. Wroblewski (2009), von Alten und Hochbetagten z.B. Fuchs (2009), von gehörlosen Personen z.B. Gerich et al. (2003) sowie Gerich und Lehner (2006) und von blinden Personen z.B. Kaczmirek und Wolff (2007).

heres Ausmaß an Kontrolle über den Befragungsprozess gestattet bringen technologieintensive Erhebungsverfahren auch unterschiedliche Probleme mit sich. So basiert der Erfolg computergestützer Datenerhebungsverfahren – gemessen über die damit erzielbare Datenqualität – in erheblichem Maße auf dem Zugang, der Akzeptanz und der Vertrautheit der Respondenten mit der zum Einsatz gebrachten Technologie.

3.1 Mode-spezifisches Antwortverhalten

Um die auf den vorgestellten Dimensionen basierenden mode-spezifischen Entstehungsbedingungen und Mechanismen, die schließlich zu systematischen Divergenzen in den Messfehlern führen, zu verstehen, soll auf das in der Umfrageforschung mittlerweile weit verbreitete „*cognitive model of survey response*“ (CMSR) von Tourangeau et al. (2000) zurückgegriffen werden. Dem Ansatz zufolge lässt sich der Antwortprozess in insgesamt vier im Grundsatz sequentiell aufeinander folgende Kernaufgaben differenzieren:

(i) Comprehension of the question

Die im initialen Element des Antwortprozesses ablaufenden Prozesse beziehen sich auf die sinnesorganische Erfassung und kognitive Wahrnehmung der Frage durch den Respondenten sowie die Verarbeitung und Interpretation des darin enthaltenen sprachlichen Stimulus mit dem Ziel, die inhaltliche Bedeutung der Frage zum Zwecke der Beantwortung zu erfassen. Folglich zeichnen die sinnesorganischen Voraussetzungen, die Sprach- bzw. Lesekompetenz, die wahrnehmungskognitive Leistungsfähigkeit sowie das kognitive Potential zur Verarbeitung und adäquaten Interpretation des Frageinhalts der Respondenten für die erfolgreiche Bewältigung dieser Aufgabe verantwortlich.

(ii) Retrieval of information

In dieser Phase steht nach der Erfassung des Frageinhalts der Abruf der zur Beantwortung der Frage relevanten Information aus dem Langzeitgedächtnis im Mittelpunkt. Die Ergebnisqualität wird von mehreren Faktoren determiniert, zu denen neben dem Inhalt der Frage auch die zeitnahe Memorierungsfähigkeit der Information durch Respondenten zählt. Diese kann durch den Einsatz von *retrieval cues* (z.B. Jobe et al. 1993; Tourangeau et al. 2000) unterstützt werden, deren Einsatzmöglichkeiten wiederum über die unterschiedlichen Modes der Datenerhebung variieren.

(iii) Estimation and judgement

Basierend auf der systematischen Verarbeitung der im Zuge des *retrieval*-Prozesses aufgerufenen Informationen erfolgt in dieser Phase die Formierung der Antwort. Hierzu bedarf es in Abhängigkeit von der Art und Komplexität der Fragestellung (z.B. bei Global- oder Häufigkeitsfragen) sowie dem Frageinhalt gegebenenfalls der Anwendung spezifischer Heuristiken (z.B. Tversky und Kahneman 1973, 1974, 1982), die eine Verdichtung der ins Gedächtnis gerufenen Information zur entsprechenden Antwort erlauben.

(iv) Response selection and reporting

Die finalen Tasks der *response selection* und des *reportings* umfassen die Passung der in (*iii*) gebildeten Antwort in die vorgegebenen Antwortkategorien und die Bereitstellung der Antwort. In diesem Schritt verfügen die Respondenten über die Möglichkeiten den durchlaufenen Antwortprozess erwartungsgemäß zu vollenden und die der formierten Antwort (am ehesten) entsprechende Antwortkategorie anzukreuzen bzw. zu berichten, eine bewusste Falschangabe (z.B. Tourangeau et al. 2015) zu tätigen oder die Antwort zu verweigern. Die Entscheidung für eine dieser Optionen wird von einer Reihe individueller Faktoren der Respondenten determiniert, die in Abhängigkeit von spezifischen Charakteristika der Frage wie z.B. ihrer Sensitivität oder Aufdringlichkeit (Tourangeau und Smith 1996; Tourangeau et al. 1997; Tourangeau und Yan 2007) das Auftreten von sozial erwünschtem Antwortverhalten (für aktuellere Beiträge siehe z.B. de Puiseau et al. 2015; Kreuter et al. 2008; Paulhus 2002) sowie die Vermeidung von Verlegenheit (Tourangeau et al. 2000) oder persönlicher Konsequenzen (z.B. bei Fragen zu selbstberichteter Delinquenz; z.B. Junger-Tas und Marshall 1999; Mosher et al. 2011; Tourangeau und McNeeley 2003) begünstigen.

Die schlussendlich berichtete Antwort bzw. getroffene Entscheidung zur Antwortverweigerung repräsentiert gemäß CMSR das Resultat eines komplexen Zusammenspiels unterschiedlichster individueller Eigenschaften der Respondenten. Während in den Tasks (*i*) bis (*iii*) insbesondere die Möglichkeiten der sinnesorganischen Aufnahme von Information, die mentale bzw. kognitive Ausstattung, die entwickelten sprachlichen Kompetenzen, der Zugriff auf erlernte Heuristiken sowie *satisficing*-Verhalten begünstigende Persönlichkeitseigenschaften von Bedeutung sind, spielen in Phase (*iv*) etwa das Ausmaß des Strebens nach sozialer Anerkennung, internalisiertes spezifisches Vermeideverhalten und auch die Ausprägung in dem der Frage zugrunde liegenden Merkmal selbst eine zentrale Rolle.

Die konkreten Mechanismen, über die der Modus der Datenerhebung auf den Antwortprozess Einfluss nimmt, lassen sich aufgrund der Absenz einer fundierten theoretischen Grundlage gegenwärtig nicht ohne weiteres darlegen.[11] Das CMSR legt jedoch nahe, dass das Erhebungsverfahren über die der zuvor beschriebenen fünf Dimensionen die berichtete Antwort nicht in direkter Weise beeinflusst, sondern vielmehr das Ausmaß determiniert, in dem die relevanten individuellen Merkmale der Respondenten ihre Wirkung im Zuge des Antwortprozesses entfalten. Dem Modus kommt somit eine moderierende Funktion zu. Dies lässt sich an einem einfachen, jedoch plakativen Beispiel zeigen: So kann sich ein auf die Ergebnisqualität des *comprehension*-Prozesses positiv einflussnehmender Effekt der Lesekompetenzen von Respondenten nur bei selbstadministrierten Erhebungsmodes (ohne die Verwendung von *„voice enabling“*-Techniken) entfalten, da im Rahmen von intervieweradministrierten Modes die Kommunikation des Frageinhalts verbal über die Interviewer-Respondenten-Interaktion erfolgt und somit keine Lesekompetenzen benötigt werden (Abbildung 1).

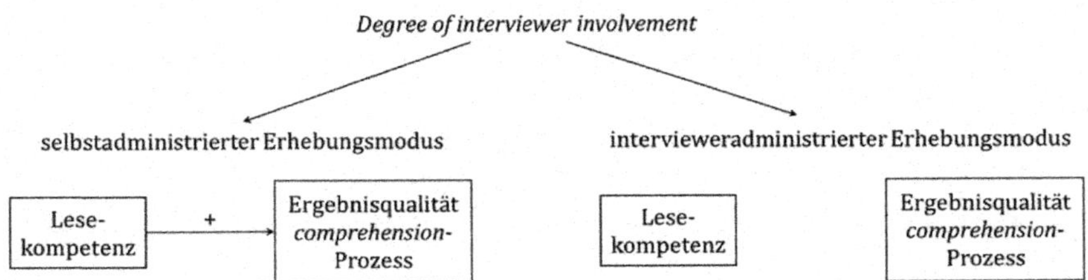

Abbildung 1 Divergierende Einflussnahme der Lesekompetenz auf den *comprehension*-Prozess in Abhängigkeit von der Präsenz eines Interviewers

Für die intendierte Effektdekomposition kann aus den Ausführungen folgendes gelernt werden: Die auf die Messung bezogene Komponente des *overall mode effects* lässt sich über eine Reihe von relevanten individuellen Merkmalen der Respondenten $\mathbf{X}_M$ erfassen, die zwischen den Modes a und

11 Allerdings liegt eine Vielzahl an empirischen Erkenntnissen aus der mode-vergleichenden Forschung vor (für einen kurzen Überblick siehe z.B. Guzy und Leitgöb 2015; Kury et al. 2015)

b unterschiedlich ausgeprägte Effekte auf das interessierende Merkmal Y_j aufweisen.

3.2 Mode-spezifische Repräsentativität

Wie bereits in Abschnitt 2 implizit erläutert treten Repräsentativitätseffekte im Mode-Vergleich dadurch auf, dass die Modes der Datenerhebung – ebenfalls als Folge der diskutierten fünf Dimensionen – in den einzelnen Elementen des *representation*-Pfades des SLM systematisch divergieren. Die maßgeblichen Unterschiede treten im Deckungsgrad der mode-spezifischen *sampling frames* mit der Grundgesamtheit (*coverage*) und im Ausmaß der Erreichbarkeit sowie der Partipizationsbereitschaft bzw. -fähigkeit (*nonresponse*) der ausgewählten Respondenten auf (z.B. Groves et al. 2009; Guzy und Leitgöb 2015; Jans 2008; Kury et al. 2015). Diese Effekte generieren für ein der Grundgesamtheit angehörendes Individuum *k* mode-spezifische Wahrscheinlichkeiten, der realisierten Nettostichprobe anzugehören:

$$p_{ka} \neq p_{kb} \tag{16}$$

Dies hat zur Folge, dass sich die Komposition der mode-spezifischen Nettostrichproben in einer Reihe von Merkmalen unterscheidet. Für die Effektdekomposition sind daraus gemäß den in Abschnitt 2 enthaltenen Ausführungen jene Merkmale $\mathbf{X}_R$ von Relevanz, die korrelativ mit den „wahren“ Werten der Befragten im interessierenden Merkmal verbunden sind. Repräsentationsbezogene Mode-Effekte stellen somit die auf systematische Verteilungsunterschiede in $\mathbf{X}_R$ zurückzuführende Differenz im *overall mode effect* dar.

4 Dekomposition von Mode-Effekten nach der Blinder-Oaxaca Methode

Den originären Anwendungsbereich des von Blinder (1973) und Oaxaca (1973) elaborierten Dekompositionsverfahrens bildet die arbeitsmarktökonomische Forschung zur geschlechterspezifischen Lohndiskriminierung im Rahmen der Aufklärung des *gender wage-gaps* (für einen Überblick siehe z.B. die Meta-Analysen von Stanley und Jarrell 1998 sowie Weichselbaumer und Winter-Ebmer 2005). Konkret erfordert diese Fragestellung die über die BO-Dekomposition realisierte analytische Zerlegung der Differenz der mittleren Einkommen von Frauen und Männern in (*i*) eine auf systematische Verteilungsunterschiede zwischen den Geschlechtern in (aus-)bildungsbezogenen Merkmalen zurückzuführende bzw. meritokratisch legitimierbare Komponente[12] und (*ii*) eine auf Arbeitsmarkt- bzw. explizite Lohndiskriminierung basierende Komponente.

Während sich das Applikationsspektrum der BO-Dekomposition in den letzten Jahren auch auf weitere Forschungsfelder wie etwa die Epidemiologie und Gesundheitswissenschaften (z.B. Carasse-Pouélé und Fournier 2006; Johnston und Lee 2011; Madden 2010) sowie die Kriminologie (z.B. Bourassa und Andreescu 2009; Kirk 2008; MacDonald et al. 2014) ausgedehnt hat, fand die Methode nach Kenntnis des Autors bislang noch keinen Eingang in die mode-vergleichende Forschung bzw. die Umfrageforschung im Allgemeinen. Dies soll nun nachgeholt werden. Den formalen Ausgangspunkt der linearen BO-Dekomposition im Rahmen der Zerlegung des *overall mode effects* bildet das mode-spezifische Modell (bekanntermaßen gilt $m = \{a, b\}$):

$$Y_{jm} = \mathbf{X}'_{Tm}\beta_{jTm} + \upsilon_{jm} \quad \text{mit} \quad E\left(\upsilon_{jm} | \mathbf{X}_{Tm}\right) = 0 \qquad (17).$$

Für die Designmatrix der Modellgleichung gilt allgemein $\mathbf{X}_T = \mathbf{X}_R \cup \mathbf{X}_M$ mit $t = 1, \ldots, T$ und $R + M \geq T$, d.h. $\mathbf{X}_T$ enthält – unter Idealbedingungen die gesamten – Informationen über die Elemente jener Mechanismen, die für die Emergenz der mess- und repräsentationsbezogenen Mode-Effekte ursächlich sind (siehe Abschnitt 3). Unter Berücksichtigung der in Gl. (17) ausgewiesenen, für lineare Mittelwertmodelle üblicherweise getroffenen Annahme hinsichtlich des auf $\mathbf{X}_{Tm}$ konditionalen Erwartungswerts des Fehlerterms υ_{jm} lässt sich das Modell nun in Erwartungswertform anschreiben als

$$E\left(Y_{jm}\right) = E\left(\mathbf{X}_{Tm}\right)' \boldsymbol{\beta}_{Tm} \qquad (18).$$

12 Zu Meritokratie als Legitimationsprinzip „moderner" bildungs- und arbeitsmarktbezogener Ungleichheiten bzw. Chancen siehe z.B. Becker und Hadjar (2009); Hadjar (2008); Solga (2005).

In einem nächsten Schritt gilt es mit $\Delta E(Y_j)$ die Differenz der beiden modespezifischen Erwartungswerte $E(Y_{ja})$ und $E(Y_{jb})$ zu bilden, die dem *overall mode effect* zwischen den Modes a und b entspricht (siehe Gl. 9)[13]:

$$\Delta E(Y_j) = E(Y_{jb}) - E(Y_{ja}) \tag{19}$$

Durch Einsetzen von Gl. (18) in Gl. (19) und die Erweiterung um $\left[E(\mathbf{X}_{Ta}) - E(\mathbf{X}_{Ta})\right]' \boldsymbol{\beta}_{Tb}$ lässt sich schließlich die Zerlegung von $\Delta E(Y_j)$ in eine auf systematische Unterschiede im Antwortverhalten bzw. der Messung zurückzuführende Komponente Δ_M und eine auf Kompositionseffekten basierende Repräsentationskomponente Δ_R herleiten:

$$\begin{aligned}\Delta E(Y_j) &= E(\mathbf{X}_{Tb})' \boldsymbol{\beta}_{Tb} - E(\mathbf{X}_{Ta})' \boldsymbol{\beta}_{Ta} \\ &= E(\mathbf{X}_{Tb})' \boldsymbol{\beta}_{Tb} - E(\mathbf{X}_{Ta})' \boldsymbol{\beta}_{Ta} + \left[E(\mathbf{X}_{Ta}) - E(\mathbf{X}_{Ta})\right]' \boldsymbol{\beta}_{Tb} \\ &= \underbrace{E(\mathbf{X}_{Ta})' (\boldsymbol{\beta}_{Tb} - \boldsymbol{\beta}_{Ta})}_{\Delta_M} + \underbrace{\left[E(\mathbf{X}_{Tb}) - E(\mathbf{X}_{Ta})\right]' \boldsymbol{\beta}_{Tb}}_{\Delta_R}\end{aligned} \tag{20}$$

Die BO-Dekompositionsgleichung aus Gl. (20) repräsentiert ein auf kontrafaktischen Prinzipien beruhendes Modell (eine formale Explikation der kontrafaktischen Logik des Modells ist im Anhang zu finden), das durch $\mathbf{X}_{Ta}$ und $\mathbf{X}_{Tb}$ um Informationen über jene Mechanismen angereichert ist, die zur Genese von $\Delta E(Y_j)$ führen und die Dekomposition von Δ_M und Δ_R erst ermöglichen. Zur Erinnerung sei nochmals darauf hingewiesen, dass Δ_R jenem Teil von $\Delta E(Y_j)$ entspricht, der durch Unterschiede in den realisierten Nettostichproben der Modes a und b als Folge von divergierenden *coverage* und *nonresponse errors* hervorgerufen wird und sich in systematischen Mittelwertdifferenzen zwischen den beiden Modes in den Merkmalen $\mathbf{X}_R$ manifestiert. Demgegenüber repräsentiert Δ_M das zuvor als *pure mode effect* bezeichnete Phänomen der differentiellen Wirkung der Modes

---

13 Wie bereits an voriger Stelle erläutert gilt die folgende Äquivalenz: $E(A-B) = E(A) - E(B)$.

a und b auf jene Einflüsse, den die in $\mathbf{X}_M$ enthaltenen relevanten Persönlichkeits-, Fähigkeits-, Einstellungs- und soziodemographischen Merkmale der Respondenten auf die in Abschnitt 3.1 vorgestellten Phasen des Antwortprozesses ausüben.

Wird in der Folge die Stichprobennotation eingeführt, um mit $\Delta\overline{y}_j$ auf den empirisch realisierbaren Schätzer für $\Delta E(Y_j)$ abzustellen, so entspricht Gl. (20)

$$\Delta\overline{y}_j = \underbrace{\overline{\mathbf{x}}_{Ta}^{'}\left(\hat{\boldsymbol{\beta}}_{Tb} - \hat{\boldsymbol{\beta}}_{Ta}\right)}_{\hat{\Delta}_M} + \underbrace{\left(\overline{\mathbf{x}}_{Tb} - \overline{\mathbf{x}}_{Ta}\right)^{'}\hat{\boldsymbol{\beta}}_{Tb}}_{\hat{\Delta}_R} \qquad (21).$$

Wie sich zeigt können die Schätzer für $\hat{\Delta}_M$ und $\hat{\Delta}_R$ vollständig aus den Vektoren der Mittelwerte $\overline{\mathbf{x}}_{Ta}^{'}$ und $\overline{\mathbf{x}}_{Tb}$ sowie jenen der Parameterschätzer $\hat{\boldsymbol{\beta}}_{Ta}$ und $\hat{\boldsymbol{\beta}}_{Tb}$ aus den in Gl. (17) abgebildeten Modellen generiert werden. Aus Gründen der Übersichtlichkeit sollen diese nochmals in skalarer Form dargestellt werden:

$$\hat{\Delta}_M = \underbrace{\left(\hat{\beta}_{0b} - \hat{\beta}_{0a}\right)}_{\Delta\hat{\beta}_0} + \sum_{t=1}^{T}\overline{x}_{ta}\left(\hat{\beta}_{tb} - \hat{\beta}_{ta}\right) \qquad (22)$$

$$\hat{\Delta}_R = \sum_{t=1}^{T}\left(\overline{x}_{tb} - \overline{x}_{ta}\right)\hat{\beta}_{tb} \qquad (23).$$

Der Term $\Delta\hat{\beta}_0$ aus Gl. (22) indiziert die Differenz der mode-spezifischen Intercepts und verlangt nach gesonderter Beachtung. Gemäß der konventionellen Interpretation des Intercepts in linearen Modellen entspricht $\hat{\beta}_{0m}$ dem geschätzten Erwartungswert unter Mode m für den Fall $\boldsymbol{X}_{Tm} = 0$. Somit repräsentiert $\Delta\hat{\beta}_0$ den stichprobenbasierten Schätzer der Differenz der mode-spezifischen Erwartungswerte in Y_j für eine spezifische in $\mathbf{X}_T$ homogene Population:

$$\Delta E\left(Y_j|\mathbf{X}_T = 0\right) = E\left(Y_{jb}|\mathbf{X}_T = 0\right) - E\left(Y_{jb}|\mathbf{X}_T = 0\right) = \beta_{0b} - \beta_{0a} = \Delta\beta_0 \qquad (24).$$

Da sich $\Delta\hat{\beta}_0$ weder auf Mittelwertunterschiede in $\boldsymbol{X}_{Tm}$ noch auf Differenzen in $\boldsymbol{\beta}_{Tm}$ zwischen den Modes a und b zurückführen lässt und somit durch auf exogene Ursachen determiniert wird, entspricht der Term dem nicht über das spezifizierte BO-Dekompositionsmodell erklärbaren Teil der Differenz $\Delta E(Y_j)$ „due to group membership" (Jones und Kelley 1984, S. 327). Da die empirische Qualität der Dekomposition maßgeblich von der Inklusion möglichst vollständiger und valider Information über die relevanten Mechanismen determiniert wird, sollte $\Delta\hat{\beta}_0$ sich im Idealfall statistisch nicht signifikant von null unterscheiden.

Zum Zwecke der inferenzstatistischen Prüfung stellt Jann (2008, S. 459) approximative Schätzer für die Varianzen von $\hat{\Delta}_M$ und $\hat{\Delta}_R$ zur Verfügung, die auf der Annahme der Unabhängigkeit der beiden Gruppen a und b beruhen:

$$\hat{V}\left(\hat{\Delta}_M\right) \approx \overline{\mathbf{x}}'_{Ta}\left[\hat{V}\left(\hat{\boldsymbol{\beta}}_{Tb}\right)+\hat{V}\left(\hat{\boldsymbol{\beta}}_{Ta}\right)\right]\overline{\mathbf{x}}_{Ta}+\left(\hat{\boldsymbol{\beta}}_{Tb}-\hat{\boldsymbol{\beta}}_{Ta}\right)'\hat{V}\left(\overline{\mathbf{x}}_{Ta}\right)\left(\hat{\boldsymbol{\beta}}_{Tb}-\hat{\boldsymbol{\beta}}_{Ta}\right) \quad (25)$$

$$\hat{V}\left(\hat{\Delta}_R\right) \approx \left(\overline{\mathbf{x}}_{Tb}-\overline{\mathbf{x}}_{Ta}\right)'\hat{V}\left(\hat{\boldsymbol{\beta}}_{Tb}\right)\left(\overline{\mathbf{x}}_{Tb}-\overline{\mathbf{x}}_{Ta}\right)+\hat{\boldsymbol{\beta}}'_{Tb}\left[\hat{V}\left(\overline{\mathbf{x}}_{Tb}\right)+\hat{V}\left(\overline{\mathbf{x}}_{Ta}\right)\right]\hat{\boldsymbol{\beta}}_{Tb} \quad (26)$$

Alternativ würden sich die Delta-Methode (Dowd et al. 2014; Greene 2012, S. 1123f; Oehlert 1992) sowie Bootstrapping-Verfahren (z.B. Dowd et al. 2014; Efron 1979; Efron und Tibshirani 1993) zur Bestimmung von $\hat{V}\left(\hat{\Delta}_M\right)$ und $\hat{V}\left(\hat{\Delta}_R\right)$ anbieten.

Aus dem „*total survey error*"-Paradigma (z.B. Biemer 2010; Groves und Lyberg 2010; Smith 2011; Weisburd 2005) entstammt ferner die Annahme über eine potentielle Verbindung zwischen dem Auftreten spezifischer Messfehler und dem Ausmaß an *nonresponse bias*:

> Several researchers have expressed concerns that efforts to reduce nonresponse by contacting hard-to-reach members of the sample or converting initial refusals may increase measurement error.
>
> (Sakshaug et al. 2010, S. 910)

Theoretische Unterstützung erfährt diese Argumentation etwa durch den „*survey satisficing*"-Ansatz (Krosnick 1991), dem zufolge widerwillig an einer Umfrage partizipierende Respondenten mit einer höheren Wahrscheinlichkeit „kognitive Abkürzungen" nehmen dürften um den mit der Beantwortung der Fragen anfallenden *cognitive burden* zu reduzieren als grundsätzlich kooperative Teilnehmer (Sakshaug et al. 2010).[14] Weiterhin

14 Die gegenwärtige empirische Befundlage hinsichtlich der Beziehung zwischen Datenqualität und *nonresponse* (z.B. Fricker 2007; Fricker und Tourangeau 2010;

muss basierend auf der einschlägigen Literatur (z.B. Chang und Krosnick 2009; Fricker et al. 2005; Redline 2011; Sakshaug et al. 2010) angenommen werden, dass der ***cognitive burden*** hinsichtlich seiner Intensität über die unterschiedlichen Modes der Datenerhebung variiert (für eine kurze Diskussion der Thematik siehe Guzy und Leitgöb 2015, S. 104). So wird in selbstadministrierten Befragungen gerade bei komplexen und/oder langen Fragen ein Teil der kognitiven Beanspruchung im Zuge der Erfassung des Frageinhalts etwa dadurch abgefangen, dass die Respondenten die Frage sich auf einfache Weise durch wiederholtes Lesen erneut ins Bewusstsein rufen können. Damit ist eine Reduktion der zu erbringenden Erinnerungsleistung verbunden, die in der Folge den Nutzen von *satisficing*-Verhalten verringern und auf diese Weise eine gehobene Güte der berichteten Antworten mit sich bringen sollte.

Diesem Phänomen des komplexen Zusammenspiels von (*i*) Modus der Datenerhebung, (*ii*) ***nonresponse*** und (*iii*) Antwortqualität kann im Rahmen des linearen BO-Dekompositionsmodells zumindest insofern Rechnung getragen werden, dass die Möglichkeit des simultanen Auftretens von $\Delta\beta_t$ und $\Delta\overline{x}_t$ Berücksichtigung findet. Dies erfolgt über die Implementierung einer Interaktionskomponente Δ_I, die für jede der T Kovariate einen multiplikativen Term mit der Differenz der Erwartungswerte ($\Delta E(X_t)$) und der Differenz der Effektparameter ($\Delta\beta_t$) zwischen den Modes a und b enthält:[15]

$$\Delta E(Y_j) = E(\mathbf{X}_{Tb})'(\boldsymbol{\beta}_{Tb} - \boldsymbol{\beta}_{Ta}) + \left[E(\mathbf{X}_{Tb}) - E(\mathbf{X}_{Ta})\right]'\boldsymbol{\beta}_{Tb} +$$
$$\underbrace{\left[E(\mathbf{X}_{Tb}) - E(\mathbf{X}_{Ta})\right]'(\boldsymbol{\beta}_{Tb} - \boldsymbol{\beta}_{Ta})}_{\Delta_I} \tag{27}$$

Olson 2006; Sakshaug et al. 2010; Tourangeau et al. 2009; Tourangeau et al. 2010; Triplett 1996; Willimack et al. 1995) ist allerdings als inkonsistent zu bezeichnen.

15 Zur Herleitung des Modells siehe z.B. Jones und Kelley (1984). Diese sprechen sogar von einer vierfachen Dekomposition, da sie $\Delta\beta_0$ als eigenständige Dekompositionskomponente betrachten. Für nähere technische Details zur Berücksichtigung von Interaktionseffekten in linearen Dekompositionsmodellen und deren Interpretation sei auf Biewen (2012, 2014) verwiesen.

bzw.

$$\Delta E\left(Y_j\right)=E\left(\mathbf{X}_{Ta}\right)'\left(\boldsymbol{\beta}_{Tb}-\boldsymbol{\beta}_{Ta}\right)+\left[E\left(\mathbf{X}_{Tb}\right)-E\left(\mathbf{X}_{Ta}\right)\right]'\boldsymbol{\beta}_{Ta}+\underbrace{\left[E\left(\mathbf{X}_{Tb}\right)-E\left(\mathbf{X}_{Ta}\right)\right]'\left(\boldsymbol{\beta}_{Tb}-\boldsymbol{\beta}_{Ta}\right)}_{\Delta_I} \tag{28}$$

Im Gegensatz zur zweifachen Variante aus Gl. (20) kann dieses dreifache Dekompositionsmodell vollständig für einen Mode als Referenzgruppe formuliert werden, z.B. für Mode b in Gl. (27) bzw. Mode a in Gl. (28). In skalarer Form und unter Stichprobennotation lässt sich der Interaktionsterm aus den Gl. (27) und (28) wie folgt anschreiben:

$$\hat{\Delta}_I=\sum_{t=1}^{T}\left(\overline{x}_{tb}-\overline{x}_{ta}\right)\left(\hat{\beta}_{tb}-\hat{\beta}_{ta}\right) \tag{29}$$

Nach der erfolgten formalen Implementierung der linearen BO-Dekomposition als ökonometrischem Verfahren zur Zerlegung des *overall mode effects* in seine mess- und repräsentationsbezogenen Komponenten müssen ergänzend auch die aus Sicht des Autors vier zentralen Limitierungen des Ansatzes zur Sprache gebracht werden: (*i*) Dem zweifachen Dekompositionsmodell aus Gl. (20) liegt die von Oaxaca (1973, S. 697) als *„index number problem“* bezeichnete Problematik der fehlenden Invarianz der Effektdekomposition gegenüber der Wahl der Referenzgruppe bzw. der konkreten kontrafaktischen Situation zugrunde. Zur Anatomie des Problems kann eine Empfehlung der Lektüre von Fortin et al. (2011) sowie Jann (2008) ausgesprochen werden. Weiterhin stellt Jann (2008) einen aktuellen Überblick zu potentiellen Lösungsansätzen basierend auf den Arbeiten von Cotton (1988), Neumark (1988), Reimers (1983) sowie Oaxaca und Ransom (1994) zur Verfügung. (*ii*) Die BO-Dekomposition ist nicht invariant gegenüber der Wahl der Referenzgruppe im Zuge der Dummy-Zerlegung kategorialer Kovariate (Jones 1983). Davon ist insbesondere auch $\Delta\beta_0$ betroffen. Zur Lösung dieses *„indetermination problems“* (Scorzafave und Pazello 2007) schlägt Yun (2005a, 2005b) die Verwendung von *normalized equations* vor. (*iii*) Das vorgestellte Konzept der linearen BO-Dekomposition lässt sich nicht ohne Weiteres auf nicht-lineare Modelle für kategoriale und „limitierte“ abhängige Variable wie z.B. binäre, zensierte oder trunkierte Zielvariablen sowie Zähldatenvariablen übertragen, da in diesem Fall aufgrund der Komplexität der inversen Linkfunktion die Schätzer der konditionalen Erwartungswerte $E\left(Y_{jm}|\mathbf{X}_{Tm}\right)$ nicht einfach $\overline{\mathbf{x}}_{Tm}\hat{\boldsymbol{\beta}}_m$ entsprechen (z.B. Bauer und Sinning 2008). Mittlerweile legte Fairlie (1999, 2005) einen Vorschlag zur BO-Dekomposition für binäre Logit- und Probit-Modelle vor. Eine Generalisierung dieses Ansatzes für weitere nicht-lineare Modellklassen wurde von Bauer und Sinning (2008, 2010) sowie Sinning et al. (2008) vorgenommen. Allerdings gilt es sorgfältig zu prüfen, ob die vorgeschlagenen Dekompositionsmodelle nicht von der in nicht-linearen Modellen inhärenten Konfundierung mit Reskalierungseffekten der Koeffizienten (z.B. Allison 1999; Mood 2010) betroffen sind. (*iv*) Das BO-Dekompositionsmodell ist nur für den Vergleich zweier Gruppen möglich. Erste Ansätze zur Erweiterung des Vergleichs für ein Kontinuum an Gruppen wurden jedoch mittlerweile von Ñopo (2007) und Ulrick (2012) vorgelegt.

Für die empirische Anwendung der BO-Dekomposition sei zum Abschluss darauf hingewiesen, dass mittlerweile einige Implementierungen in verbreiteten Statistiksoftwarepaketen zur Verfügung stehen. Dazu zählen z.B. die Stata-Module `oaxaca` (Jann 2008) und `decomp` (Watson 2010) zur linearen sowie `nldecompose` (Sinning et al. 2008) und `fairlie` (Jann 2006) zur nicht-linearen Dekomposition. Des Weiteren erlaubt das R-Modul `oaxaca` (Hlavac 2016) eine Realisierung der linearen BO-Dekomposition.

5 Zusammenfassung und Diskussion

Die Intension des vorliegenden Beitrags liegt in der Implementierung der linearen BO-Dekomposition nach Blinder (1973) und Oaxaca (1973) für den konventionellen Mode-Vergleich. Konkret soll die Anwendung des vorgeschlagenen Ansatzes eine Zerlegung der als *overall mode effect* bezeichneten „naiven Differenz" zweier mode-spezifischer Stichprobenwerte eines interessierenden Merkmals in eine mess- und eine repräsentationsbezogene Komponente ermöglichen. Zu diesem Zweck wurden zunächst die in das kontrafaktische Kausalitätskonzept eingebetteten formalen Grundlagen von Mode-Vergleichen hergeleitet, die die Identifikation des *pure mode effects* gemäß der „engen", ausschließlich auf den Prozess des Messens abstellenden Mode-Definition als erklärtes Ziel haben. Für eine erfolgreiche Realisierung der intendierten Effektdekomposition bedarf es jedoch der Erweiterung dieser Perspektive um den mechanismenbasierten Ansatz, dessen Fokus auf die *causes of effects* gerichtet ist. Unter dem Begriff werden jene kausalen

Prozesse subsumiert, die für die Genese des *overall mode effects* in beiden Pfaden des *survey lifecircle* Modells verantwortlich zeichnen. Nach dem Versuch einer der gebotenen Kürze geschuldeten äußerst knappen Skizzierung dieser Mechanismen erfolgte die auf die konkreten Anforderungen des Mode-Vergleichs abgestimmte schrittweise Entwicklung der Dekompositionsmethode samt Diskussion ihrer zentralen Limitierungen und Hinweise auf Softwareimplementierungen.

Im Zuge der Bearbeitung dieser Aufgabenstellung konnten Erkenntnisse generiert werden, die zum Zwecke der Aufdeckung von Forschungsdesiderata einer Erwähnung bedürfen:

(*i*) Der Ansatz stellt einen der „*causes of effects*"-Perspektive geschuldeten hohen Anspruch an die der Verfügbarkeit einer erlaborierten theoretischen Grundlage über jene mess- und repräsentationsbezogenen Mechanismen, aus denen sich der *overall mode effect* konstituiert. Gegenwärtig liegt keine Theorie in der erforderlichen Detailtiefe vor. Vielmehr setzt sich der Erkenntnisstand vornehmlich aus der gewonnen empirischen Evidenz der vorliegenden Masse an durchgeführten mode-vergleichenden Studien zusammen, ohne eine systematische Verarbeitung dieser Information in einem theoretischen Ansatz. Aus Sicht des Autors bedarf es für eine valide Schätzung der einzelnen Komponenten allerdings genau einer solchen theoretischen Basis die es erlaubt den nicht durch das Dekompositionsmodell erklärten Teil der mode-bezogenen Differenz ($\Delta\beta_0$) möglichst klein zu halten.

(*ii*) Zur Erfassung dieser Information erfordert ferner eine äußerst sorgfältige Konzeption des Studiendesigns. So gilt es eine Vielzahl an Informationen zu generieren, die bislang noch keinen Eingang in mode-vergleichende Studien gefunden haben. Aus diesem Grund sollte sich der nächste logische Schritt nach der geforderten Entwicklung eines theoretischen Fundaments mit der Operationalisierung und den Möglichkeiten zur validen Messung der relevanten Konzepte in den unterschiedlichen Modes befassen.

Nun gilt es die angesprochenen Punkte in Angriff zu nehmen, um eine ernstzunehmende Prüfung der empirischen Praktikabilität des vorgeschlagenen Dekompositionsansatzes zu ermöglichen.

Literatur

Allison, P. D. (1999). Comparing logit and probit coefficients across groups. *Sociological Methods & Research, 28*, 186-208.

Angrist, J.D., & Pischke, J.-S. (2008). *Mostly Harmless Econometrics. An Empiricist's Companion*. Princeton: Princeton University Press.

Aschauer, W. (2009). Besonderheiten und Problemlagen der quantitativen Befragung von MigrantInnen. In M. Weichbold, J. Bacher, & C. Wolf (Hrsg.), *Umfrageforschung. Herausforderungen und Grenzen. Sonderheft 9 der österreichischen Zeitschrift für Soziologie* (S. 293-315). Wiesbaden: VS Verlag.

Astbury, B., & Leeuw, F.L. (2010). Unpacking black boxes: Mechanisms and theory building in evaluation. *American Journal of Evaluation, 31*, 363-381.

Bachleitner, R., & Aschauer, W. (2009). Zur Situationsspezifität vom Raum, Zeit und Befindlichkeiten in der Umfrageforschung. In M. Weichbold, J. Bacher, & C. Wolf (Hrsg.), *Umfrageforschung. Herausforderungen und Grenzen. Sonderheft 9 der österreichischen Zeitschrift für Soziologie* (S. 515-538). Wiesbaden: VS Verlag.

Bachleitner, R., Weichbold, M., & Aschauer, W. (2010). *Zur Befragung im Kontext von Raum, Zeit und Befindlichkeit. Beiträge zu einer Theorie der Umfrageforschung*. Wiesbaden: VS Verlag.

Bauer, T.K., & Sinning, M. (2008). An extension of the Blinder-Oaxaca decomposition to nonlinear models. *Advances in Statistical Analysis, 92*, 197-206.

Bauer, T.K., & Sinning, M. (2010). Blinder-Oaxaca decomposition for Tobit models. *Applied Economics, 42*, 1569-1575.

Becker, R., & Hadjar A. (2009). Meritokratie – Zur gesellschaftlichen Legitimation ungleicher Bildungs-, Erwerbs- und Einkommenschancen in modernen Gesellschaften. In R. Becker (Hrsg), *Lehrbuch der Bildungssoziologie* (S. 35-59). Wiesbaden: VS Verlag.

Biemer, P.P. (2010). Total survey error. Design, implementation, and evaluation. *Public Opinion Quarterly, 74*, 817-848.

Biemer, P.P., & Stokes, S.L. (2004). Approaches to the modeling of measurement error. In P.P. Biemer, R.M. Groves, L.E. Lyberg, N.A. Mathiowetz, & S. Sudman (Hrsg), *Measurement Errors in Surveys* (S. 487-516). Hoboken: Wiley & Sons.

Biewen, M. (2012). Additive decompositions with interaction effects. *IZA Discussion Paper Nr. 6730.*

Biewen, M. (2014). A general decomposition formula with interaction effects. *Applied Economics Letters, 21*, 636-642.

Birkel, C., Guzy, N., Hummelsheim, D., Oberwittler, D., & Pritsch, J. (2014). *Der deutsche Viktimisierungssurvey 2012. Erste Ergebnisse zu Opfererfahrungen, Einstellungen gegenüber der Polizei und Kriminalitätsfurcht.* Schriftenreihe des Max-Planck-Instituts für ausländisches und internationales Strafrecht, Arbeitsbericht A7 10/2014. Ettenheim: Stückle Druck und Verlag.

Blinder, A.S. (1973). Wage discrimination: Reduced form and structural estimates. *The Journal of Human Resources, 8*, 436-455.

Bourassa, S.C., & Andreescu, V. (2009). Decomposition of racial differences in sentencing: Application of an econometric technique to cocaine possession cases. *Journal of Ethnicity in Criminal Justice, 7*, 186-204.

Bowling, A. (2005). Mode of questionnaire administration can have serious effects on data quality. *Journal of Public Health, 27*, 281-291.

Bunge, M. (1997). Mechanism and explanation. *Philosophy of the Social Sciences, 27*, 410-465.

Bunge, M. (2004). How does it work? The search for explanatory mechanisms. *Philosophy of the Social Sciences, 34*, 182-210.

Carasse-Pouélé, C., & Fournier, M. (2006). Health disparities between racial groups in South Africa: A decomposition analysis. *Social Science & Medicine, 62*, 2879-2914.

Chang, L.C., & Krosnick, J.A. (2009). National surveys via RDD telephone interviewing versus the internet: Comparing sample representativeness and response quality. *Public Opinion Quarterly, 73*, 641-678.

Cohen, L., & Felson, M. (1979). Social change and crime rate trends: A routine activities approach. *American Sociological Review*, 44, 588-608.

Collins, J., Hall, N., & Paul, L.A. (Hrsg.) (2004). *Causation and Counterfactuals.* Cambridge: MIT Press.

Cook, T.D. (2002). Randomized experiments in educational policy research: A critical examination of the reasons the educational community has offered for not doing them. *Educational Evaluation and Policy Analysis, 24*, 175-199.

Cooley, P.C., Miller, H.G., Gribble, J.N., & Turner, C.F. (2000). Automating telephone surveys: Using T-ACASI to obtain data on sensitive topics. *Computers in Human Behavior, 16*, 1-11.

Cotton, J. (1988). On the decomposition of wage differentials. *Review of Economics and Statistics, 70*, 236-243.

Couper, M.P., & Bosnjak, M. (2010). Internet surveys. In P. V. Marsden & J. D. Wright (Hrsg.), *Handbook of Survey Research* (S. 527-550). Howard House: Emerald Group Publishing Limited.

Couper, M.P., Singer, E., & Tourangeau, R. (2004). Does voice matter? An interactive voice response (IVR) experiment. *Journal of Official Statistics, 20*, 551-570.

de Leeuw, E.D. (1992). *Data Quality in Mail, Telephone and Face to Face Surveys*. Amsterdam: TT-Publikaties.

de Leeuw, E.D. (2005). To mix or not to mix data collection modes in surveys. *Journal of Official Statistics, 21*, 233-255.

de Leeuw, E.D. (2008). Choosing the method of data collection. In E.D. de Leeuw, J.J. Hox, & D.A. Dillman (Hrsg.), *International Handbook of Survey Methodology* (S. 113-135). New York: Psychology Press, Taylor & Francis Group.

de Leeuw, E.D., & van der Zouwen, J. (1988). Data quality in face to face and telephone surveys: A comparative meta-analysis. In R.M. Groves, P.P. Biemer, L.E. Lyberg, J.T. Massey, W.L. Nicholls, & J. Waksberg (Hrsg.), *Telephone Survey Methodology* (S. 283-299). New York: Wiley & Sons.

Demeulenaere, P. (Hrsg.) (2011). *Analytical Sociology and Social Mechanisms*. Cambridge: Cambridge University Press.

de Puiseau, B.W., Hoffmann, A., & Musch, J. (2015). Soziale Erwünschtheit in Viktimisierungsbefragungen. In N. Guzy, C. Birkel, & R. Mischkowitz (Hrsg.), *Viktimisierungsbefragungen in Deutschland. Band 2: Methodik und Methodologie* (S. 187-216). Wiesbaden: Bundeskriminalamt.

Dillman, D.A., Phelps, G., Tortora, R., Swift, K., Kohrell, J., Berck, J., & Messer, B.L. (2009). Response rate and measurement differences in mixed-mode surveys using mail, telephone, interactive voice response (IVR) and the internet. *Social Science Research, 38*, 1-18.

Dowd, B.E., Greene, W.H., & Norton, E.C. (2014). Computation of standard errors. *Health Services Research, 49*, 731-750.

Durrant, G.B., & Steele, F. (2009). Multilevel modelling of refusal and non-contact in household surveys: Evidence from six UK Government surveys. *Journal of the Royal Statistical Society, Series A (Statistics in Society)*, 172, 361-381.

Efron, B. (1979). Bootstrap methods: Another look at the jackknife. *The Annals of Statistics, 7*, 1-26.

Efron, B., & Tibshirani, R.J. (1993). *An Introduction to the Bootstrap*. Boca Raton: CRC Press.

Elster, J. (1983). *Explaining Technological Change: A Case Study in the Philosophy of Science*. Cambridge: Cambridge University Press.

Elster, J. (1985). *Making Sense of Marx*. Cambridge: Cambridge University Press.

Elster, J. (1989). *Nuts and Bolts for the Social Sciences*. Cambridge University Press.

Elster, J. (2007). *Explaining Social Behavior: More Nuts and Bolts for the Social Sciences*. Cambridge University Press.

Fairlie, R.W. (1999). The absence of the african-american owned business: An analysis of the dynamics of self-employment. *Journal of Labor Economics, 17*, 80-108.

Fairlie, R.W. (2005). An extension of the Blinder-Oaxaca decomposition technique to logit and probit models. *Journal of Economic and Social Measurement, 30*, 305-316.

Fortin, N., Lemieux, T., & Firpo, S. (2011). Decomposition methods in economics. In O. Ashenfelter, & D. Card (Hrsg.), *Handbook of Labor Economics, Vol. 4, Part A* (S. 1-102). Amsterdam: North Holland Publishing.

Fricker, S. (2007). *The Relationship Between Response Propensity and Data Quality in the Current Population Survey and the American Time Use Survey* (Dissertation); verfügbar unter: http://drum.lib.umd.edu/bitstream/handle/1903/6888/umi-umd-4381.pdf?sequence=1&isAllowed=y. Zugegriffen: 01. Juli 2016.

Fricker, S., Galesic, M., Tourangeau, R., & Yan, T. (2005). An experimental comparison of web and telephone surveys. *Public Opinion Quarterly, 69*, 370-392.

Fricker, S., & Tourangeau, R. (2010). Examining the relationship between nonresponse propensity and data quality in two national household surveys. *Public Opinion Quarterly, 74*, 934-955.

Fuchs, M. (2009). Item-Nonresponse in einer Befragung von Alten und Hochbetagten. Der Einfluss von Lebensalter und kognitiven Fähigkeiten. In M. Weichbold, J. Bacher, & C. Wolf (Hrsg.) *Umfrageforschung. Herausforderungen und Grenzen. Sonderheft 9 der österreichischen Zeitschrift für Soziologie* (S. 333-349). Wiesbaden: VS Verlag.

Gangl. M. (2010a). Causal inference in sociological research. *Annual Review of Sociology, 36*, 21-47.

Gangl. M. (2010b). Nichtparametrische Schätzung kausaler Effekte mittels Matchingverfahren. In C. Wolf, & H. Best (Hrsg.), *Handbuch der sozialwissenschaftlichen Datenanalyse* (S. 931-962). Wiesbaden: VS Verlag.

Gerich, J., Lehner, R., Fellinger, J., & Holzinger, D. (2003). ANIMAQU – eine computerbasierte Befragung als Möglichkeit zur Erfassung besonderer Zielgruppen: Ein Beispiel einer Anwendung bei gehörlosen Menschen. *ZUMA-Nachrichten, 52*, 35-54.

Gerich, J., & Lehner, R. (2006). Video computer-assisted self-administered interviews for deaf respondents. *Field Methods, 18*, 267-283.

Gerring, J. (2007). The mechanismic worldview: Thinking inside the box. *British Journal of Political Science, 38*, 161-179.

Gerring, J. (2010). Causal mechanisms: Yes, but... . *Comparative Political Studies, 43*, 1499-1526.

Glennan, S. (1996). Mechanisms and the nature of causation. *Erkenntnis, 44*, 49-71.

Glennan, S. (2002). Rethinking mechanistic explanation. *Philosophy of Science, 69*, 342-353.

Glennan, S. (2005). Modeling mechanisms. *Studies in History and Philosophy of Biological and Biomedical Sciences, 36*, 443-464.

Goldthorpe, J.H. (2001). Causation, statistics, and sociology. *European Sociological Review, 17*, 1-20.

Greene, W.H. (2012). *Econometric Analysis*. Upper Saddle River: Prentice Hall.

Gross, N. (2009). A pragmatist theory of social mechanisms. *American Sociological Review, 74*, 358-379.

Groves, R.M. (2004). *Survey Errors and Survey Costs*. New York: Wiley & Sons.

Groves, R.M., & Cooper, M.P. (1998). *Nonrepsone in Household Surveys*. New York: Wiley & Sons.

Groves, R.M., Fowler, F.J., Couper, M.P., Lepkowski, J.M., Singer, E., & Tourangeau, R. (2009). *Survey Methodology*. Hoboken: Wiley & Sons.

Groves, R.M., & Lyberg, L. (2009). Total survey error. Past, present, and future. *Public Opinion Quarterly, 74*, 849-879.

Guo, S., & Fraser M.W. (2015). *Propensity Score Analysis. Statistical Methods and Applications*. Thousand Oaks: Sage.

Guzy, N. (2015). Nonresponse Bias in telefonischen Opferbefragungen. Forschungsstand und Ergebnisse einer Nonresponseanalyse. In J. Schupp, & C. Wolf (Hrsg.), *Nonresponse Bias. Qualitätssicherung sozialwissenschaftlicher Umfragen* (S. 161-207). Wiesbaden: VS Verlag.

Guzy, N., & Leitgöb, H. (2015). Assessing mode effects in online and telephone victimization surveys. *International Review of Victimology, 21*, 101-131.

Hadjar, A. (2008). *Meritokratie als Legitimationsprinzip. Die Entwicklung der Akzeptanz sozialer Ungleichheit im Zuge der Bildungsexpansion*. Wiesbaden: VS Verlag.

Hlavac, M. (2016). *oaxaca: Blinder-Oaxaca Decomposition in R*; verfügbar unter: https://cran.r-project.org/web/packages/oaxaca/vignettes/oaxaca.pdf. Zugegriffen: 01. Juli 2016.

Hedström P. (2005). *Dissecting the Social*. Cambridge: Cambridge University Press.

Hedström, P., & Bearman, P. (Hrsg.) (2009). *The Oxford Handbook of Analytical Sociology*. Oxford: Oxford University Press.

Hedström, P., & Swedberg, R. (1996). Social mechanisms. *Acta Sociologica, 39*, 281-308.

Hedström, P., & Swedberg, R. (Hrsg.) (1998). *Social Mechanisms: An Analytical Approach to Social Theory*. Cambridge: Cambridge University Press.

Hedström, P., & Ylikoski, P. (2010). Causal mechanisms in the social sciences. *Annual Review of Sociology, 36*, 49-67.

Heckman, J.J. (1992). Randomization and social program intervention. In C. Manski, & I. Garfinkel (Hrsg.), *Evaluating Welfare and Training Programs* (S. 201-230). Cambridge: Harvard University Press.

Heckman, J.J. (2005). The scientific model of causality. *Sociological Methodology, 35*, 1-97.

Heckman, J.J., & Robb, R. (1985). Using longitudinal data to estimate age, period and cohort effects in earnings equations. In W.M. Mason, & S.E. Fienberg (Hrsg.), *Cohort Analysis in Social Research. Beyond the Identification Problem* (S. 138-150). New York: Springer.

Heckman, J.J., & Smith, J.A. (1995). Assessing the case of social experiments. *The Journal of Economic Perspectives, 9*, 85-110.

Heerwegh, D. (2009). Mode differences between face-to-face and web surveys: An experimental investigation of data quality and social desirability effects. *International Journal of Public Opinion Research,* 21, 111-121.

Heider, F. (1958). *The Psychology of Interpersonal Relations.* Hillsdale: Lawrence Erlbaum Associates.

Hindelang, M.J., Gottfredson, M.R., & Garofalo, J. (1978). *Victims of Personal Crime: An Empirical Foundation for a Theory of Personal Victimization.* Cambridge, MA: Ballinger.

Ho, D.E., Imai, K., King, G., & Stuart, E.A. (2007). Matching as nonparametric preprocessing for reducing model dependence in parametric causal inference. *Political Analysis, 15*, 199-236.

Holland, P.W. (1986). Statistics and causal inference. *Journal of the American Statistical Association,* 81, 945-970.

Howe, K.R. (2004). A critique of experimentalism. *Qualitative Inquiry, 10*, 42-61.

Illari, P.M., & Williamson, J. (2012). What is a mechanism? Thinking about mechanisms *across* the sciences. *European Journal for Philosophy of Science, 2*, 119-135.

Imai, K., Keele, L., Tingley, D., & Yamamoto, T. (2011). Unpacking the black box of causality: Learning about causal mechanisms from experimental and observational studies. *American Political Science Review, 105*, 765-789.

Imai, K., Tingley, D., & Yamamoto, T. (2013). Experimental designs for identifying causal mechanisms. *Journal of the Royal Statistical Society, Series C (Applied Statistics), 176*, 5-51.

Imbens, G.W., & Rubin, D.B. (2015). *Causal Inference for Statistics, Social, and Biomedical Sciences. An Introduction*. New York: Cambridge University Press.

Jann, B. (2006). *fairlie: Stata Modul to Generate Nonlinear Decomposition of Binary Outcome Differentials*; verfügbar unter: http://econpapers.repec.org/software/bocbocode/s456727.htm. Zugegriffen: 01. Juli 2016).

Jann, B. (2008). The Blinder-Oaxaca decomposition for linear regression models. *The Stata Journal, 8*, 453-479.

Jans, M. (2008). Mode effects. In P.J. Lavrakas (Hrsg.), *Encyclopedia of Research Methods. Volume 1* (S. 475-480). Thousand Oaks: Sage.

Jäckle, A., Roberts, C. & Lynn, P. (2010). Assessing the effect of data collection mode on measurement. *International Statistical Review,* 78, 3-20.

Jobe, J.B., Tourangeau, R., & Smith, A.F. (1993). Contributions of survey research to the understanding of memory. *Applied Cognitive Psychology, 7*, 567-584.

Johnston, D.W., & Lee, W.-S. (2011). Explaining the female black-white obesity gap: A decomposition analysis of proximal causes. *Demography, 48*, 1429-1450.

Jones, F.L. (1983). On decomposing the wage gap: A critical comment on Blinder's method. *Journal of Human Resources, 18*, 126-130.

Jones, F.L., & Kelley, J. (1984). Decomposing differences between groups. A cautionary note on measuring discrimination. *Sociological Methods & Research, 12*, 323-343.

Junger-Tas, J. & Marshall, I.H. (1999). The self-report methodology in crime research. *Crime & Justice, 25*, 291-367.

Kaczmirek, L., & Wolff, K.G. (2007). Survey design for visually impaired and blind people. In C. Stephanidis (Hrsg.), *Universal Access in Human Computer Interaction. Coping with Diversity, Part I, Lecture Notes in Computer Science 4554* (S. 374-381). Heidelberg: Springer.

Kirk, D.S. (2008). The neighborhood context of racial and ethnic disparities in arrest. *Demography, 45*, 55-77.

Knight, C.R., & Winship, C. (2013). The causal implications of mechanistic thinking: Identification using directed acyclic graphs (DAGs). In

S.L. Morgan (Hrsg.), *Handbook of Causal Analysis for Social Research* (S. 275-299). Dordrecht: Springer.

Kreuter, F., Presser, S., & Tourangeau, R. (2008). Social desirability bias in CATI, IVR and web surveys. *Public Opinion Quarterly, 72*, 847-865.

Krosnick, J.A. (1991). Response strategies for coping with cognitive demands of attribute measures in surveys. *Applied Cognitive Psychology, 5*, 213-236.

Krumpal, I. (2013). Determinants of social desirability bias in sensitive surveys: A literature review. *Quality & Quantity, 47*, 2025-2047.

Kury, H., Guzy, N., & Leitgöb, H. (2015). Effekte des Erhebungsmodus. In N. Guzy, C. Birkel, & R. Mischkowitz (Hrsg.), *Viktimisierungsbefragungen in Deutschland. Band 2: Methodik und Methodologie* (S. 77-105). Wiesbaden: Bundeskriminalamt.

Lee, S. (2006). Propensity score adjustment as a weighting scheme for volunteer panel web surveys. *Journal of Official Statistics, 22*, 329-349.

Lensvelt-Mulders, G. (2008). Surveying sensitive topics. In E.D. de Leeuw, J.J. Hox, & D.A. Dillman (Hrsg.), *International Handbook of Survey Methodology* (S. 461-478). New York: Psychology Press, Taylor & Francis Group.

Lewis, D. (1973). *Counterfactuals*. Cambridge, MA: Harvard University Press.

Little, D. (1991). *Varieties of Social Explanation: An introduction to the Philosophy of Social Science*. Boulder: Westview.

Little, D. (1991). The heterogeneous social: New thinking about the foundations of the social sciences. In C. Mantzabinos (Hrsg.), *Philosophy of the Social Sciences: Philosophical Theory and Scientific Practice* (S. 154-178). Cambridge: Cambridge University Press.

Lord, F.M., & Novick, M.R. (1968). *Statistical Theories of Mental Test Scores*. Reading: Addison-Wesley.

Lugtig, P., Lensvelt-Mulders, G.J.L.M., Frerichs, R., & Greven, A. (2011). Estimating nonresponse bias and mode-effects in a mixed mode-survey. *International Journal of Market Research*, 53, 669-686.

Lyberg, L.E., & Kasprzyk, D. (2004). Data collection methods and measurement error: An overview. In P.P. Biemer, R.M. Groves, L.E. Lyberg, N.A. Mathiowetz, & S. Sudman (Hrsg.), *Measurement Errors in Surveys* (S. 237-257). Hoboken: Wiley & Sons.

MacDonald, J., Arkes, J., Nicosia, N., & Pacula, R.L. (2014). Decomposing racial disparities in prison and drug treatment commitments for criminal offenders in California. *The Journal of Legal Studies, 43*, 155-187.

Machamer, P., Darden, L., & Craver, C.F. (2000). Thinking about mechanisms. *Philosophy of Science, 67*, 1-25.

Madden, D. (2010). Gender differences in mental well-being: A decomposition analysis. *Social Indicators Research, 99*, 101-114.

Manski, C.F. (1995). *Identification Problems in the Social Sciences.* Cambridge: Harvard University Press.

Manski, C.F. (2007). *Identification for Prediction and Decision.* Cambridge: Harvard University Press.

Mayntz, R. (2004). Mechanisms in the analysis of social macro-phenomena. *Philosophy of the Social Sciences, 34*: 237-259.

Mood, C. (2010). Logistic regression: Why we cannot do what we think we can do, and what we can do about it. *European Sociological Review, 26*, 67-82.

Moosbrugger, H. (2012). Klassische Testtheorie (KTT). In H. Moosbrugger & A. Kelava (Hrsg.), *Testtheorie und Fragebogenkonstruktion* (S. 103-118). Berlin: Springer.

Morgan, S.L., & Winship, C. (2015). *Counterfactuals and Causal Inference. Methods and Principles for Social Research.* Cambridge: Cambridge University Press.

Mosher, C.J., Miethe, T.D., & Hart, T.C. (2011). *The Mismeasure of Crime.* Thousand Oaks: Sage.

Neumark, D. (1988). Employers' discriminatory behavior and the estimation of wage discrimination. *Journal of Human Resources, 23*, 279-295.

Ñopo, H. (2007). An extension of the Blinder-Oaxaca decomposition for a continuum of comparison groups. *IZA Discussion Paper Nr. 2921.*

Oaxaca, R. (1973). Male-female wage differentials in urban labor markets. *International Economic Review, 14*, 693-709.

Oaxaca, R., & Ransom, M.R. (1994). On discrimination and the decomposition of wage differentials. *Journal of Econometrics, 61*, 5-21.

Oberwittler, D., & Kury, H. (2015). Wissenschaftliche Perspektive. In N. Guzy, C. Birkel, & R. Mischkowitz (Hrsg), *Viktimisierungsbefragungen in Deutschland (Band 1): Ziele, Nutzen und Forschungsstand* (S. 107-131). Wiesbaden: Bundeskriminalamt.

Oehlert, G.W. (1992). A note on the delta method. *The American Statistician*, 46, 27-29.

Olson, K.M. (2006). Survey participation, nonresponse bias, measurement error bias, and total bias. *Public Opinion Quarterly, 70*, 737-758.

Osada, N. (2004). Listening comprehension research: A brief review of the past thirty years. *Dialogue, 3*, 53-66.

Osgood, C.E., & Tannenbaum, P.H. (1955). The principle of congruity in the prediction of attitude change. *Psychological Review, 62*, 42-55.

Paulhus, D.L. (2002). Socially desirable responding: The evolution of a construct. In H.I. Braun, D.N. Jackson, & D.E. Wiley (Hrsg.), *The Role of Constructs in Psychological and Educational Measurement* (S. 49-69). Mahwah: Lawrence Erlbaum Associates.

Pearl, J. (2009). *Causality: Models, Reasoning, and Inference.* Cambridge: Cambridge University Press.

Podsakoff, P.M., MacKenzie, S.B., Podsakoff, N.P., & Lee, J.-Y. (2003). Common method biases in behavioral research: A critical review of the literature and recommended remedies. *Journal of Applied Psychology, 88*, 879-903.

Redline, C. (2011). *Clarifying Survey Questions* (Dissertation); verfügbar unter: http://drum.lib.umd.edu/bitstream/handle/1903/11645/Redline_umd_0117E_12022.pdf;sequence=1. Zugegriffen: 01. Juli 2016.

Reimers, C.W. (1983). Labor market discrimination against hispanic and black men. *Review of Economics and Statistics, 65*, 570-579.

Rosenbaum, P.R., & Rubin, D.B. (1983). The central role of the propensity score in observational studies for causal effects. *Biometrika, 70*, 41-55.

Rosenbaum, P.R., & Rubin, D.B. (1985). Constructing a control group using multivariate matched sampling methods that incorporate the propensity score. *The American Statistican, 39*, 33-38.

Rubin, D.B. (1974). Estimating causal effects of treatments in randomized and nonrandomized studies. *Journal of Educational Psychology, 66*, 688-701.

Rubin, D.B. (2005). Causal inference using potential outcomes. *Journal of the American Statistical Association, 100*, 322-331.

Sakshaug, J.W., Yan, T., & Tourangeau, R. (2010). Nonresponse error, measurement error, and mode of data collection. Tradeoffs in a multi-mode survey of sensitive and non-sensitive items. *Public Opinion Quarterly, 74*, 907-933.

Schaeffer, N.C., Dykema, J., & Maynard, D.W. (2010). Interviews and interviewing. In P.V. Marsden, & J. Wright (Hrsg), *Handbook of Survey Research* (S. 437-470). Howard House: Emerald Group Publishing Limited.

Schaeffer, N.C., Dykema, J., & Maynard, D.W. (2010). Interviews and interviewing. In P.V. Marsden, & J. Wright (Hrsg), *Handbook of Survey Research* (S. 437-470). Howard House: Emerald Group Publishing Limited.

Schmitt, N. (1994). Method bias: The importance of theory and measurement. *Journal of Organizational Behavior, 15*, 393-398.

Schouten, B., van den Brakel, J., Buelens, B., van der Laan, J., & Klausch, T. (2013). Disentangling mode-specific selection and measurement bias in social surveys. *Social Science Research, 42*, 1555-1570.

Schwarz, N., Strack, F., Hippler, H.-J., & Bishop, G. (1991). The impact of administration mode on response effects in survey measurement. *Applied Cognitive Psychology, 5*, 193-212.

Scorzafave, L.G. & Pazello, E.T. (2007). Using normalized equations to solve the indetermination problem in the Blinder-Oaxaca decomposition: An application to the gender wage gap in Brazil. *Revista Brasileira de Economica, 61*, 535-548.

Sinning, M., Hahn, M., & Bauer, T.K. (2008). The Blinder-Oaxaca decomposition for nonlinear regression models. *The Stata Journal, 8*, 480-492.

Smith, T. (2011). Refining the total survey error perspective. *International Journal of Public Opinion Research, 23*, 464-484.

Solga, H. (2005). Meritokratie – die moderne Legitimation ungleicher Bildungschancen. In P.A. Berger, & H. Kahlert (Hrsg.), *Institutionalisierte Ungleichheiten. Wie das Bildungswesen Chancen blockiert* (S. 19-38). Weinheim: Juventa.

Sparks, R.F., Glenn, H.G., & Dodd, D.J. (1977). *Surveying Victims. A Study of Measurement of Criminal Victimization, Perceptions of Crime, and Attitudes to Criminal Justice*. London: Wiley & Sons.

Stadler, B. (2009). Die Befragung von MigrantInnen in Stichprobenerhebungen. In M. Weichbold, J. Bacher, & C. Wolf (Hrsg.) *Umfrageforschung.*

Herausforderungen und Grenzen. Sonderheft 9 der österreichischen Zeitschrift für Soziologie (S. 275-291). Wiesbaden: VS Verlag.

Stanley, T.D., & Jarrell, S.B. (1998). Gender wage discrimination bias? A meta-regression analysis. *The Journal of Human Resources, 33*, 947-973.

Steel, D. (2004). Social mechanisms and causal inference. *Philosophy of the Social Sciences, 34*, 55-78.

Stinchcombe, A. (1991). The conditions of fruitfulness of theorizing about mechanisms in social science. *Philosophy of the Social Sciences, 21*, 367-388

Strangeland, P. (1996). *The Effect of Interviewer Methods and Response Rate on Victim Survey Crime Rates.* Australian Institute of Criminology; verfügbar unter: http://www.aic.gov.au/media_library/publications/proceedings/27/stangeland.pdf. Zugegriffen: 01. Juli 2016.

Stuart, E.A. (2010). Matching methods for causal inference: A review and a look forward. *Statistical Science, 25*, 1-21.

Tourangeau, R., Groves, R.M., Kennedy, C. & Yan, T. (2009). The presentation of a web survey, nonresponse and measurement error among members of web panel. *Journal of Official Statistics, 25*, 299-321.

Tourangeau, R., Groves, R.M., & Redline, C.D. (2010). Sensitive topics and reluctant respondents. Demonstrating a link between nonresponse and measurement error. *Public Opinion Quarterly, 74*, 413-432.

Tourangeau, R., Kreuter, F., & Eckman, S. (2015). Motivated misreporting: Shaping answers to reduce survey burden. In U. Engel (Hrsg.), *Survey Measurements. Techniques, Data Quality and Sources of Error* (S. 24-41). Frankfurt: Campus Verlag.

Tourangeau, R., & McNeeley, M.E. (2003). Measuring crime and crime victimization: Methodological issues. In J.V. Pepper, & C.V. Petrie (Hrsg.), *Measurement Problems in Criminal Justice Research* (S. 10-42). Washington: National Research Council.

Tourangeau, R., Rips, L.J., & Rasinski, K. (2000). *The Psychology of Survey Response.* Cambridge: Cambridge University Press.

Tourangeau, R., & Smith, T.W. (1996). Asking sensitive questions: The impact of data collection mode, question format, and question context. *Public Opinion Quarterly, 60*, 275-304.

Tourangeau, R., Smith, T.W., & Rasinski, K. (1997). Motivation to report sensitive behaviors in surveys: Evidence from a bogus pipeline experiment. *Journal of Applied Social Psychology, 27*, 209-222.

Tourangeau, R., Steiger, D.M., & Wilson, D. (2002). Self-administered questions by telephone. Evaluating interactive voice response. *Public Opinion Quarterly, 66*, 265-278.

Tourangeau, R., & Yan, T. (2007). Sensitive questions in surveys. *Psychological Bulletin, 133*, 859-883.

Triplett, T., Blair, J., Hamilton, T., & Kang, Y.C. (1996). Initial cooperators vs. converted refusers: Are there response behavior differences? In *Proceedings of the Survey Research Methods Section of the American Statistical Association* (S. 1038-1041). Alexandria: American Statistical Association.

Turner, C.F., Villarroel, MA., Rogers, S.M., Eggleston, E. Ganapathi, L., Roman, A., & Al-Tayyib, A. (2005). Reducing bias in telephone survey estimates of the prevalence of drug use: A randomized trial of telephone audio-CASI. *Addiction, 100*, 1432-1444.

Tversky, A., & Kahneman, D. (1973). Availability: A heuristic for judging frequency and probability. *Cognitive Psychology, 5*, 207-232.

Tversky, A., & Kahneman, D. (1974). Judging under uncertainty: Heuristics and biases. *Science, 185*, 1124-1131.

Tversky, A., & Kahneman, D. (1982). Judgements of and by representativeness. In D. Kahneman, P. Slovic, & A. Tversky (Hrsg.), *Judgement under Uncertainty: Heuristics and Biases* (S. 84-98). Cambridge: Cambridge University Press.

Ulrick, S. W. (2012). The Oaxaca decomposition generalized to a continuous group variable. *Economics Letters 115*, 35-37.

van Dijk, J.J.M., Mayhew, P., & Killias, M. (1990). *Experiences of Crime across the World: Key Findings from the 1989 International Crime Survey.* Deventer: Kluwer Law & Taxation.

Vannieuwenhuyze, J.T.A., & Loosveldt, G. (2012). Evaluating relative mode effects in mixed-mode surveys: three methods to disentangle selection and measurement effects. *Sociological Methods & Research, 42*, 82-104.

Vannieuwenhuyze, J.T.A., Loosveldt, G., & Molenberghs, G. (2010). A method for evaluating mode effects in mixed-mode surveys. *Public Opinion Quarterly, 74*, 1027-1045.

Vannieuwenhuyze, J.T.A., Loosveldt, G., & Molenberghs, G. (2014). Evaluating mode effects in mixed-mode survey data using covariate adjustment models. *Journal of Official Statistics, 30*, 1-21.

Watson, I. (2010). *decomp: Stata Module to Conduct a Blinder-Oaxaca Decomposition of Earnings*; verfügbar unter: http://fmwww.bc.edu/repec/bocode/d/decomp.ado. Zugegriffen: 01. Juli 2016.

Weichselbaumer, D., & Winter-Ebmer, R. (2005). A meta-analysis of the international gender wage gap. *Journal of Economic Surveys, 19*, 479-511.

Weisburd, H.F. (2005). *The Total Survey Error Approach. A Guide to the New Science of Survey Research*. Chicago: University of Chicago Press.

Willimack, D.K., Schuman, H., Pennell, B.-E., & Lepkowski, J.M. (1995). Effects of a prepaid nonmonetary incentive on response rates and response quality in a face-to-face survey. *Public Opinion Quarterly, 59*, 78-92.

Winship, C., & Harding, D.J. (2008). A mechanism-based approach to the identification of age-period-cohort models. *Sociological Methods & Research, 36*, 362-401.

Woodward, J. (2002). What is a mechanism? A counterfactual account. *Philosophy of Science, 69*, 366-377.

Woodward, J. (2003). *Making Thing Happen. A Theory of Causal Explanation*. Oxford: Oxford University Press.

Wroblewski, A. (2009). Berücksichtigung der Situation von Personen mit gesundheitlichen Beeinträchtigungen in Umfragen. In M. Weichbold, J. Bacher, & C. Wolf (Hrsg.) *Umfrageforschung. Herausforderungen und Grenzen. Sonderheft 9 der österreichischen Zeitschrift für Soziologie* (S. 317–332). Wiesbaden: VS Verlag.

Yang, Y., & Land, K.C. (2013). *Age-Period-Cohort Analysis. New Models, Methods, and Empirical Applications*. Boca Raton: CRC Press.

Young, J. (1988). Risk of crime and fear of crime. A realist critique of survey-based assumptions. In M. Maguire, & J. Pointing (Hrsg.), *Victims of Crime: A New Deal?* (S. 164-176). Milton Keynes: Open University Press.

Yun, M. (2005a). A simple solution to the identification problem in detailed wage composition. *Economic Inquiry, 43*, 766-772.

Yun, M. (2005b). Normalized equation and decomposition analysis: Computation and Inference. *IZA Discussion Paper Nr. 1822.*

Anhang

Die kontrafaktische Herleitung des BO-Dekompositionsmodells basiert auf der Konstruktion einer kontrafaktische Gleichung für Mode a, in der der Parametervektor $\boldsymbol{\beta}_{Ta}$ durch jenen aus Mode b ($\boldsymbol{\beta}_{Tb}$) ersetzt wird:

$$E\left(Y_{ja}^{*}\right)=E\left(\mathbf{X}_{Ta}\right)'\boldsymbol{\beta}_{Tb} \tag{A1}$$

Der Term $E\left(Y_{ja}^{*}\right)$ entspricht dem Erwartungswert für das interessierende Merkmal Y_j gegeben (*i*) die Komposition der Nettostichprobe unter Mode a und (*ii*) die Messbedingungen unter Mode b. Folglich liegt Gl. (A1) die kontrafaktische Fragestellung zugrunde, welcher Erwartungswert für Y_j unter Mode a generiert werden würde, falls die mode-spezifischen Einflüsse auf das Antwortverhalten der Respondenten unter Mode b vorliegen würden. Die BO-Dekompositionsgleichung kann nun unter Rückgriff auf Gl. 18 wie folgt hergeleitet werden:

$$\Delta E\left(Y_j\right)=E\left(Y_{jb}\right)-E\left(Y_{ja}\right)=\underbrace{E\left(Y_{jb}\right)-E\left(Y_{ja}^{*}\right)}_{\Delta_R}+\underbrace{E\left(Y_{ja}^{*}\right)-E\left(Y_{ja}\right)}_{\Delta_M} \tag{A2}$$

Die in Gl. (A2) postulierten Entsprechungen für Δ_R und Δ_M lassen sich schließlich ebenfalls problemlos nachweisen:

$$E\left(Y_{jb}\right)-E\left(Y_{ja}^{*}\right)=E\left(\mathbf{X}_{Tb}\right)'\boldsymbol{\beta}_{Tb}-E\left(\mathbf{X}_{Ta}\right)'\boldsymbol{\beta}_{Tb}=\left[E\left(\mathbf{X}_{Tb}\right)-E\left(\mathbf{X}_{Ta}\right)\right]'\boldsymbol{\beta}_{Tb}=\Delta_R \tag{A3}$$

$$E\left(Y_{ja}^{*}\right)-E\left(Y_{ja}\right)=E\left(\mathbf{X}_{Ta}\right)'\boldsymbol{\beta}_{Tb}-E\left(\mathbf{X}_{Ta}\right)'\boldsymbol{\beta}_{Ta}=E\left(\mathbf{X}_{Ta}\right)'\left(\boldsymbol{\beta}_{Tb}-\boldsymbol{\beta}_{Ta}\right)=\Delta_M \tag{A4}$$

Somit gilt

$$\Delta E\left(Y_j\right)=\left[E\left(\mathbf{X}_{Tb}\right)-E\left(\mathbf{X}_{Ta}\right)\right]'\boldsymbol{\beta}_{Tb}+E\left(\mathbf{X}_{Ta}\right)'\left(\boldsymbol{\beta}_{Tb}-\boldsymbol{\beta}_{Ta}\right)=\Delta_R+\Delta_M \tag{A5}.$$

Die Rolle von Modes in der Teilnehmerrekrutierung

Face-to-face Rekrutierung für ein probabilistisches Onlinepanel

Einfluss auf die Repräsentativität

Annelies G. Blom & Jessica M. E. Herzing
Universität Mannheim

1 Einleitung

Onlineumfragen haben für die sozialwissenschaftliche Forschung in den vergangen Jahren zunehmend an Bedeutung gewonnen, nicht zuletzt wegen der Möglichkeit, viele Personen innerhalb kurzer Zeit kosteneffizient befragen zu können. Im Vergleich zu interviewer-administrierten Befragungen haben Onlineinterviews aufgrund der selbst-administrierten Befragung einen geringeren Messfehler (Kreuter et al. 2008). Hauptkritikpunkt bei Onlineumfragen ist die Repräsentativität dieser Studien im Hinblick auf die Allgemeinbevölkerung. Überwiegend beruht diese Kritik darauf, dass Onlinepanels Teilnehmer über Quotenstichproben oder andere nicht-probabilistische Verfahren rekrutieren (Couper 2000; Bethlehem und Stoop

Das German Internet Panel (GIP) ist Teil des Sonderforschungsbereichs 884 „Politische Ökonomie von Reformen" an der Universität Mannheim, welches durch die Deutsche Forschungsgemeinschaft (DFG) gefördert wird. Dieses Kapitel entwickelte sich aus einem Forschungsbetrag heraus, der unter dem Titel „Does the Recruitment of Offline Households Increase the Sample Representativeness of Probability-Based Online Panels? Evidence From the German Internet Panel" in der Zeitschrift Social Science Computer Review erschienen ist. Die Datenerhebung und die Analysen für diese Studie wurden durch eine Vielzahl von Personen maßgeblich unterstützt. Stellvertretend für alle Beteiligten möchten wir uns bei den folgenden Personen besonders bedanken: Ulrich Krieger, Dayana Bossert, Franziska Gebhard, Christina Gathmann, Joseph Sakshaug, Carina Cornesse, Mick Couper, Günther Steinacker, Sarah Schmidt, Alexandra Wachenfeld und Frederik Funke.

2007). Zum Beispiel sind die meisten kommerziellen Internetpanels Online-Access-Panels, bei denen die Teilnehmer sich selbst (auch unaufgefordert) für das Panel anmelden können. Dabei besteht die Sorge, dass Personen, die sich selbst für die Befragungen zur Verfügung stellen, nicht vergleichbar sind mit der allgemeinen Bevölkerung. Tatsächlich finden wissenschaftliche Studien deutliche Unterschiede in der Zusammensetzung der angenommen Grundgesamtheit und den Stichproben von Online-Access-Panels (Yeager et al. 2011; Loosveldt und Sonck 2008).

Möchte man wissenschaftliche Studien mittels Onlineumfragen durchführen, ist jedoch eine *direkte* zufallsbasierte Stichprobenziehung von Personen oder Haushalten der Allgemeinbevölkerung nicht möglich, da entsprechende Stichprobenframes (z.B. von IP- oder E-Mail-Adressen) fehlen. Daher ist ein sequenzielles Mixed-Mode-Design notwendig, wie es bei der Rekrutierung des German Internet Panels (GIP) zum Einsatz kam, bei dem Haushalte mit Zielpersonen zufallsbasiert ausgewählt und zunächst mit einem kurzen 15-minütigen Fragebogen persönlich-mündlich (CAPI) zu Hause befragt wurden. In dieser face-to-face Befragung erhob das GIP auch Informationen zum Computer- und Internet-Zugang des Haushalts, sodass Haushalte ohne Zugang (sogenannte Offliner) mit entsprechenden Geräten ausgestattet werden konnten, um auch diesen eine Teilnahme am Onlinepanel zu ermöglichen und somit den Coverage-Bias zu minimieren. Im Anschluss an die face-to-face Befragung wurden alle Haushaltsmitglieder, die in die Zielpopulation des GIPs fielen, d.h. im Alter von 16-75 Jahren waren, persönlich angeschrieben und zum Onlinepanel eingeladen. Eine detaillierte Beschreibung der Stichprobenziehung, Rekrutierung und Offlinerausstattung findet sich bei Blom et al. (2015).

In diesem Kapitel werden die Einflüsse des sequenziellen Mixed-Mode-Designs bei der GIP-Rekrutierung sowie die Auswirkungen der Ausstattung und Befragung von Offliner-Haushalten auf die Repräsentativität des Panels dargestellt. Hierzu vergleichen wir Populationsschätzer aus dem Mikrozensus mit entsprechenden GIP-Schätzern basierend auf drei unterschiedlichen Teilstichproben des GIPs: auf der Gesamtstichprobe beim face-to-face Rekrutierungsinterview, auf der Gesamtstichprobe des GIP Onlinepanels sowie auf der GIP Onlinerstichprobe, d.h. auf einer Teilstichprobe des GIP Onlinepanels, in der die teilnehmenden Offliner nicht berücksichtigt werden.

2 Hintergrund

Die Auswirkungen eines sequenziellen Mixed-Mode-Designs auf die Repräsentativität einer Zufallsstichprobe der allgemeinen Bevölkerung kann man anhand zwei distinkter Ausfallphasen untersuchen: zum einen Nonresponse und Non-Coverage beim face-to-face Interview, zum anderen beim Onlineinterview (nach vorheriger Teilnahme am face-to-face Interview) Nonresponse und Non-Coverage.[1]

Im Hinblick auf Non-Coverage beim face-to-face Interview ist das Stichprobenframe von großem Belang, da nur Personen, die im Frame enthalten sind, auch in die Stichprobe aufgenommen werden können. Die Stichprobe des GIPs wurde mittels eines ADM-Designs (ADM 2013; Blom et al. 2015; Blom et al. 2016b), also eines flächenbasierten Designs, in dem alle Haushalte in Deutschland enthalten sind, gezogen. Da die Stichprobe im ADM-Design anhand von Namen auf Klingelschildern und Briefkästen gezogen wird (auch leere Schilder wurden für das GIP berücksichtigt), sind in diesem Verfahren nur solche Personen nicht erfasst, die nicht in einem strukturierten Haushalt zu finden sind, z.B. weil sie im Gefängnis leben oder obdachlos sind. Die Verzerrungen, die hieraus resultieren, sollten deshalb überschaubar sein.

In Deutschland gibt es aufgrund von Nonresponse bei face-to-face Interviews größere Verzerrungsgefahren, da in den letzten Dekaden die Ausschöpfungsquoten immer weiter gesunken sind (vgl. Atrostic et al. 2001; de Leeuw und de Heer 2002, Brick und Williams 2013). Zudem tritt Deutschland im Vergleich zu anderen westlichen Ländern schon lange durch niedrige Ausschöpfungsquoten hervor (vgl. Pforr et al. 2015). Sollte der Nonresponse-Mechanismus darüber hinaus nicht zufällig sein, führt dies zu Verzerrungen (Rubin 1976).

Nonresponse-Prozesse bei face-to-face Interviews unterteilt man in Kontaktierungs- und Kooperationsprozesse, da mit beiden unterschiedliche Verzerrungsmechanismen verbunden sind (Lynn und Clarke 2002). Der Kontaktierungsprozess hängt stark von den sogenannten At-Home-Patterns ab, also davon, wann die Zielperson zu Hause anzutreffen ist (Groves und Couper 1998, Kapitel 4). Personen, die arbeiten und ein aktives soziales

1 Wir gehen davon aus, dass es hier in erster Linie um Nonresponse- und Non-Coverage-Prozesse geht. Stichprobenfehler, die auch Einfluss auf die Repräsentativität haben, sollten bei Zufallsstichproben durch die Varianzschätzung üblicher linearer und nicht-linearer Verfahren abgedeckt sein.

Leben führen, sind seltener zu Hause und entsprechend schwerer für eine persönliche Befragung zu erreichen. Deshalb werden Personen, die alleine oder nur mit einem Partner leben, mit einer niedrigeren Wahrscheinlichkeit kontaktiert als solche in Mehrpersonenhaushalten, v.a. wenn kleine Kinder im Haushalt leben (Groves und Couper 1998, Kapitel 4; Lynn und Clarke 2002; Stoop 2005). Auch ist die Kontaktaufnahme einfacher bei älteren als bei jüngeren Menschen (Groves und Couper 1998, Kapitel 4; de Leeuw und de Heer 2002; Stoop 2005), sowie in ländlichen Gegenden als in Großstädten (Campanelli et al. 1997; Blom 2012). Viele dieser Prädiktoren vermutlich voneinander abhängen, da z.B. jüngere Menschen öfter in Großstädten leben (vgl. Groves und Couper 1998, Kapitel 4; Blom 2012).

In Bezug auf den Kooperationsprozess ist die Literatur weniger eindeutig und bietet v.a. weniger Hinweise auf sozioökonomische Faktoren, die mit dem Kooperationsprozess zusammenhängen. Laut der Leverage-Salience-Theorie von Groves et al. (2000) spielt die Salienz der Umfrage eine entscheidende Rolle beim Teilnahmeprozess und auch in wie fern das Umfragedesign die für die Zielperson interessanten Aspekte herausstellt. Dabei spielen in face-to-face Befragungen vor allem die Interviewer eine große Rolle, die an der Tür die Zielperson für die Studie interessieren können. Personen, die grundsätzlich an gesellschaftlichen Fragestellungen interessiert sind, wie z.B. Höhergebildete und Wähler, lassen sich leichter für die Teilnahme an Umfragestudien gewinnen. Typischerweise spiegelt sich dieses Interesse der Befragten in höheren Kooperationsraten wieder (vgl. Jackman 1998, Keeter et al. 2006). Auch monetäre Anreize können die Salienz einer Umfrage erhöhen, was sich darin äußert, dass Incentives eine stärkere Wirkung auf Niedrigverdiener haben (vgl. Singer et al. 1999; Simmons und Wilmot 2004).

Ändert sich jedoch der Modus der Befragung von face-to-face zu online, finden wir andere assoziierte Ausfallmechanismen. Wenn Onlineumfragen Populationen ohne Internet nicht berücksichtigen, sind diese oft anfällig für Coverage-Bias. Falls sich Personen mit Internet in ihren Eigenschaften von Personen ohne Internet unterscheiden, kann dies zu verzerrten Ergebnissen der Umfrage führen. Tatsächlich zeigen international durchgeführte Studien, dass sich Menschen mit und ohne Internet systematisch in vielen Befragungsmerkmalen unterscheiden. In den Vereinigten Staaten stellte Couper (2000) fest, dass Befragte mit Internetanschluss jünger sind, ein höheres Einkommen haben und eher Weiße sind, einen College-Abschluss haben und in städtischen Gebieten wohnen als Individuen ohne Internetanschluss. Ähnliche Muster finden DiSogra et al. (2009). Dever et al. (2008) zeigten, dass Internetnutzer bei besserer Gesundheit und mit höherer Wahrscheinlichkeit krankenversichert sind als Nichtnutzer. Ebenso fanden Schonlau et al. (2009) und Couper et al. (2007) in Hinblick auf gesundheitsbezogene Merkmale signifikante Unterschiede zwischen Individuen mit und ohne Internetzugang. Auch tendieren Internetnutzer zu mehr politischem Engagement und sind toleranter als Befragte ohne Internet (Zhang et al. 2009). In den Niederlanden konnten Studien zeigen, dass Individuen ohne Internet älter sind, eher allein leben und über einen Migrationshintergrund verfügen (van der Laan 2009; Leenheer und Scherpenzeel 2013). Eine Sekundäranalyse mit denselben niederländischen Daten des Longitudinal Internet Studies for the Social Sciences (LISS) von Eckman (2016) fand signifikante demographische Unterschiede zwischen Haushalten mit und ohne Internet. In Frankreich beobachteten Revilla et al. (2015) zwischen Internetnutzern und Nichtnutzern Unterschiede, u.a. in Alter, Geschlecht, Familienstand und Bildung. In Deutschland haben Menschen ohne Internet tendenziell einen niedrigeren Bildungsstand und sind älter als jene mit Internetanschluss (Bosnjak et al. 2013; Blom et al. 2016b). Ein Ausschluss von Befragten ohne Internet kann also zu einer Stichprobenverzerrung von Onlineumfragen führen.

Um derartige Stichprobenverzerrungen zu vermeiden, stattet das GIP Haushalte, die nicht über eine entsprechende technische Ausstattung verfügen (Offliner-Haushalte), mit Internet und/oder Computern aus, damit sie am Onlinepanel teilnehmen können. Jedoch stellt dieses Design bei der Rekrutierung von Offliner-Haushalten eine besondere Herausforderung für das GIP dar, da der Beantwortungsaufwand dieser Befragten aus zwei Gründen ansteigt. Erstens müssen Offliner mit dem notwenigen Equipment ausgestattet werden, um online an einer Befragung teilnehmen zu können. Das zieht daher einen größeren organisatorischen Aufwand nach sich, als dies bei Onlinern der Fall ist. Zweitens müssen sich Offliner mit einer für sie völlig neuen Technologie auseinander setzen. Die Einarbeitung in den Umgang mit dieser neuen technischen Ausstattung erhöht zusätzlich den Aufwand für Offliner. Nach Schnell (1997, Kapitel 4) und Singer (2011) hängt die Teilnahmebereitschaft der Befragten an einer Studie von einem Kosten-Nutzen-Kalkül ab. Da Offliner durch die Onlineteilnahme in einem Modus teilnehmen müssen, mit dem sie bisher keine Erfahrung haben, sollten die Teilnahmebelastung und somit die Kosten für sie höher sein im Vergleich zu Befragten, die schon Erfahrung mit Computern und/oder dem Internet haben. Folglich gibt es trotz zusätzlichem Aufwand keine Garantie, dass sich Haushalte ohne Internet an der Umfrage überhaupt oder im gleichen Maße beteiligen wie Haushalte mit Internet. Aus diesen Gründen könnte der Moduswechsel von der face-to-face Rekrutierungsbefragung zum online durchgeführten Panel zu Nonresponse-Bias führen.

In der Tat zeigen mehrere Studien, dass Haushalte ohne Internet zu einem geringeren Anteil an Umfragen teilnehmen als Haushalte mit Internet. Für das LISS-Panel berichteten Leenheer und Scherpenzeel (2013), dass nur 35% der Haushalte ohne Internet einer Teilnahme am LISS zustimmten, während dies 84% der Haushalte mit Internet taten. Im ELIPSS-Panel beobachteten Revilla et al. (2015), dass Stichprobeneinheiten ohne Internet ihre Teilnahme zu einem höheren Anteil (19%) widerriefen als solche mit Internet (9%). Ähnliche Muster zeigten sich im GESIS-Panel, einer wahrscheinlichkeitsbasierten Längsschnittstudie der Allgemeinbevölkerung in Deutschland mit einer Mixed-Mode-Befragung per Post und Internet. Hier ist die Rücklaufquote bei online teilnehmenden Befragten etwa doppelt so hoch wie bei offline teilnehmenden Befragten (Struminskaya und Bosnjak, 2015). Ob dieser Ausfallmechanismus auch einen Einfluss auf die Repräsentativität des GIPs hat, wollen wir im Folgenden untersuchen.

3 Das GIP-Design

Das GIP verringert die in einer Onlinedatenerhebung vorherrschende Selektivität und insbesondere Verzerrungen durch Nonresponse- und den Non-Coverage, indem es folgende Aspekte in das Umfragedesign integriert (vgl. Blom et al. 2015, 2016a für Details):

Erstens basiert die Stichprobe des GIP auf einer strikten Zufallsstichprobe der Allgemeinbevölkerung, um jede Möglichkeit einer Selbstselektion in das Panel auszuschließen. Die Stichprobe wurde mittels eines dreistufigen ADM-Designs (ADM 2013) mit vollständiger Listung von Haushalten gezogen. Anschließend erfolgte eine Zufallsstichprobenziehung aller Haushalte innerhalb der gezogenen PSUs.

Zweitens wurde in jedem gezogenen Haushalt eine 15-minütige persönliche Befragung durchgeführt. Der Einladungsbrief zu dieser persönlichen Befragung erwähnte nicht den Online-Erhebungsmodus, um in dieser Phase Verzerrungen durch die Skepsis von Befragten gegenüber Computern und Internet zu vermeiden. Um die Interviewdauer pro Haushalt an dieser Stelle möglichst kurz zu halten, fand das Interview mit nur einem Haushaltsmitglied statt, d.h. bei der persönlichen Befragung gab es keine zufällige Auswahl der Befragten. Weil jedoch das Onlinepanel *alle* Haushaltsmitglieder (zwischen 16 und 75 Jahren) einlädt – ob persönlich befragt oder nicht – hatten alle Panelmitglieder die gleiche Auswahlwahrscheinlichkeit für das Onlinepanel. Insgesamt ist das GIP-Stichprobendesign daher selbstgewichtend.

Drittens wurde innerhalb der persönlichen Befragung erhoben, ob die Stichprobeneinheiten zu Hause bereits Zugang zu einem Computer und Breitband-Internet hatten. Der Zugang zum schnellen Internet mittels eines Computers ist eine notwendige Bedingung zur Bearbeitung der GIP-Onlinefragebögen. Am Ende der persönlichen Befragung wurden Haushalte ohne Breitband-Internet und Computer darüber informiert, dass sie dennoch an der Onlinestudie teilnehmen könnten. Den Befragten wurde erklärt, dass zu diesem Zweck ein Internetzugang installiert und – falls kein Computer verfügbar war – mit einem Gerät, das speziell für Personen ohne Erfahrung mit Computern entwickelt wurde, ausrüstet würden: einem Touch-Screen-PC (einem sogenannten BenPC) im Jahr 2012 oder einem Tablet mit Tastatur (einem sogenannten GiWi) im Jahr 2014 (siehe Abbildung 1). Die Techniker, die diese Ausrüstung installierten, wurden per Video und schriftlichen Unterlagen geschult, die sie über die speziellen Anforderungen in der Kommunikation von technischen Aspekten gegenüber den Offlinern, die in der Regel über wenig oder keine Erfahrung mit dem Internet und/oder Computern verfügten, aufklärten.

Abbildung 1 Offlinerausstattung – BenPC (links) und GiWi (rechts)

Durch dieses sequenzielle Mixed-Mode-Design gab es bei der Rekrutierung der GIP-Panelisten mehrere Stufen, bei denen Befragte die Stichprobe als eine Folge von Nonresponse verließen. Die erste Stufe war Nonresponse beim face-to-face Interview. Darauffolgend wurden Zielpersonen, deren Haushalt im face-to-face Interview erfasst worden war, zum Onlinepanel eingeladen, eine Einladung, die sie verweigern konnten.

Schauen wir uns die Ausfallquoten bei den verschiedenen Stufen an, sehen wir, dass im face-to-face Interview 2012 eine Ausschöpfung von 52,1% (2.543 Interviews bei einer Brutto-Stichprobe von 4.878 Haushalten) und 2014 eine Ausschöpfung von 47,5% (4.426 Interviews bei einer Brutto-Stichprobe von 9.316 Haushalten) erzielt wurde (AAPOR Ausschöpfungsquote RR2, AAPOR 2016).

Trotz des Befragungsdesigns waren die Ausschöpfungsquoten bei Stichprobeneinheiten, die bereits vorher über einen Internetzugang verfügten, höher als bei jenen, die zuvor nicht an das Internet angeschlossen waren. 2012 wurden 528 der 2.121 persönlich befragten Haushalte, in denen Zielpersonen im Zielalter von 16 bis 75 Jahren lebten, als Offline-Haushalte identifiziert (24,9%). Während in Online-Haushalten 1.450 der 2.892 Zielpersonen Panel-Mitglieder wurden (50,2%), konnten in Offline-Haushalten lediglich 128 der 833 Zielpersonen ausgestattet und ins Panel rekrutiert werden (15,4%).

2014 wurden während der persönlichen Befragung 917 der 4.426 Haushalte in der entsprechenden Altersspanne als offline identifiziert (20,7%). Dieser Rückgang an Offline-Haushalten erklärt sich vermutlich durch die Zunahme der Tablet-Computer zwischen 2012 und 2014, die eine leicht zugängliche und kostengünstige Alternative zu herkömmlichen PCs darstellen. Nichtsdestotrotz sehen wir auch 2014 zwischen Online- und Offline-Haushalten einen Unterschied in den Ausschöpfungsquoten. Während in Online-Haushalten 3.116 der 6.184 Zielpersonen in das Panel einstiegen (50,4%), konnten in Offline-Haushalten nur 270 der 1.497 Zielpersonen (18,0%) rekrutiert werden. Dies stellt einen signifikanten Anstieg im Rekrutierungserfolg von Offlinern zwischen 2012 und 2014 dar (von 15,4% auf 18,0%), während der Rekrutierungserfolg von Onlinern über die beiden Phasen konstant blieb. Zugleich unterstreichen diese Zahlen, dass die Ausschöpfungsquoten während des Rekrutierungsprozesses von Offlinern konsistent niedriger sind als unter Onlinern (siehe Abbildung 2).

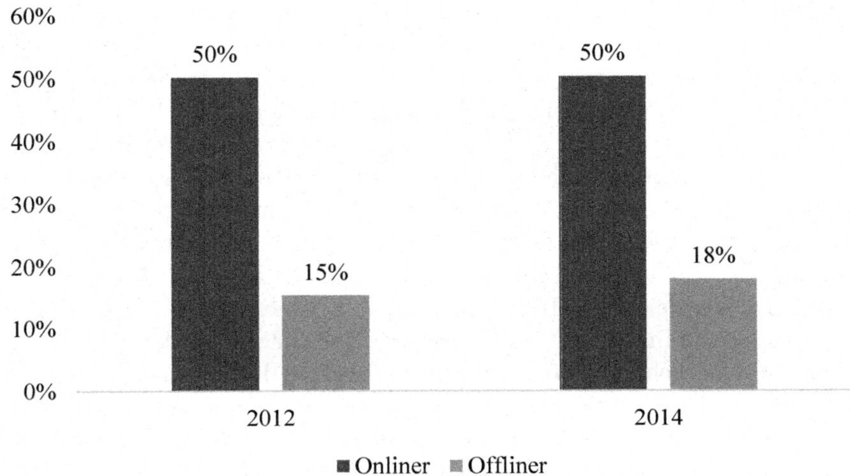

Abbildung 2 Ausschöpfungsquoten unter Onlinern und Offlinern 2012 und 2014

Wie beschrieben, gibt es im sequenziellen Mixed-Mode-Rekrutierungsdesign des GIPs zwei Punkte, an denen Zielpersonen durch Nonresponse die Stichprobe verlassen: bei der Einladung zum face-to-face Interview und bei der Einladung zum Onlinepanel anschließend an das face-to-face Interview. Darüber hinaus zeigen die unterschiedlichen Ausschöpfungsquoten von Onlinern und Offlinern, dass die Möglichkeit von Verzerrungen durch Nonresponse durchaus besteht. Daher stellt sich die Frage, wie sich das sequenzielle Mixed-Mode-Design des GIPs auf die Repräsentativität der Stichprobe auswirkt, wenn wir selbige bei der face-to-face Befragung und im Onlinepanel mit und ohne Offliner betrachten.

4 Methode

Um zu untersuchen wie sich das sequenzielle Mixed-Mode-Design des GIPs auf die Repräsentativität der Stichprobe auswirkt, vergleichen wir verschiedene Teilstichproben des GIPs mit Populationsschätzern, welche auf dem Mikrozensus 2012 basieren. Beim Mikrozensus handelt es sich um eine repräsentative Haushaltsbefragung der amtlichen Statistik in Deutschland. Hierbei werden Gebäude zufällig ausgewählt (einstufige Klumpenstichprobe), wobei jede Wohnung die gleiche Auswahlwahrscheinlichkeit hat. Alle Wohnungen werden jährlich in vier aufeinanderfolgenden Jahren aufgesucht und alle darin lebenden Personen befragt. Die Befragung wird entweder mittels eines computergestützten Interviews (CAPI) oder eines schriftlichen Fragebogens durchgeführt. Da Auskunftspflicht besteht, erhält man eine repräsentative Stichprobe der Bevölkerung. Somit kann der Mikrozensus als „wahrer Wert" zum Vergleich mit anderen Stichproben herangezogen werden und wird im Folgenden als Populationsschätzer verwendet.

Für den Vergleich mit diesem Populationsschätzer werden Teilstichproben des GIPs anhand der verschiedenen Stufen des sequenzielle Mixed-Mode-Designs gebildet. Wir schauen uns dabei (1) die Gesamtstichprobe beim face-to-face Interview, (2) die Gesamtstichprobe des GIPs sowie (3) die Onlinerstichprobe des GIPs an. Diese Teilstichproben werden den Populationsschätzern in Hinblick auf Alter (in vier Gruppen), Geschlecht, Bildung (in drei Gruppen) und Haushaltsgröße (in drei Gruppen) gegenübergestellt.

5 Ergebnisse

Vergleicht man die Verteilungen von Alter, Geschlecht, Bildung und Haushaltsgröße im Mikrozensus mit den verschieden GIP-Teilstichproben, erhält man die folgend dargestellten Ergebnisse.

5.1 Alter

In Abbildung 3 vergleichen wir die Stichprobenverteilungen für vier Altersgruppen (16-30, 31-45, 46-60 und 61-75 Jahre) mit den jeweiligen Anteilen in der Bevölkerung. Letztere werden als horizontale Linien dargestellt. Die Balken zeigen für jede Altersgruppe die entsprechenden Anteile für die Teilnehmer am face-to-face Interview (linker Balken, f2f), alle, die an der ersten Onlinebefragung teilgenommen haben (zweiter Balken, alle), sowie jene, die an der ersten Onlinebefragung teilgenommen haben und schon vor ihrer GIP-Teilnahme über Computer- und Internetzugang verfügten (dritter Balken, onliner). Somit stellt der Unterschied zwischen dem ersten Balken (f2f) und dem zweiten Balken (alle) den Unterschied zwischen den Modi, face-to-face und online Befragung dar. Der Unterschied zwischen dem zweiten und dem dritten Balken (alle vs. onliner) verdeutlicht den Beitrag zur Repräsentativität, den die Offliner zur Stichprobe leisten.

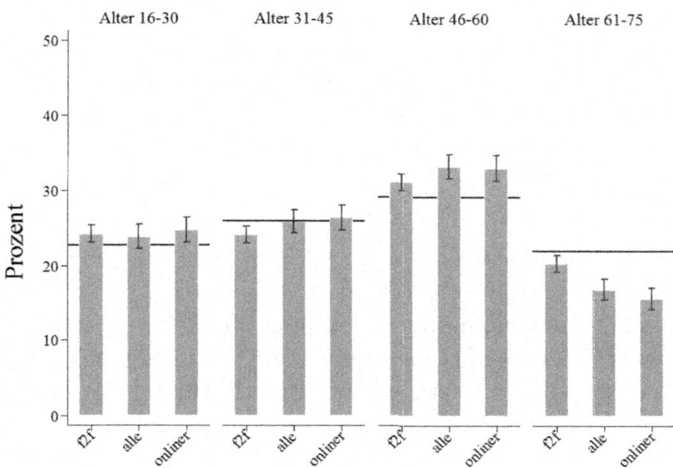

Abbildung 3 Alter – Populationsverteilungen (horizontale Linien) und Verteilungen der GIP-Teilstichproben (Balken)

In der jüngsten Altersgruppe ist sowohl die Gesamtstichprobe des face-to-face Interviews (f2f) als auch der ersten Onlinebefragung des GIPs (alle) annäherungsweise repräsentativ. Eine Stichprobe, die nur solche Befragte einschließt, die bereits vor Beginn der Studie einen Internetzugang hatten, überrepräsentiert die Altersgruppe jedoch leicht. Der geringe Anteil junger Personen unter den Offlinern im GIP gleicht die Stichprobe für die jüngste Altersgruppe aus.

In der ältesten Gruppe ist der Anteil von Personen zwischen 61 und 75 Jahren in der Stichprobe des GIPs (alle) etwas unterrepräsentiert. Das ist auch für die face-to-face Stichprobe der Fall (f2f), allerdings ist hier die Repräsentativität deutlich besser. Würde die GIP Stichprobe jedoch nur aus Onlinern bestehen, wäre die Stichprobenverzerrung in der ältesten Gruppe signifikant größer. Der hohe Anteil von Personen in dieser Altersgruppe, die vormals nicht über einen Internetanschluss verfügten, trägt also signifikant zur Repräsentativität der GIP-Stichprobe bei.

Für die Altersgruppen der 31- bis 45-Jährigen und der 46- bis 60-Jährigen bilden die GIP-Onliner die Gesamtpopulation in Deutschland ähnlich gut ab wie die Gesamtstichprobe des GIPs und auch die face-to-face Stichprobe weist lediglich leichte Unterschiede auf.

Insgesamt zeigt sich, dass sich die Stichprobenzusammensetzung des GIPs im Übergang vom face-to-face Modus auf den Online-Modus leicht verändert und dass sich eine Ausrüstung von Offlinern zur Teilnahme am GIP im Hinblick auf die älteste und die jüngste Altersgruppe signifikant positiv auf die Stichprobenrepräsentativität auswirkt.

5.2 Geschlecht

Abbildung 4 zeigt die Anteile von Männern in der Bevölkerung sowie in den verschiedenen GIP-Teilstichproben. Hier zeigt sich, dass in den drei Teilstrichproben das Verhältnis von Männern und Frauen relativ ausgewogen ist und keine der Stichproben signifikant von den Populationsschätzern abweicht. Dennoch stellt man leichte Unterschiede fest: Während Männer in der face-to-face Rekrutierung (f2f) noch etwas unterrepräsentiert sind, gibt es bei der Teilnahme an der Onlinebefragung (alle) keinen Unterschied mehr zum Populationsschätzer.

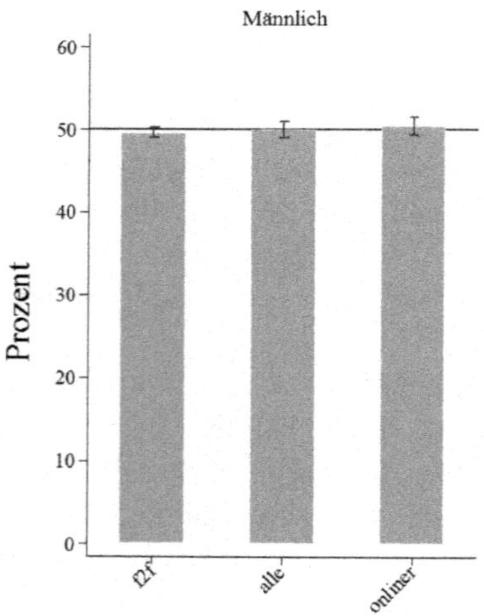

Abbildung 4 Geschlecht – Populationsverteilungen (horizontale Linien) und Verteilungen des GIP-Samples (Balken)

5.3 Bildung

Abbildung 5 zeigt die Bildungsverteilung im Mikrozensus und den GIP-Teilstichproben. In allen drei Teilstichproben sind die Niedriggebildeten (Hauptschulabschluss und niedriger) stark unterrepräsentiert sowie die Mittelgebildeten (Realschulabschluss) leicht bzw. die Hochgebildeten (Abitur) stark überrepräsentiert. Diese Fehlverteilung nimmt in der Rekrutierungssequenz vom face-to-face Interview zum Online-Modus leicht zu, ist aber von Anfang an vorhanden; in beiden Phasen der Rekrutierung nehmen proportional weniger Personen mit niedriger Bildung und mehr mit hoher Bildung teil. Die Offliner-Rekrutierung leistet jedoch einen wichtigen Beitrag zur Repräsentativität der GIP Stichprobe, denn Offliner haben mit höherer Wahrscheinlichkeit als Onliner eine geringe Bildung und mit niedrigerer Wahrscheinlichkeit als Onliner eine hohe Bildung. Dadurch ist die Stichprobe aller Personen, die an der ersten Onlinebefragung des GIPs teilgenommen haben (alle) leicht repräsentativer als die Teilstichprobe derer, die vor ihrer GIP-Teilnahme schon Computer- und Internet-Zugang hatten.

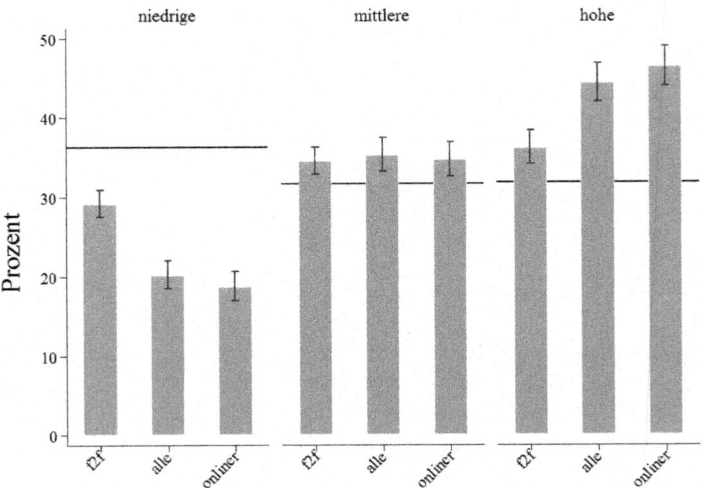

Abbildung 5 Bildung – Populationsverteilungen (horizontale Linien) und Verteilungen des GIP-Samples (Balken)

5.4 Haushaltsgröße

Abbildung 6 beschreibt die Repräsentativität des GIP-Samples bezüglich der Haushaltsgröße. Schon im face-to-face Rekrutierungsinterview (f2f) werden Einpersonenhaushalte signifikant unterrepräsentiert, eine Fehlverteilung die sich nach dem Moduswechsel (alle) nur wenig ändert. Im Übergang zur Onlinebefragung (alle) nähert sich die Verteilung leicht, aber nicht signifikant dem Populationsschätzer an. Wenn man jedoch nur die Onliner im GIP (onliner) betrachtet, ist die Verteilung der Haushaltsgröße wieder der im face-to-face Interview sehr ähnlich. Das kommt dadurch, dass beim GIP teilnehmende Offliner signifikant öfter in Ein- oder Zweipersonenhaushalten leben als Onliner.

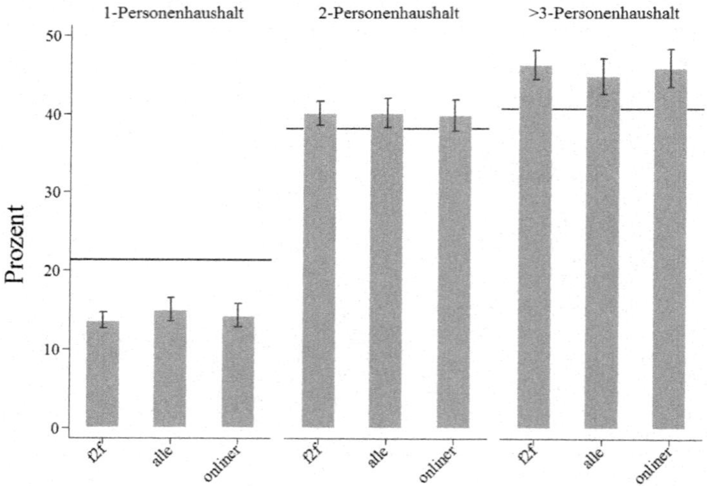

Abbildung 6 Haushaltsgröße – Populationsverteilungen (horizontale Linien) und Verteilungen des GIP-Samples (Balken)

6 Diskussion

In diesem Kapitel beschäftigten wir uns mit der Frage, wie sich das sequenzielle Mixed-Mode-Design bei der Rekrutierung des GIPs auf die Repräsentativität der Stichprobe auswirkt. Hierbei betrachteten wir welche Unterschiede in der Repräsentativität bei der face-to-face Befragung und im Onlinepanel mit und ohne Offliner zu finden sind. Zur Untersuchung der Forschungsfragen haben wir vom GIP abgeleitete Schätzer für Alter, Geschlecht, Bildung und Haushaltsgröße – gesondert für die Mitglieder der Nettostichprobe in der face-to-face Befragung, die Mitglieder der Nettostichprobe des GIP Onlinepanels und die Onliner des GIP Onlinepanels – mit Populationsverteilungen der amtlichen Statistik verglichen.

Beim Moduswechsel vom persönlichen Interview zum Onlineinterview stellen wir drei unterschiedliche Prozesse fest. In Bezug auf das Geschlecht der Befragten ist beim Anteil der Männer weder in der Stichprobe der persönlichen Befragung noch in der Stichprobe des GIP Onlinepanels ein signifikanter Unterschied zum Mikrozensus festzustellen. Weder der face-to-face noch der Online-Modus haben daher eine selektive Wirkung auf die Verteilung dieses Merkmals.

Bei der Verteilung der Haushaltsgröße hingegen stellen wir fest, dass bereits bei der persönlichen Befragung Einpersonenhaushalte unterrepräsentiert und Haushalte mit drei oder mehr Mitgliedern überrepräsentiert sind. Der Online-Modus induziert keine weiteren Verzerrungen, die nicht bereits beim face-to-face Interview vorhanden waren. Diese Beobachtung gilt auch für die Verteilung der Altersvariablen in Bezug auf die jungen und mittleren Altersgruppen. Im zweiten Prozess beobachten wir also lediglich Verzerrungen durch den face-to-face Modus, die aber durch den Online-Modus nicht weiter verstärkt werden.

Für die älteste Gruppe der 61- bis 75-Jährigen nimmt eine Unterrepräsentierung mit jeder Phase der GIP-Rekrutierung – und somit auch beim Moduswechsel – weiter zu. Waren die ältesten Zielpersonen bei der face-to-face Befragung bereits unterrepräsentiert, ist diese Fehlverteilung im Onlinepanel noch deutlicher. Die Bildungsverteilung deutet auf einen vergleichbaren Prozess hin, bei dem in jeder Phase der Rekrutierung proportional weniger Niedriggebildete teilnehmen. Im Falle dieser Variablen scheint der Ausfallverlauf daher universell für den face-to-face und den Online-Modus zu gelten und die daraus resultierenden Verzerrungen scheinen sukzessive zuzunehmen.

Eine Situation, in der der Ausfall nur im Online-Modus, nicht aber schon im face-to-face Modus, selektiv ist, haben wir in diesen Analysen nicht feststellen können. Womöglich ist dies den verfügbaren Variablen verschuldet, die keine alleinige Verzerrung beim Wechsel in den Online-Modus aufzeigen.

Neben dem soeben erläuterten Moduswechsel untersucht dieses Kapitel ferner den Beitrag von Offlinern zur Stichprobenrepräsentativität des GIP. Zu diesem Zweck wurden Vergleiche zwischen dem GIP-Onlinepanel mit und ohne Offliner und dem Mikrozensus durchgeführt. Bezüglich des Alters führt die Ausstattung von Offlinern besonders in der jüngsten und ältesten Altersgruppe zu einer repräsentativeren Stichprobe. Ähnliche Ergebnisse wurden für die Variable Bildung festgestellt, bei der wir eine bessere Repräsentierung der Niedrig- und Hochgebildeten beobachten, wenn die Stichprobe mit Computern und Internet ausgestattete Haushalte beinhaltet, die ohne Ausstattung nicht am GIP Onlinepanel hätten teilnehmen können. In Bezug auf Geschlecht und Haushaltsgröße ist der Beitrag der Offliner zur Stichprobenqualität weniger deutlich.

Einschränkend ist zu erwähnen, dass die vorgestellten Analysen nur Merkmale betrachten, für die verlässliche Populationsschätzer aus dem Mikrozensus zur Verfügung stehen und die auch im persönlichen Rekrutierungsinterview des GIP für alle Haushaltsmitglieder gemessen wurden. Dennoch leistet die Erkenntnis, dass die sequenziellen Ausfallprozesse sich unterschiedlich auf verschiedene Schätzer auswirken können, einen wichtigen Beitrag zur Erforschung sequenzieller Mixed-Mode-Designs, insbesondere beim Aufbau probabilistischer Onlinepanels, welche versuchen, Non-Coverage durch die Einbindung der Offliner zu minimieren.

Literatur

ADM Arbeitskreis Deutscher Markt- und Sozialforschungsinstitute e.V. (2013). *Stichproben-Verfahren in der Umfrageforschung: Eine Darstellung für die Praxis*. Wiesbaden: Springer-Verlag.

AAPOR. (2016). Standard Definitions Final Dispositions of Case Codes and Outcome Rates for Surveys. 9. Ausgabe. AAPOR. http://www.aapor.org/AAPOR_Main/media/publications/Standard-Definitions-20169theditionfinal.pdf. Zugegriffen: 15. Juli 2016.

Atrostic, B.K., Bates, N., Burt, G., & Silberstein, A. (2001). Nonresponse in US Government Household Surveys: Consistent Measures, Recent Trends, and New Insights. *Journal of Official Statistics 17*, 209-26.

Bethlehem, J., & Stoop, I. (2007). Online Panels – A Paradigm Theft. In *Proceedings of the Fifth International Conference of the Association for Survey Computing* (S. 113-131). Berekley: Association for Survey Computing.

Blom, A.G. (2012). Explaining cross-country differences in survey contact rates: application of decomposition methods. *Journal of the Royal Statistical Society: Series A (Statistics in Society) 175.1*, 217-242.

Blom, A.G., Gathmann, C., & Krieger, U. (2015). Setting Up an Online Panel Representative of the General Population: The German Internet Panel. *Field Methods 27*, 391-408.

Blom, A.G., Bosnjak, M., Cornilleau, A., Cousteaux, A.-S., Das, M., Douhou, S., & Krieger, U. (2016a). A Comparison of Four Probability-Based Online and Mixed-Mode Panels in Europe. *Social Science Computer Review 34*, 8-25.

Blom, A.G., Herzing, J.M.E., Cornesse, C., Sakshaug, J., Krieger, U. and Bossert, D. (2016b). Does the Recruitment of Offline Households Increase the Sample Representativeness of Probability-Based Online Panels? Evidence from the German Internet Panel. *Social Science Computer Review*. Online First erschienen am 2. Juni 2016. DOI: 10.1177/0894439316651584

Bosnjak, M., Haas, I., Galesic, M., Kaczmirek, L., Bandilla, W., & Couper, M.P. (2013). Sample Composition Discrepancies in Different Stages of a Probability-Based Online Panel. *Field Methods 25*, 339-360.

Brick, J.M., & Williams, D. (2013). Explaining Rising Nonresponse Rates in Cross-Sectional Surveys. *ANNALS of the American Academy of Political and Social Science 645*, 36-59.

Campanelli, P., Sturgis, P., & Purdon, S. (1997). *Can You Hear Me Knocking? An Investigation into the Impact of Interviewers on Survey Response Rates*. London: Social and Community Planning Research.

Couper, M.P. (2000). Review: Web Surveys: A Review of Issues and Approaches. *Public Opinion Quarterly 64*, 464-494.

Couper, M.P., Kapteyn, A., Schonlau, M., & Winter, J. (2007). Noncoverage and Nonresponse in an Internet Survey. *Social Science Research 36*, 131-148.

de Leeuw, E.D., & de Heer, W. (2002). Trends in Household Survey Nonresponse: A Longitudinal and International Comparison. In R.M. Groves, D.A. Dillman, J.L. Eltinge, & R.J.A. Little (Hrsg.), *Survey Nonresponse* (Kapitel 3). New York: Wiley.

Dever, J.A., Rafferty, A., & Valliant, R. (2008). Internet Surveys: Can Statistical Adjustments Eliminate Coverage Bias? *Survey Research Methods 2*, 47-62.

DiSogra, C., Callegaro, M., & Hendarwan, E. (2009). Recruiting Probability-Based Web Panel Members using an Address-Based Sample Frame: Results from a Pilot Sutdy Conducted by Knowledge Networks. Präsentiert beim Joint Statistical Meetings, Washington D.C., August.

Eckman, S. (2016). Does the Inclusion of Non-Internet Households in a Web Panel Reduce Coverage Bias? *Social Science Computer Review 34*, 41-58.

Groves, R.M., Couper, M.P. (1998). *Nonresponse in Household Interview Surveys*. New York: John Wiley & Sons, Inc.

Groves, R.M., Singer, E., Corning, A. (2000). Leverage-saliency theory of survey participation: description and an illustration. *Public Opinion Quarterly 64*, 299-308.

Jackman, S. (1998). Correcting surveys for non-response and measurement error using auxiliary information. *Electoral Studies 18*, 7-27.

Keeter, S., Kenedy, C., Dimock, M., Best, J., & Craighill, P. (2006). Gauging the impact of growing nonresponse on estimates from a national RDD telephone survey. *Public Opinion Quarterly 70*, 759-779.

Kreuter, F., Presser, S., Tourangeau, R. (2008). Social Desirability Bias in CATI, IVR, and Web Surveys: The Effects of Mode and Question Sensitivity. *Public Opinion Quarterly 72*, 847-865.

Leenheer, J., & Scherpenzeel, A.C. (2013). Does it Pay Off to Include Non-Internet Households in an Internet Panel? *International Journal of Internet Science 8*, 17-29.

Loosveldt, G., & Sonck, N. (2008). An evaluation of the weighting procedures for an online access panel survey. *Survey Research Methods 2*, 93-105.

Lynn, P., & Clarke, P. (2002). Separating refusal bias and non-contact bias: evidence from UK national surveys. *Journal of the Royal Statistical Society Series D (The Statistician) 51*, 319-333.

Pforr, K., Blohm, M., Blom A.G., Erdel, B., Felderer, B., Fräßdorf, M., Hajek, K., Helmschrott, S., Kleinert, C., Koch, A., Krieger, U., Kroh, M., Martin, S., Saßenroth, D., Schmiedeberg, C., Trüdinger, E.-M., & Rammstedt, B. (2015). Are incentive effects on response rates and nonresponse bias in large-scale, face-to-face surveys generalizable to Germany? Evidence from ten experiments. *Public Opinion Quarterly 79*, 740-768.

Revilla, M., Cornilleau, A., Cousteaux, A.-S., Legleye, S., & de Pedraza, P. (2015). What Is the Gain in a Probability-Based Online Panel of Providing Internet Access to Sampling Units Who Previously Had No Access? *Social Science Computer Review*, advance access online.

Rubin, D.B. (1976). Inference and Missing Data. *Biometrika 63*, 581–92.

Schnell, R. (1997). *Nonresponse in Bevölkerungsumfragen: Ausmaß, Entwicklung und Ursachen*, Kapitel 4. Opladen: Leske + Budrich.

Schonlau, M., van Soest, A., Kapteyn, A., & Couper, M. (2009). Selection Bias in Web Surveys and the Use of Propensity Scores. *Sociological Methods and Research 37*, 291-318.

Simmons, E., & Wilmot, A. (2004). Incentive Payment on Social Surveys. A Literature Review. *Social Survey Methodology Bulletin 53*, 1-11.

Singer, E., van Hoewyk, J., Gebler, N., Raghunathan, T., & McGonagle, K. (1999). The effect of incentives on response rates in interviewer-mediated surveys. *Journal of Official Statistics 15*, 217-30.

Singer, E. (2011). Toward a benefit-cost theory of survey participation: evidence, further tests, and implications. *Journal of Official Statistics 27*, 379.

Stoop, I. (2005). *The Hunt for the Last Respondent.* The Hague: Sociaal en Cultureel Planbu.

Struminskaya, B., & Bosnjak, M. (2015). Attrition in a Probability-Based Mixed-Mode Panel: Does Survey Mode Matter? Präsentiert auf der 70th Annual Conference of the American Association for Public Opinion Research, Hollywood, Florida, May.

Van der Laan, J. (2009). Representativity of the LISS Panel. Discussion Paper 09041. Statistics Netherlands.

Yeager, D.S., Krosnick, J.A., Chang, L., Javitz, H.S., Levendusky, M.S., Simpser, A., & Wang, R. (2011). Comparing the Accuracy of RDD Telephone Surveys and Internet Surveys Conducted with Probability and Non-Probability Samples. *Public Opinion Quarterly 75*, 709-747.

Zhang, C., Callegaro, M., Thomas, M., & DiSogra, C. (2009). Investigating the Differences Between Internet and non-Internet Users On Attitudes and Behaviors. Proceedings of the Section on Survey Research Methods, American Statistical Association.

Recruiting Online Panel Members from a Mail Survey in the General Population
Problems and Prospects of Mixed Mode Designs

Karl-Heinz Reuband
Heinrich-Heine-Universität Düsseldorf

1 Introduction[1]

The internet has undergone a remarkable diffusion within very few years. It is nowadays used by a majority of people and their number is increasing (van Eimeren and Frees 2014). This has also left its mark on survey research: Whereas only 3% of all interviews in Germany were collected online by market and social research institutes in the year 2000 the rate has increased up to 43% in the most recent years. At the same time face-to-face and telephone surveys and other modes have lost their prominence (ADM 2014, p. 20). And there is reason to believe that the trend will continue.

The reason why online surveys have gained such prominence has to do with declining response rates in surveys, increasing costs of data collection and - especially in commercial research - with the speed with which the data can be collected. Once a large access panel has been created complete surveys can be done factually over night. Given this, access panels have meanwhile become a favorite means of data gathering, especially for the mass media who wish to get the newest public opinion data quickly. The other advantage – the ability to monitor changes on the individual level over time - has hardly been made use of, although it is here where their greatest promise might lie.

---

1 An Earlier Version of the Paper was Presented at the International Field Director's and Technology Conference, Chicago, May 13-16, 2010

Recruitment into online surveys and access panels is usually done passively, by placing banners on web pages. This kind of sampling relies on self-recruitment of respondents and does not allow for random sampling. People are attracted either by topic or incentives. By applying quota criteria beforehand or by weighting afterwards the institutes try to achieve representativeness. Not infrequently the findings are then labeled as representative of the general population. But both methods do not guarantee proper representation (see e.g. Loosveldt and Sonck 2008; Blasius and Brandt 2009; Liljeberg and Krambeer 2012; Neu and Pokorny 2014). Apart from excluding those who do not use the internet, the self-selection bias affects the results. Even when recruitment is broad and banners are spread across heterogeneous web pages to attract respondents the basic problem persists.[2]

The only way to make use of online surveys seriously is by active recruitment and by random sampling (Couper and Coutts 2004). Whether this can be directed to the general population or to specific subgroups only is a matter of internet diffusion within the society: The greater the proportion of internet users in the population and the smaller the social divide, the greater the possibility of getting a sample that is representative of the general population. As long as this is not the case (and as long as one is not willing to provide a notebook and internet access to whomever needs it)[3] it could, however, be feasible to make use of mixed-mode designs: surveying one part of respondents via an online survey and another proportion via traditional survey techniques.

This two-track approach could be chosen as long as the effect of using different modes of data collection is minimal or non-existent. In the case of mail surveys this is more likely the case than with face-to-face and telephone surveys, given the fact that – due to responding to a written questionnaire – answering online surveys very much resembles the answering of mail surveys. Respondents have time to respond and there is no interviewer who could evoke feelings of social desirability.

---

2 Not in all of the comparisons, however, it is sure whether the differences are mainly due to sampling or mode effects. Thus social desirable responses are more prevalent in interviewer administered than in self-administered surveys (Tourangeau et al. 2000). Apart from that it is an open question whether similarities do exist at least in the model specification, with identical effects of the respective independent variables (see e.g. Bieber and Bytzek 2012).

3 See the Dutch MESS project (Das 2012) or the German Internet Panel (GIP) as an example for such a design, in the USA the American Life Panel (ALP) and Knowledge Networks.

2 Methodology

In the following we shall first discuss the prevalence of internet use in Germany and will then turn to the prevalence levels in Düsseldorf, an economically well-off city with high income levels in the population. In a second step we shall assess the extent to which respondents in a mail survey are willing to provide their e-mail address and thirdly, how many of them will later take part in the online survey. Lastly, we will try to assess the differences that emerge when going though the process of selection and how much the participants in the online survey resemble the original respondents.

By taking a mail survey of the general population as a starting point we differ from the common procedures in online research that follow a random sampling strategy. The basis there mostly consists of face-to-face or telephone surveys. Mail surveys have hardly been used, either because of distrust into the methodology (especially the assumed low response rate) or because of the fact that no address register of the population exists from which to start. Only recently a few studies in the U.S. have made use of registers (ABS frame) held by the post office, some also used for mail survey purpose (e.g. DiSogra et al. 2009). The registers there represent household listings, not individuals. In contrast to the situation in the U.S. random sampling is possible on the basis of individuals in Germany via citizen registers that are held by communities ("Einwohnermeldeamtsregister").

Mail surveys have the advantage of getting access to everybody, if the respective address is a valid one. Nonresponsiveness due to non-availability (as in face-to-face and telephone surveys) does not exist. The greatest advantage of mail surveys however, apart from costs, is the minimization of socially desirable responses (Tourangeau et al. 2000). In this respect they resemble online surveys where the interviewer is also absent and the respondents deal with a questionnaire that has to be filled out by themselves. If done according to the recommendations based on past experiences (Dillman 2000) mail surveys do well with their response rates, they might obtain a response rate as high as or even higher than face-to-face or telephone surveys (Reuband 2015).

The starting base in our study is a random sample from the city register of Düsseldorf concerning people with German citizenship, 18 years and older. Following the common recommendations the mail survey, done in 2007, and covering a broad number of topics, was conducted with up to three reminders. The final response rate was 59% – which is high compared with other contemporary, highly professional face-to-face surveys such as the German General Social Survey ("ALLBUS") or the German Socioeconomic Panel ("SOEP", see Wasmer et al. 2002, Schupp 2002). Overall 732 people took part in the survey.

At the end of the 11-page questionnaire respondents were asked to provide their e-mail address in order to be able to send them some results of the study and for possibly further surveying.[4] Respondents who agreed and gave an e-mail address were contacted two years later in late 2009 and asked to take part in an online survey. They were addressed as "dear survey participants" (not by name) reminding them of their past participation in the mail survey and their willingness to hand over their e-mail address for future contacts. The mailing was provided with an individual password, in order avoid multiple entries.

The questionnaire with questions on living in Düsseldorf, the swine flu and attitudes towards tobacco use contained 12 pages and took on average of about 8 minutes to answer. Each page visually displayed the percentage of the questions already answered so the respondents could check how much they still had to work through. After the first mailing by e-mail in December 2009 two subsequent mailings were done, each directed at those who had not answered yet. Whereas the first mail contained the heading "Survey in Düsseldorf" the subsequent ones were titled "University of Düsseldorf". This change of heading was chosen because of the possibility that people might skip the mail perceiving it as spam, non-serious surveying or as a mail potentially containing a virus.

3 Internet use and willingness to provide an e-mail address

Internet use – as in many other western countries - has undergone a rapid diffusion in Germany. As can be seen in *figure* 1 only a small proportion of the German population used the internet in the mid-nineties. And those people who did – as further data show – often only did so sporadically and often connected with their job. In 2009 the minority had become a majority. In this respect the Düsseldorf population does not differ from the general German population, with the slight advantage of having a somewhat higher

4 The question ran as: „Wir würden Sie gern über Ergebnisse aus unserer Studie informieren, Sie unter Umständen auch später nochmals zu anderen Themen befragen. Wenn Sie eine e-mail Adresse haben, der wir die Informationen zusenden könnten, geben Sie diese bitte hier an ..."

prevalence level – due, we think, to the above average economic resources in the city population.

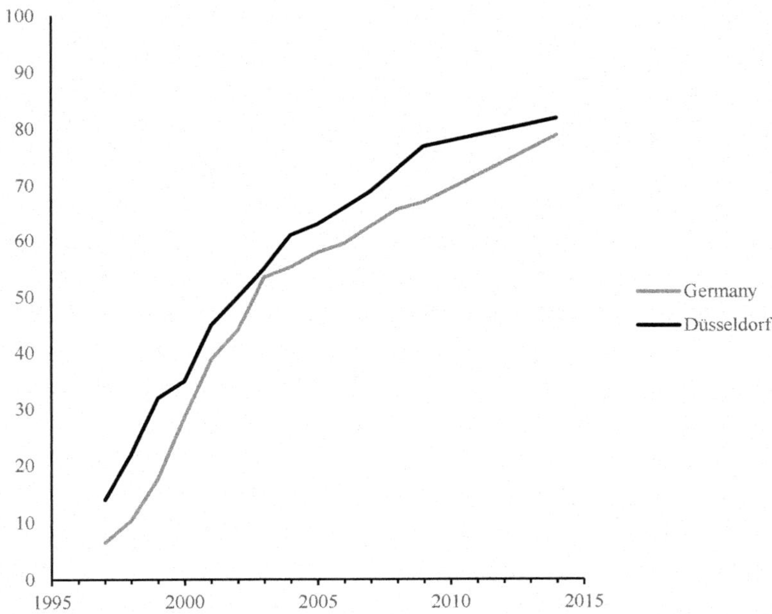

Basis: For Germany: occasional internet use, cross sectional surveys in the general population on a yearly basis (Van Eimeren and Frees 2009, p. 336; 2014, p. 379); for Düsseldorf: personal internet use, estimates based on retrospective accounts about beginning of internet use (asked in 2000, 2007), adjusted to prevalence levels as assessed in local surveys in 2000, 2004, 2007 and 2009 (Data by the author): Question wordings see table 2

Figure 1 Internet use in Germany and in Düsseldorf over time (in %)

According to the most recent findings from our surveys 82% of the Düsseldorf population in 2014 made use of the internet. This nowadays means frequent use: for 69% of the users it entailed daily use and for 26% use at least once a week. Compared with earlier years not only the number of internet users but also the frequency of use among the users has increased. Moreover, whereas nowadays people use the internet frequently in private settings, frequent use in earlier times was often restricted to the job.[5] Seen from this point of view internet use has become much more a matter of one's lifestyle and includes many more people than in earlier years.

When the diffusion of internet use and prevalence is charted across time and social subgroups it becomes evident that this change has left its mark on every subgroup (*Table 1*). The social divide that existed in the beginning has become smaller, but it still exists. Nonetheless, with the exception of older people, of 60 years onwards, and the lowest educated, it is a large majority of more than 80% who nowadays use the internet. Nearly all of them have an e-mail address.[6] Under these circumstances online surveys constitute a viable alternative to other modes of interviewing in the population. When taking a survey as a starting basis that is based on a random sample the prospect of achieving a fair representation of the population is at least conceivable.

---

5 Respondents who used the internet solely privately 32% did so daily or nearly daily, among those who used it on the job and privately 50% did so daily or nearly daily. And among those who solely used it on the job the respective rate was 64%. In 2009 daily use alone (nearly daily use not assessed in the same way) was common already among 50% of solely private users, among those with private and job related use the respective rate was 85%, among those who solely use it on the job (they represent a minority of 5% of internet users), the rate of daily use was 62%.

6 Among the youngest in our table there is a somewhat higher number of individuals having an e-mail address than having private internet. The reason might be that they have obtained the e-mail address in other contexts, such as work and use it also for private purposes.

Table 1 Percentage of internet use in the Düsseldorf population according to age and education over time (in %)

	Internet use					e-mail address
	2000	2004	2007	2009	2014	2007
Age						
18-29	68 (121)	90 (133)	85 (108)	99 (144)	100 (161)	88 (108)
30-44	54 (245)	84 (292)	91 (186)	98 (273)	98 (266)	90 (180)
45-59	31 (204)	62 (238)	82 (188)	85 (281)	92 (360)	73 (184)
60+	6 (285)	21 (285)	35 (228)	44 (346)	57 (411)	33 (227)
Education						
Low	11 (300)	28 (272)	42 (190)	44 (299)	47 (316)	38 (188)
Medium	30 (189)	54 (190)	72 (152)	80 (224)	87 (247)	64 (151)
High	52 (94)	80 (134)	78 (103)	92 (132)	89 (173)	77 (103)
Very High	62 (235)	86 (329)	89 (103)	93 (384)	95 (444)	89 (246)

Education Low: Volksschule, Hauptschule; *Medium:* Realschule; *High*: Fachhochschulreife/ Fachoberschule; *Very High*: Abitur, Universität, Fachhochschule

Question wordings for Internet use:

2000: “Do you use a computer privately or at work?” [if yes:] “Do you personally use the internet?”

2004: “Do you use the internet?” “How frequently?” [Yes includes the range from “daily” to “less often than once a month”]

2007: “Do you own a PC at home with an internet access?”

2009: “Do you use the internet?” [Various locations available as response options]

2014: “Do you privately use the internet? If yes, how often?”

Question wording for e-mail address: “Do you personally have an own e-mail address?”

But how well do online surveys work once the contact to the respondents has been established? In our 2007 study 70% of the respondents used the internet and most of them had an e-mail address (67% of all respondents in the survey). When being asked for their e-mail address only 56% of those with an e-mail address, however, complied with the request. How disappointing this figure might appear at first sight, it is not unusual; it even can be considered a good result: In 2006 among respondents of the German General Social Survey ("ALLBUS"), who used the internet for private purpose – and not as part of their job – the rate was 37%. A rather similar rate of 33% was obtained in the 2014 ALLBUS.[7] A higher rate - similar to ours - was obtained in a nationwide face-to-face survey that was used in 2013 to generate the "GESIS Internet Panel": there about half of the respondents were willing to provide their e-mail address (TNS Infratest 2014a, p. 30f.). However, in this case a material incentive was offered to the respondents and this might have influenced their willingness. How many would have agreed without the incentive we do not know.[8]

Our figure does also quite well in comparison with other modes of active self-identification. Thus, in 2002 we asked respondents in an anonymous mail survey (with a few questions on self-reported delinquency ever in life) to provide the identification number that we used for our mailings and that was

---

7 The greater the frequency of internet use the greater was the willingness to supply an email address. In the 2006 ALLBUS 57% of the daily users were willing to supply the address, among those who used the internet more than once a week it was 34% and among those with less frequent use 18 % (analysis by the author). In both the ALLBUS surveys the e-mail address was obtained at the end of a sequence of questions on internet use, and willingness to be interviewed again. In the 2006 ALLBUS the respective question was: „Diese Umfrage, an der Sie soeben teilgenommen haben, ist Teil eines Forschungsprojektes des Zentrums für Umfragen, Methoden und Analysen (ZUMA). Die Studie soll fortgesetzt werden. Wir würden Sie deshalb gerne in einigen Monaten erneut befragen, und zwar in Form einer Internet-Umfrage. Dazu müssten wir Ihre E-Mail Adresse aufbewahren. Dafür gibt es Datenschutzbestimmungen, wie Sie hier auf dem Blatt sehen könnten. Wären Sie bereit, unser Forschungsprojekt auch weiterhin durch Ihre Mitarbeit bei einer Internet-Umfrage zu unterstützen?" In the 2014 ALLBUS the question ran as: „Wären Sie bereit, unser Forschungsprojekt auch weiterhin durch Ihre Mitarbeit bei einer kurzen Befragung, die wir Ihnen in ein paar Monaten zuschicken, zu unterstützen?" - „Für den Fall, dass wir Sie zur Teilnahme an dieser Folgebefragung per E-Mail einladen wollten, wären Sie bereit, uns dazu Ihre E-Mail Adresse anzugeben? Wir versichern, dass nur GESIS und sonst niemand Ihre E-Mail Adresse erhält".

8 A monetary incentive was also provided to the respondents in the study that used to be the starting point for the German Internet Panel" (GIP). The incentive was combined (for respondents who need it) with the offer to be provided with a special notebook for the online surveys. The interviewer listed all the persons in the household and asked for their willingness to receive an invitation for the study. 78% agreed to get the invitation. (TNS-Infratest 2014b, p. 43).

listed on an adjacent postcard (for this practice see Reuband 1999). We asked them to do so in order to make future surveying possible. Somewhat less than 40% were willing to give it (Reuband 2011). If we would have done otherwise - printed the number on the questionnaire itself and asked them about their willingness to take part in future surveys, however, more respondents would have probably agreed.[9] Passive and active deanonymization apparently makes a difference.

Whether the greater willingness in our study to provide an email address compared to the ALLBUS is due to the different mode of interviewing or the information given that results of the surveys might be sent to the respondent, or the fact that the researcher is at the respondents hometown university, we do not know. In any case the figures are not too far from earlier experiences, based on modes other than mail surveys as the starting basis. Thus, an earlier German nationwide telephone survey on media and healthcare brought about willingness for divulging an e-mail-address for future online surveying of 58% (Deutschmann and Faulbaum 2001). Figures of about 50% or more have also been mentioned in other German publications referring to the same time (however without further specification, see Gräf 2001).

These surveys, however, were all conducted in a period where internet use was still somehow in its relative infancy in the German population. Under these conditions not only the social distribution of the internet users was much more skewed to the highly-educated but probably also towards those who felt somehow to be avantgarde in their internet use. Furthermore spam e-mails were less widespread, so that an increasing awareness of possible spam and viruses to be transmitted via e-mail and privacy concerns could also be a reason why the willingness to provide an e-mail address seems to have shrunk, as seen by the ALLBUS experiences.[10] It might therefore very

9 In a Düsseldorf mail survey of ours (conducted in 2000) 72% of the respondents declared a willingness to be interviewed again (see also Schützenmeister 2002). We did not follow them up, but the findings from an earlier Dresden survey of ours document that this can well be done (Reuband 1998). A similar rate of declared willingness as in our studies can also be found in a nationwide survey by Engel et al. (2012, p. 75f.): Here 71% declared a willingness, and 72% of them took later part in the panel study (which makes a final rate of 51%).

10 It is also conceivable that the general deterioration in willingness to participate in surveys (Aust and Schröder 2009; Hofmann 2012, p. 142f.) is also reflected in a declining willingness to provide an e-mail address in surveys.

well be that the similarity between our study and the earlier ones is somewhat unique for the time of data collection.

4 Taking part in the online panel

Providing an e-mail address neither guarantees that people will be successfully contacted after elapse of time nor that they will actually reply. In 20% of the respondents the mail never reached them because their e-mail address was outdated (and hence returned to the sender) and in 49% no response was obtained at all. Only 31% of the original respondents opened the questionnaire, and most of them answered all the questions (table 2)

Table 2 Pattern of participation in the online survey and questionnaire completion (in %)

Completed	25
Completed with interruption	2
Incomplete	5
No response	49
Invalid e-mail address	20
	100
(N=)	(265)

Further analyses of the pattern of responding during the field period reveals that 35% of the respondents who opened the e-mail and answered at least some of the questions were recruited by the first mailing by e-mail (December 12), 19% by the second (December 17) and 41% by the third in late January (January 22). This is quite a noteworthy pattern, given the experiences from mail surveys where subsequent mailings usually produce diminishing returns (Dillman 2000; Reuband 2001). The fact that the last mailing did much better than the earlier ones might have been due to the specific period – Christmas season – when many people feel especially pressured by time. Once Christmas season was over the willingness to fill in the questionnaire increased.[11]

11 The "ALLBUS" study from 2006 mentioned above, which was characterized by a lower willingness to provide an e-mail address than our study, achieved a higher rate of cooperation: 64% of those with an e-mail address participated in the online survey that followed the originally survey (calculation by the author from

What are the reasons for the relatively high number of people whose e-mail address was not valid anymore? One reason is probably time. Two years differences make for changes in living conditions and internet use. Nowadays people often change their internet provider because of alterations in conditions of contract and costs. In fact within recent years an intense competition has set in among providers and successively lowered the costs. Secondly, people often have several e-mail accounts. The average number according to a study within the time period of the survey was three (Bitcom 2010). Not all of the e-mail accounts are equally used; some are somewhat dated and not consulted any more or consulted only sporadically.

And what about the response rate among addresses that were not returned as invalid and which must therefore exist? Many people do not open e-mails nowadays with an unknown link, due to fear of spam, virus or distrust in unknown e-mails. Moreover response rates are generally in decline (Aust and Schröder 2009; Hofmann 2012), and online access panels are no exemption to this trend: whereas about 60 % of the members of access panels used to answer in the late 1990s, the average rate has shrunk to 32% in 2011 (Hofmann 2012, p. 143). This decline in response rate might also have affected our study and those who initially expressed a willingness to cooperate in a follow-up.[12]

Bandilla et al. 2009, p. 134). Two basic reasons might account for the difference: first, by being de facto more selective in the recruitment process, as evidenced by the lower response rate, more highly motivated respondents might have been drawn into the sample of possible internet respondents in the "ALLBUS" study. Secondly, the ALLBUS follow-up online survey was done shortly after the main survey. In our study the time difference was two years. The more time has passed the fewer respondents might still feel an obligation to their originally stated willingness to take part in a subsequent survey. In the aforementioned telephone survey from the year 2000 53% of those who have an e-mail address took part in the online survey (Deutschmann und Faulbaum 2001). However this telephone survey has to be seen as special and in a different light than the other surveys since the questions in the online survey dealt only with the evaluation of the CATI interview: the respondents had to fill out a questionnaire of twenty questions about possible weakness of the questionnaire, interviewer performance, perceived time of the interview etc.

12 No incentive was provided in our survey. Since no results of the first survey were sent to the members of the potential panel members before contacting them again (as originally planned), there is also no reason to expect an incentive effect or an effect that might deter some because of findings they do not like.

Table 3 Social characteristics according to internet use, e-mail use, and online survey respondents (in %)

	Total	Internet use	E-mail	E-mail givers	Online survey	% Difference	
						Online vs. total	Online vs. Internet
Sex							
Male	50	52	53	55	42	-8	-10
Female	50	49	47	45	58	+8	+10
Age							
18-29	15	19	20	20	21	-6	-2
30-44	26	34	36	41	33	-7	-1
45-59	26	31	29	25	24	-2	-8
60+	32	16	16	13	22	-10	+6
Education							
Low	28	16	15	12	10	-18	-6
Medium	22	23	21	21	13	-9	-10
High	15	16	17	17	21	+6	+5
Very high	36	45	47	49	57	+21	+12
(N=)	(607-690)	(480-497)	(448-473)	(266-273)	(63-67)		

Education Low: Volksschule, Hauptschule; *Medium:* Realschule; *High*: Fachhochschulreife/ Fachoberschule; *Very High*: Abitur, Universität, Fachhochschule

Losses due to invalid e-mail addresses might have repercussions in the composition of the sample. The losses in the panel however are not remarkably different and do not produce a different pattern of composition. There are only slightly more women among the lost than in the rest of the population.[13] Disproportionally affected likewise are those who are 30-44 years old, they constitute a somewhat higher percentage among the losses than in the original sample. With regard to education the respondents with an invalid e-mail address are slightly more often of lower and of medium high education. But altogether the differences are not so great that marked changes in population characteristics evolve. They do not turn out to be statistical significant.

13 Since the original respondents who did not take part in the survey are made up disproportionally of men the overall loss of women in the online survey is not dramatic.

5 Selective participation and representation

We can test for selective representation by setting the different subgroups of internet users in relation to each other sequentially: the internet users, those who own an e-mail address, those who provide an e-mail address and those who participate in the online survey. As can be seen from table 3 the social background of the respondents varies between the different stages. The effects do not always go into the same direction from one sequence to the other, instead some cancel each other out. Thus, older people (60+) are underrepresented among the internet users compared to the total number of respondents (16% vs. 32%). But once they have provided an e-mail address they participate more frequently than others in the online survey and are finally represented more often here than among the internet users (22% vs. 16%). This is still below the respective rate among the total number of respondents (32%), but the difference is largely reduced. Among women the increase of representation is even so large that at the end they are more heavily represented than among the total number of respondents (58% vs. 50%).

Both of these findings are the more noteworthy since sex and age correlate with frequency of internet use among the internet users: women and older people make use of it less often than males and younger people. Thus their greater representation among the participants in the online survey must have other reasons than frequent internet usage per se. It might be just the opposite of high frequent use: The very fact of infrequent use might be a possible reason, arousing interest in the survey because of its subjective novelty. Likewise it is possible that older people and women feel a greater obligation to answer the survey when they are reminded of their once declared willingness to take part in a subsequent survey.

In contrast to gender and age the effect of education emerges in a rather clear-cut, systematic way: The more one moves in the table from left to right – from the general population to the internet users and finally to the online survey participants - the greater is the proportion of the highly educated. The percentage of the highest educated rises from 36% to 57%. The pattern is parallel to the general pattern of internet use: the higher the education the more frequent the internet use. And it also parallels the general pattern of taking part in surveys in general (regardless of mode). Whether it is foremost the frequency of internet use or the general willingness to take part in surveys that accounts for the specific pattern cannot be assessed here.[14]

Table 4 Life situation and political interest according to internet use, e-mail use, and online survey respondents (selected responses in %)

	Total	Internet use	E-mail	E-mail givers	Online survey	% Difference: Online vs. total	% Difference: Online vs. internet
Attendance (1)							
Pubs	45	52	54	53	50	+5	-2
Restaurants	35	38	40	40	38	+3	0
Cinema	6	7	7	8	3	-3	-4
Infrastructure satisfaction (2)							
Restaurants	41	45	46	50	57	+16	+12
Consumer good supply	39	40	41	36	39	0	-1
Crime protection	4	5	5	4	4	0	-1
Friendliness of people	35	33	33	35	33	-2	-2
Worries (3)							
Illness	29	22	21	21	23	-6	+1
Unemployment	17	18	17	16	22	+5	+4
Burglary	19	15	14	13	14	-5	-1
Victim family	27	22	21	21	21	-6	-1
Life satisfaction and health (4)							
Life satisfaction	73	76	77	76	76	+3	0
Personal outlook optimistic	70	77	77	80	76	+6	-1
Health good	66	73	76	75	80	+14	+7
Anomie (5)							
Happy	63	68	69	69	67	+4	-1
Unsecure	55	46	46	45	50	-5	+4
Complex life	18	11	9	8	9	-9	-2

14 Data on frequency of use were not collected in this survey. Data on the social determinants of frequency of use however were collected in some of the other Düsseldorf surveys. In the 2014 survey e.g. the correlation between frequency of use and gender (restricted to users of the internet) was $r= -.07$ ($p<0.5$), age $r= -.35$ ($p<0,001$), education $r= .28$ ($p<0,001$).

	Total	Internet use	E-mail	E-mail givers	Online survey	% Difference: Online vs. total	% Difference: Online vs. internet
Political interest and trust (6)							
Political interest	41	41	42	45	47	+6	+6
Trust in people	50	53	53	51		+1	-2
Economic situation (7)							
Economic situation very good/good	52	55	56	58	61	+9	+6
Economic situation will improve next year	18	23	24	27	26	+8	+3

(1) Frequency several times monthly (2) very satisfied/satisfied (3) very much/much worried (4) very much/much (5, 6) complete/full agreement (7) personal economic situation

Social characteristics go hand in hand with feelings, attitudes and behavior. But the correlation is usually not very strong (Schnell 1993). So the pattern for other than social characteristics might look different across the different groups. We have chosen a selection of different topics for closer analysis. They cover a cross section of behavior, attitudes and feelings. As can be seen in table 4 differences between the various subgroups do exist, but in general they are not very strong – with the exception of the satisfaction with the restaurants and subjective health, where the online respondents express a more optimistic view than the respondents as a whole (as well as the internet users). Even when we include these into the calculation the differences do not turn out to be especially marked: We get an average rate for the differences between the online respondents and the total number of respondents of 5.5 percentage points respectively 2.9 percentage points between the online respondents and the internet users. These are rather small differences which make clear that even in case of a high non-response rate in online panel surveys the distortion need not to be dramatic.

6 Conclusions

The period when internet users were a minority has passed. Nowadays nearly everyone makes use of the internet. This makes online surveys a viable mode of data collection. In order to make it profitable for general population surveys, especially those with a longitudinal design, two basic requirements must be fulfilled: a random sampling design as a starting basis and an active mode of data collection.

Face-to-face and telephone surveys have traditionally been the starting point in these endeavors, laying the basis for the recruitment of respondents into the different modes of data collection, online and otherwise. But mail surveys might do as well as a starting point, as shown here, and their response rate might in fact be as good as or better than in the other modes.

The use of online surveys that take their starting point from a general population survey requires the willingness of the respondent to provide an e-mail address. The willingness to do turned out to be relatively low, however in our and other studies. Whether this is due to the fear of spam that might be transmitted in future contacts or whether it shows a disinterest in survey participation is not known. Even worse is that only a small part of the respondents who provided an e-mail address took part in our survey. Whether time delay in renewed contact – two years later – is the main reason in our case, we do not know. Shorter differences would without doubt be more advisable.

But whatever the case, the misrepresentation of respondents is not as great as might be expected - neither with regard to social characteristics nor with regard to behavior, attitudes and feelings. Even low responses are not necessarily as disastrous as often thought. This is in line with other research: Low response rates increase the chances of selective participation and reduce representativeness. But the relationship between response rate and representativeness is not a fixed one. Studies with low response rates need not to be distorted (Curtin et al. 2000; Keeter et al. 2000; Merkle and Edelmann 2002). Whether this holds true also in surveys on other topics and other forms of online data collection has to be seen in future research.

References

ADM (2014). *Jahresbericht 2014*. Frankfurt: Arbeitskreis Deutscher Markt- und Sozialforschungsinstitute.

Aust, F., & Schröder, H. (2009). Sinkende Stichprobenausschöpfung in der Umfrageforschung. Ein Bericht aus der Praxis. In M. Weichbold, J. Bacher, & C. Wolf (eds.), *Umfrageforschung. Herausforderungen und Grenzen* (S. 195-212). New York.

Bandilla, W., Kaczmirek, L., Blohm, M. & Neubarth, W. (2009). Coverage- und Nonresponse-Effekte bei Online-Bevölkerungsumfragen. In N. Jackob, H. Schoen, & T. Zerback (eds.), *Sozialforschung im Internet Methodologie und Praxis der Online-Befragung* (S. 129-143). Wiesbaden.

Bieber, I.E., & Byzek, E. (2012). Online-Umfragen: Eine geeignete Erhebungsmethode für die Wahlforschung? *Methoden – Daten – Analysen 6 (2)*, 185-211.

Bitcom (Bundesverband Informationswirtschaft, Telekommunikation und neue Medien) (2010). Internetnutzer verwenden im Schnitt drei Mail-Adressen. Press release BITKOM, Berlin, 17.02.2010.

Blasius, J., & Brandt, M. (2009). Repräsentativität in Online Befragungen. In M. Weichbold, J. Bacher, & C. Wolf (eds.), *Umfrageforschung. Herausforderungen und Grenzen* (S.157-177). New York.

Couper, M.P., & Coutts, E. (2006). Online-Befragungen. Probleme und Chancen verschiedener Arten von Online-Erhebungen. In A. Diekmann (eds.), *Methoden der Sozialforschung* (S. 217-243). Wiesbaden.

Curtin, R., Presser, S., & Singer E. (2000). The effects of response rate changes on the index of consumer sentiment. *Public Opinion Quarterly 64*, 413-428

Das, M. (2012). Innovation der Online–Datenerhebung für wissenschaftliche Forschungen. Das niederländische MESS-Projekt. In F. Faulbaum, M. Stahl, & E. Wiegand (eds.), *Qualitätssicherung in der Umfrageforschung* (S. 75-101). Wiesbaden.

Deutschmann, M., & Faulbaum, F. (2001). The Recruitment of Online Samples by CATI-Sreening: Problems of Non-Response. In A. Westlake, W. Sykes, T. Manners, & M. Rigg (eds.), *The Challenge of the Internet* (S. 69-77). London: Association of Survey Computing.

Dillman, D.A. (2000). *Mail and Internet Surveys: The Tailored Design Method.* New York.

DiSogra, C., Callegaro, M., & Hendarwan, E. (2009). Recruiting Probability-Based Web-Panel Members Using an Address-Based Sample Frame: Results from a Pilot Study Conducted by Knowledge Networks. Paper presented at the 2009 Joint Statistical Meetings. Paper available at http://www.knowledgenetworks.com/ganp/reviewer-info.html.

Engel, U., Bartsch, S., Schabel, C., & H. Vehre. (2012). *Wissenschaftliche Umfragen. Methoden und Fehlerquellen*. Frankfurt/New York.

Gräf, L. (2001). Internet Access Panels in der Praxis. In A. Theobald, M. Dreyer, & T. Starsetzki (eds.), *Online-Marktforschung. Theoretische Grundlagen und Erfahrungen* (S. 319-334). Wiesbaden.

Hofmann, O. (2012). Entwicklungen in der Online-Marktforschung. In F. Faulbaum, M. Stahl, & E. Wiegand (eds.), *Qualitätssicherung in der Umfrageforschung* (S. 139-145). Wiesbaden.

Keeter, S.; Miller, C.; Kohut, A.; Groves A.M., & Presser S. (2000): Consequences of reducing Nonresponse in a national telephone survey. *Public Opinion Quarterly* 64, 125-148.

Liljaberg, H., & Krambeer, S. (2012). Bevölkerungsrepräsentative Onlinebefragungen. Die Entdeckung des „Schwarzen Schimmels"? *Planung & Analyse 1,* 18-22.

Loosveldt, G. & Sonck, N. (2008). An evaluation of the weighting procedures for an online access panel survey. *Survey Research Methods 2 (2),* 93-105.

Merkle, D., & Edelmann, M. (2002). Non-response in exit polls: a comprehensive analysis. In R.M. Groves, D.A. Dillman, J.L. Eltinge, & R.J. Little (eds.), *Survey Non-response* (S.243-258). New York.

Neu, V., & Pokorny, S. (2014). *Wer nicht Fragt bleibt dumm.* Sankt Augustin/Berlin: Konrad Adenauer Stiftung (Forum Empirische Sozialforschung).

Reuband, K.H. (1998). Panelmortalität in postalischen Erhebungen und soziale Zusammensetzung der Befragten. Ergebnisse einer allgemeinen Bevölkerungsumfrage, *Planung und Analyse 3*, 16-21.

Reuband, K.H. (1999). Anonyme und nicht-anonyme postalische Bevölkerungsbefragungen. Auswirkungen auf die Rücksendequote und das Antwortverhalten, *Planung und Analyse 1*, 56-58.

Reuband, K.H. (2001). Möglichkeiten und Probleme des Einsatzes postalischer Befragungen, *Kölner Zeitschrift für Soziologie und Sozialpsychologie 53*, 338-364.

Reuband, K.H. (2011). Freiwillige De-Anonymisierung in anonymen postalischen Befragungen. Wie sehr unterscheiden sich die Befragten mit und ohne De-Anonymisierungsbereitschaft in ihren sozialen Merkmalen, ihrer Devianz und Devianzbereitschaft? *Monatsschrift für Kriminologie und Strafrechtsreform*, 17-33.

Reuband, K.H. (2015). Ausschöpfung und Nonresponse Bias in postalischen Befragungen. Der Stellenwert von Incentives, Fragebogenlänge und Anonymität der Fragenadministration, In J. Schupp, & C. Wolf (eds.). *Nonresponse Bias: Qualitätssicherung sozialwissenschaftlicher Umfragen*. (S. 203-245). Wiesbaden.

Schnell, R. (1993). Die Homogenität sozialer Kategorien als Voraussetzung für „Repräsentativität" und Gewichtungsverfahren. *Zeitschrift für Soziologie 22 (1)*, 16-32.

Schupp, J. (2008). 25 Jahre Umfragemethodik in der Längsschnittstudie Sozio-oekonomisches Panel (SOEP) zwischen Kontinuität, Anpassung und innovativer Weiterentwicklungen. 7. und 8.3.2008, Bonn (Präsentation bei der Jahrestagung der Sektion Methoden der empirischen Sozialforschung).

Schützenmeister, F. (2002). Die Bereitschaft, sich wieder befragen zu lassen, in postalischen Erhebungen. *Zeitschrift für Soziologie 31 (2)*, 138–154.

Tourangeau, R., Rips, L., & Rasinski, K. (2000). *The Psychology of Survey Response*. Cambridge.

TNS Infratest (2014a). *Rekrutierung der ersten Kohorte des GESIS Panels. Feldbericht zur Erhebung 2013*. München.

TNS Infratest (2014b). *German Internet Panel (GIP). Feldbericht zur Erhebung 2014*. München.

Van Eimeren, B., & Frees, B. (2009). Der Internutzer 2009 – multimedial und total vernetzt? *Media Perspektiven 7*, 334-348.

Van Eimeren, B., & Frees, B. (2014). 79 Prozent der Deutschen Online. Zuwachs bei mobiler Internetnutzung und Bewegtbild. *Media Perspektiven 7-8*, 378-396.

Wasmer, M., Scholz, E., & Blohm, M. (2010). Konzeption und Durchführung der „Allgemeinen Bevölkerungsumfragen" (ALLBUS) 2008. *GESIS-Technical Reports 2010/04*. Mannheim.

Mode-Änderungen in Survey-Designs

Wechsel von persönlichen Interviews zu web-basierten Interviews in einem laufenden Haushaltspanel

Befunde vom SOEP

Denise Lüdtke & Jürgen Schupp
Deutsches Institut für Wirtschaftsforschung

Zusammenfassung

Obwohl persönliche Interviews nach wie vor *die* Erhebungsmethode der Wahl in repräsentativen Haushaltsumfragen darstellen, begünstigen Budget- und Zeitbeschränkungen oftmals die Einführung von web-basierten Umfragen. Darüber hinaus können die Nachteile computergestützter selbstauszufüllender Web-Interviews (CAWI) durch die steigende Internetdichte in der Bevölkerung zunehmend kompensiert werden. Wir haben in einem experimentellen Rahmen die Effekte untersucht, die sich durch den Wechsel von computergestützten persönlichen Interviews (CAPI) zu CAWI hinsichtlich der Teilnahmequoten in einem seit 4 Jahren laufenden Haushaltspanel ergeben. Wir haben uns für ein interviewergeleitetes sequentielles CAWI-CAPI Design entschieden, um zu vermeiden, dass Panelmitglieder aufgrund fehlender Bereitschaft oder Möglichkeit, in CAWI teilzunehmen dauerhaft aus dem Panel ausscheiden. Verglichen mit dem vorherigen Standard-Modus (CAPI) konnten wir höhere Ausfallquoten im sequentiellen Befragungsmodus beobachten, jedoch fanden wir keinerlei Hinweise auf systematische Muster in den Ausfällen, die auf Charakteristiken der Panelteilnehmer zurückgeführt werden konnten. Dahingegen entdeckten wir einen Effekt der Interviewerbindung. Während die Bindung zwischen Interviewer und Panelteilnehmern in der Regel einen positiven Zusammenhang zur Teilnahmebereitschaft aufweist, kehrte sich dieser Effekt in unserem

Experiment ins Gegenteil um. Haushalte mit starker Bindung zum Interviewer waren weniger bereit unter den veränderten Bedingungen an der Befragung teilzunehmen. Daneben beobachteten wir einen starken Effekt der Internetkompetenz auf die Wahl der Erhebungsmethode im sequentiellen Design. Daher gehen wir davon aus, dass ein vollständiger Wechsel von CAPI zu CAWI ein hohes Risiko für eine Verzerrung durch Ausfälle in sich birgt. Folglich empfehlen wir für die Implementierung einer neuen Erhebungsmethode in einem laufenden Panel die Einführung eines sequentiellen Erhebungsdesigns, bei dem die ursprüngliche Befragungsmethode als Alternative zur neu implementierten Methode angeboten wird. Darüber hinaus empfehlen wir bei geplanten Wechseln von persönlichen Interviews zu selbstauszufüllenden Erhebungsmethoden eine möglichst frühzeitige Überführung in den neuen Modus, um den negativen Effekt der Interviewerbindung auf die Teilnahmebereitschaft in den selbstauszufüllenden Interviews möglichst gering zu halten.

Stichworte: SOEP, Haushaltspanel, persönliche Interviews, Wechsel der Erhebungsmethode, sequentieller CAWI-CAPI Erhebungsmodus, Ausfallquote

1 Einleitung

Obwohl persönliche Interviews nach wie vor die Erhebungsmethode der Wahl in repräsentativen Haushaltsumfragen darstellen, begünstigen Budget- und Zeitbeschränkungen oftmals die Einführung von web-basierten Umfragen. Darüber hinaus können die Nachteile computergestützter selbstauszufüllender Web-Interviews (CAWI) durch die steigende Internetdichte in der Bevölkerung zunehmend kompensiert werden. Jäckle, Lynn und Burton (2013), sowie Amaya et al. (2015) betonen das beachtliche Potential für Kosteneinsparungen, das sich aus dem Wechsel von persönlichen Interviews (CAPI) zu CAWI in laufenden Haushaltspanels eröffnet. Nichtsdestotrotz weisen sie auch auf das Risiko verminderter Datenqualität in solchen Mixed-Mode-Designs hin, welches sich aus der höheren Ausfallquote und dem gleichzeitigen Anstieg von Item Nonresponse und Partial Unit Nonresponse ergibt (Jäckle et al. 2013). Callegaro, Lozar Manfreda und Vehovar (2015) konnten aufzeigen, dass trotz der gestiegenen Dichte von Computern und Internet, Ausfälle in web-basierten Umfragen immer noch stark mit Computerkompetenzen und der Intensität der Nutzung von Computer und Internet korrelieren. Im Einklang dazu stehen die Befunde von Cernat und Lynn (2014), die höhere Teilnahmequoten im CAWI-Modus bei solchen Panelteilnehmern beobachten konnten, deren E-Mail-Adressen bereits bei dem mit der Erhebung betrauten Umfrageinstitut hinterlegt waren. In diesem Fall spiegelte der vorhandene E-Mail-Kontakt zwischen Umfrageinstitut und Panelmitglied sicherlich ein bestimmtes Minimum an Internetkompetenz wider.

Zu überprüfen ist, ob die berichteten Nachteile des CAWI-Modus mit einem sequentiellen CAWI-CAPI-Modus kompensiert werden können. Die Idee hinter diesem Design ist, dass die jeweilige Umfrage zum einen von den Vorteilen durch den CAWI-Modus profitiert, während zum anderen die Nachteile aus CAWI durch den nachfolgenden CAPI-Modus eingedämmt werden. Collins und Mitchell (2014) konnten zeigen, dass sich die Idee nicht so leicht umsetzen lässt, da die Teilnahmequoten im nachgeschalteten CAPI-Modus bei einem sequentiellen Design wesentlich geringer ausfallen als es bei einem Single-Design in CAPI üblich ist. Außerdem stellte sich heraus, dass Verweigerer in CAWI weniger bereit sind, im anschließenden CAPI-Modus teilzunehmen, wenn mindestens ein Mitglied aus ihrem Haushalt bereits in CAWI teilgenommen hat (Collins und Mitchell 2014). Dies zeigt, dass sich das Antwortverhalten, so wie es aus reinen CAPI-Umfragen bekannt ist, deutlich unterscheidet von dem, welches sich in sequentiellen Designs offenbart. De Leeuw, Hox und Dillman (2008) erörtern, dass jede Erhebungsmethode gewisse Stärken gegenüber anderen Methoden aufweist und somit die Schwächen anderer Erhebungsmethoden unter bestimmten Bedingungen durchaus ausgleichen kann. Beispielsweise kann sich die Teilnahmequote erhöhen, wenn zur Kontaktaufnahme eine andere Methode benutzt wird als für die eigentliche Datenerhebung. Die gleichzeitige Verwendung mehrerer Methoden bei der Datenerhebung kann ebenfalls die Teilnahmequote erhöhen, aber auch die Qualität der erhobenen Daten steigern. Dies ist zum Beispiel dann denkbar, wenn ein spezieller Teil der Fragen in einem anderen Modus als der Hauptteil des Fragebogens erhoben wird: wenn also bspw. die Erhebung im persönlichen Interview durchgeführt wird, aber für sehr sensible Fragen zu CAWI gewechselt wird. Die Vergleichbarkeit der erhobenen Daten bleibt hierbei gewährleistet, da die jeweiligen Fragenblöcke bei allen Befragten mit derselben Methode erhoben werden. Im Gegensatz dazu stehen die sequentiellen oder konkurrierenden Designs, bei denen dieselben Fragenblöcke mittels verschiedener Methoden erhoben werden können, so dass eine Vergleichbarkeit nicht mehr per se gewährleistet ist.

Mit der vorliegenden Studie möchten wir die bisherigen Befunde bezüglich der Effekte vom sequentiellen CAWI-CAPI Design auf die Teilnahmebereitschaft in einem laufenden Haushaltspanel überprüfen. Außerdem nehmen wir den Einfluss der Interviewerbindung, die sich in den Vorwellen zwischen Teilnehmern des Panels und Interviewern aufbauen konnte, in den Blick. Wir verwenden Daten aus der vormaligen Studie „Familien in Deutschland“ (FiD), welche 2014 in das Hauptprogramm des Sozio-oekonomischen Panles (SOEP) integriert wurde. Während einige Substichproben aus dieser Studie weiterhin im persönlichen Interview befragt werden, wurde ein anderer Teil in den sequentiellen CAWI-CAPI-Modus überführt. Dieses quasi-experimentelle Design erlaubt es uns, die Effekte der CAWI-Implementierung auf die Qualität der Daten und die Kosten der Datenerhebung in einer längsschnittlichen Haushaltsbefragung zu bestimmen.

2 Studiendesign

Gegenstand unserer Analyse bilden Teilnehmer aus der vormaligen Studie „Familien in Deutschland“ (FID), welche vom Bundesministerium für Familie, Senioren, Frauen und Jugend (BMFSFJ) und vom Bundesministerium der Finanzen (BMF) gefördert wurde, um systematisch das Gesamttableau der ehe- und familienpolitischen Leistungen zu beurteilen (vergleiche Schröder et al. 2013a und 2013b). Hierzu wurden Daten über die folgenden Teilstichproben erhoben: Alleinerziehende, Großfamilien mit mindestens 3 Kindern, Familien mit Niedrigeinkommen und Familien mit (sehr) kleinen Kindern (Kohorten 2010, 2011, 2012 und 2013). Die Kohorten-Stichproben wurden per Zufallsauswahl aus den amtlichen Registern gezogen. Familien mit Niedrigeinkommen, Großfamilien und Alleinerziehende wurden auf Grundlage eines Screenings ermittelt, welches TNS Infratest bei zufällig ausgewählten Mitgliedern eines eigenen Befragtenpools durchgeführt hat. Die jährliche Datenerhebung von FiD startete im März 2010 mit Fragebögen, die eine hohe Vergleichbarkeit zum Fragenprogramm des SOEP aufwiesen und zusätzlichen Fragenbatterien, die speziell den Evaluationsbedarf abdeckten. Die Datenerhebung für alle eingesetzten Fragebögen fand in allen Jahren mittels persönlicher Interviews statt. Lediglich der Fragebogen für Eltern wurde als selbstauszufüllender Fragebogen konzipiert. Die FiD-

Studie war darüber hinaus durch ein besonderes Incentivierungs-Schema charakterisiert, welches vorsah, jedem Haushalt 5 Euro für den ausgefüllten Haushaltsfragebogen und dem ersten ausgefüllten Personenfragebogen zukommen zu lassen. Zusätzlich wurde jeder weitere ausgefüllte Personenfragebogen oder Jugendfragebogen mit je 5 Euro incentiviert. Darüber hinaus erhielt ein Haushalt für jedes im Haushalt lebende Kind weitere 5 Euro, wenn der komplette Haushalt teilgenommen hat. Zusätzlich profitierten die Teilnehmer der FiD-Studie von nicht-monetären Incentives, die auf die Kinder in den teilnehmenden Haushalten ausgerichtet waren: wie bspw. Ballons, Waschlappen, Lätzchen, Katzenaugen, Stifte und Radiergummi. Auch wurden Briefe an die Familien zum Kindertag am 20. November versendet.

Tabelle 1 Wahl der Erhebungsmethode nach CATI-Befragungsausgang

	N	%-Anteil in Teilstichprobe
Alle kontaktierten Haushalte	*2.093*	*100,0*
Davon:		
- CAWI-Teilnahme	989	47,3
- CAPI-Teilnahme	630	30,1
- Ausfall	474	22,6
Haushalt mit CAWI-Bereitschaft	*1.628*	*100,0*
Davon:		
- CAWI-Teilnahme	942	56,9
- CAPI-Teilnahme	424	26,0
- Ausfall	262	16,1
Nicht-kontaktierbare Haushalte	*599*	*100,0*
Davon:		
- CAWI-Teilnahme	125	20,9
- CAPI-Teilnahme	246	41,1
- Ausfall	228	38,1

Quelle: SOEP, V31.

2014 lief die Finanzierung der FiD-Studie aus und die Teilnehmer der Studie wurden in die Kernstudie des SOEP integriert. Das SOEP ist eine laufende, längsschnittliche Befragung von Haushalten in Deutschland. Die Befragung findet jährlich statt und startete im Jahre 1984. Haushalte wurden dazu mittels mehrstufigen Zufallsdesigns gezogen und alle über 16-jährigen Mitglieder der ausgewählten Haushalte wurden zur Teilnahme gebeten. Details zu den Stichprobenziehungen, Teilnahmequoten, Panelausfällen und der Repräsentativität der Studie finden sich in Wagner, Frick, und Schupp (2007) und auf der Webseite des SOEP (http://www.diw.de/de/soep). Im Zuge der Integration der FiD-Studie ins SOEP wurden alle vormaligen Teilnehmer von FiD in einem Ankündigungsschreiben über die neue Finanzierung und die Integration in das SOEP informiert. Während die Kohortenstichproben weiterhin mittels persönlichen Interviews befragt werden, und hierbei wenn möglich mit demselben Interviewer wie bisher, wurden die übrigen Teilstichproben in ein interviewergeleitetes sequentielles CAWI-CAPI-Erhebungsdesign überführt. Zur Vorbereitung auf das sequentielle Design wurden alle Haushalte, für die eine Telefonnummer bei dem die Erhebung durchführenden Umfrageinstitut (TNS Infratest München) vorlag, in einem kurzen Telefoninterview (CATI) zu ihrer Bereitschaft zur CAWI-Teilnahme befragt. Anschließend wurde ein Zugangscode für die Online-Erhebung an alle Panelmitgliedern gesandt, die nicht im Rahmen des Telefoninterviews explizit die weitere Teilnahme im Panel bzw. die Teilnahme in CAWI verweigert hatten. In einem weiteren Schritt wurden alle Panelmitglieder in die CAPI-Schiene übermittelt, die nicht in CAWI teilgenommen hatten. Hierunter fielen auch Haushalte, die zuvor im CATI ihre Bereitschaft zur CAWI-Teilnahme bekundeten, dann aber nicht teilnahmen, sowie Panelmitglieder, die nicht im CATI erreicht werden konnten. Es ergibt sich eine Bruttostichprobe aus insgesamt 2.868 Haushalten (für einen detaillierten Überblick siehe Glemser et al. 2015). Die Bruttostichproben der einzelnen Erhebungsstränge CATI, CAWI und CAPI sind jedoch nicht disjunkt, wie aus Tabelle 4 abzulesen ist. Während der CATI-Strang die Haushalte ausschloss, deren Telefonnummer nicht bekannt waren, wurden aus der CAWI-Linie alle Haushalte ausgeschlossen, die in CATI ihre Teilnahme komplett oder hinsichtlich der Erhebungsmethode CAWI verweigert hatten. Der CAPI-Strang schloss Haushalte aus, die komplett verweigert hatten, oder aber bereits in CAWI teilgenommen hatten. Tabelle 1 stellt die Wahl der Erhebungsmethode nach vorherigem Ausgang im CATI dar. Augenscheinlich ist der Anteil der CAWI-Teilnehmer in der Gruppe derjenigen am größten, die im CATI ihre CAWI-Bereitschaft bekundeten (56,9%). Von denen, die nicht telefonisch kontaktiert werden konnten, nahmen nur 20,9% an der Befragung im CAWI-Modus teil. Dahingegen nahmen von den telefonisch Kontaktierten immerhin 47,3% an der CAWI-Erhebung teil. Demnach erhöhte die CATI-Vorabbefragung die Motivation, an der Erhebung mittels CAWI-Modus teilzunehmen um 26,4 Prozentpunkte. Damit hat sich das CATI-Kurzinterview als hilfreiches Instrument erwiesen, um die Implementierung der CAWI-Methode in dem laufenden CAPI-Panel zu unterstützen.

3 Ergebnisse

Die Ergebnisbeschreibung gliedert sich in zwei Teile. Im ersten Teil nehmen wir die Teilnahmequoten auf Haushaltsebene in den Blick, welche uns als Indikator für den Erfolg der Implementierung des sequentiellen CAWI-CAPI-Designs dienen. Um potentielle Verzerrungen durch Ausfälle einschätzen zu können, identifizieren wir Determinanten, die die Teilnahmebereitschaft in dem neu implementierten Design beeinflussen. Im zweiten Teil berücksichtigen wir Determinanten der Wahl der Erhebungsmethode.

3.1 Teilnahmequoten auf Haushaltsebene

Tabelle 2 stellt die Teilnahmequoten (TQ) sowie die Anteile von Partial Unit Nonresponse (PUNR) auf Haushaltsebene getrennt nach Teilstichproben dar. PUNR bedeutet hierbei, dass mindestens ein Mitglied des Haushaltes die Teilnahme verweigert hat, während mindestens ein anderes Mitglied teilgenommen hat (siehe Frick et al. 2012). Hierbei ist zu berücksichtigen, dass die Fälle von PUNR in der CAWI-Linie nicht durch CAPI nachbearbeitet wurden. Hat also mindestens ein Haushaltsmitglied bereits in CAWI teilgenommen, wurde der Haushalt nicht in CAPI nachbearbeitet. Damit ist der Bearbeitungsmodus innerhalb eines Haushaltes homogen. In unserer Studie ist die PUNR-Rate bei den Kohortenstichproben verglichen mit den Screening-Stichproben niedriger. Die höchste PUNR-Rate findet sich bei den Großfamilien, bei denen die Haushaltsgröße jedoch auch substantiell größer ist: 5,2 Haushaltsmitglieder im Durchschnitt im Vergleich zu 3,0 Haushaltsmitglieder bei den Alleinerziehenden und 3,8 bei den Familien mit Niedrigeinkommen (siehe dazu Glemser et al. 2015).

Bezogen auf die TQ schneiden die Kohortenstichproben ebenfalls besser ab als die Screening-Stichproben, wobei letztere mit TQs um die 70% ebenfalls ein hohes Niveau erreichen. Auch zeigt sich, dass sich die kumulierten TQs über die Jahre von 2011 bis 2014 nicht substantiell unterscheiden.

Tabelle 2 Teilnahmequoten 2014 auf Haushaltsebene nach Teilstichproben

	Brutto	Netto	PUNR[1]	TQ[2]	Kumulierte TQs 2011-14
Familien mit Niedrigeinkommen	*918*	648	15,1	70,6	60,0
Alleinerziehende	*929*	649	10,9	69,9	55,8
Großfamilien	*1.021*	718	19,2	70,3	59,9
Screeningstichproben gesamt	*2.868*	2.015	15,2	**70,3**	**58,6**
Kohorte 2007	377	308	5,5	81,7	58,8
Kohorte 2008	400	323	6,2	80,8	59,2
Kohorte 2009	357	308	3,6	86,3	60,4
Kohorte 2010	384	308	5,8	80,2	58,1
Kohortenstichproben gesamt	1.518	1.247	5,3	**82,1**	**59,1**
Gesamt	4.386	3.262	9,5	**74,4**	**58,8**

[1] PUNR = Partial Unit Nonresponse; [2] TQ= Teilnahmequote
Quelle: SOEP, V31.

Tabelle 3 stellt die Faktoren dar, die die Teilnahme 2014 in dem neu implementierten sequentiellen CAWI-CAPI-Design beeinflussen. Hierin ist kein klares Muster zu erkennen, welches auf eine spezifische Verzerrung durch Ausfälle hindeuten würde. Vielmehr offenbaren sich stichprobenspezifische Unterschiede. Konsistent zur Nonresponse-Literatur finden wir einen negativen Effekt auf die Teilnahmebereitschaft in städtischen Gegenden, wobei sich dieser Effekt nur bei Großfamilien und Familien mit Niedrigeinkommen als statistisch substantiell herausstellt. Den aus der Literatur bekannten, negativen Effekt von Umzügen auf die Erreichbarkeit und Teilnahme findet sich in unserer Studie lediglich für Großfamilien. Überraschenderweise zeigt sich dahingegen ein positiver Effekt von Umzügen auf die Teilnahmebereitschaft der Familien aus der Kohortenstichprobe 2007. Ebenfalls konsistent zur Nonresponse-Literatur, geht auch in unserer Studie Item Nonresponse bei der Einkommensfrage in der Vorwelle 2013 mit verminderter Teilnahmebereitschaft 2014 einher. Dieser Zusammenhang ist jedoch nur für die Kohorte 2010 signifikant.

Wir haben außerdem für die Anzahl der ausgefüllten Fragebögen in der Vorwelle kontrolliert, da diese einen Hinweis auf die Belastung geben kann, die mit der Umfrage verbunden ist. Wir nehmen an, dass eine höhere Belastung in der Vorwelle mit einer geringeren Teilnahmewahrscheinlichkeit einhergeht. Allerdings bestätigen die Befunde unsere Vermutung nicht. Vielmehr zeigt sich für die Kohorte 2009, dass Haushalte mit mehr als einem ausgefüllten Fragebogen aus der Vorwelle eine höhere Teilnahmebereitschaft aufweisen.

Von besonderem Interesse waren für uns die Informationen, die einen Rückschluss auf die Internetkompetenz der Panelmitglieder zulassen, da davon auszugehen ist, dass internetaffine Personen eher an der sequentiellen CAWI-CAPI-Erhebung teilnehmen. Während der Zugang zum Internet in unserer Studie keinen signifikanten Einfluss auf die Teilnahme im sequentiellen CAWI-CAPI-Design hat, ist eine beim durchführenden Umfrageinstitut hinterlegte E-Mail-Adresse ein ausschlaggebender Faktor, der in vier der sieben Substichproben einen signifikant positiven Einfluss auf die Teilnahme ausübt.

Da im Rahmen des neu implementierten Designs die persönlichen Interviews, soweit möglich, durch selbstauszufüllende Fragebögen ersetzt wurden, war von zusätzlichem Interesse für uns, inwieweit die Interviewer einen Einfluss auf die Teilnahmebereitschaft der Haushalte ausüben. In diesem Zusammenhang haben wir uns zwei Indikatoren angeschaut: Kontakthäufigkeit durch den Interviewer und die Bindung zwischen Haushalt und Interviewer, gemessen an der Anzahl an Wellen, in denen der Interviewer den Haushalt befragt hat. Wir konnten einen positiven Effekt auf die Teilnahmebereitschaft von Großfamilien und Familien mit Niedrigeinkommen durch erhöhten Interviewerkontakt feststellen. Dies spiegelt den Nutzen für die Umfrage wider, der sich aus der Beharrlichkeit der Interviewer ergibt. Darüber hinaus weist der Befund auf die höhere Teilnahmebereitschaft im CAPI-Modus hin, da CAWI-Teilnehmer nicht durch Interviewer kontaktiert wurden.

Einen sehr interessanten Effekt konnten wir für die Bindung zwischen Haushalt und Interviewer feststellen. Wie wir aus früheren Studien zur Interviewerbindung wissen, ist diese ein bedeutender Faktor bei der Entscheidung zur wiederholten Teilnahme. Entsprechend können auch wir einen positiven Effekt der Interviewerbindung auf die Teilnahmebereitschaft in nahezu allen Kohortenstichproben ausmachen. Dieser Effekt ist von statistischer Relevanz für die Kohorten 2008 und 2009. Interessanterweise fanden wir jedoch einen negativen Effekt auf die Teilnahmebereitschaft von Großfamilien durch die Interviewerbindung. Verglichen mit der Referenzkategorie (keine Interviewerbindung) sinkt die Teilnahmebereitschaft bereits, wenn der Haushalt in der Vorwelle von demselben Interviewer kontaktiert wurde. Offensichtlich profitiert demnach die Implementierung des neuen CAWI-CAPI-Designs von einer geringen Interviewerbindung. Man kann annehmen, dass Haushalte mit starker Interviewerbindung weniger tolerant gegenüber einer Erhebung mittels selbstauszufüllendem Online-Fragebogen sind und daher die Teilnahme eher komplett verweigern.

Tabelle 3 Logistische Regressionsmodelle auf die Teilnahme 2014 nach Teilstichproben

	Kohorte 2007	Kohorte 2008	Kohorte 2009	Kohorte 2010	Familien mit Niedrigeinkommen	Alleinerziehende	Großfamilien
Informationen von 2014							
Städtische Gegend	-0,57 (0,40)	-0,58 (0,42)	-0,48 (0,48)	0,13 (0,41)	**-0,57***** **(0,19)**	0,14 (0,19)	**-0,33*** **(0,19)**
Neue Adresse	**0,71*** **(0,42)**	0,37 (0,46)	0,22 (0,48)	-0,41 (0,32)	-0,19 (0,23)	-0,10 (0,21)	**-1,07***** **(0,29)**
E-Mail-Adresse hinterlegt	0,20 (0,31)	**0,85***** **(0,32)**	0,54 (0,38)	0,19 (0,33)	**0,73***** **(0,17)**	**0,90***** **(0,17)**	**0,73***** **(0,17)**
Interviewerbindung: 1 Welle *Ref.: 0 Wellen*	-1,24 (0,77)	-0,03 (0,71)	0,72 (0,81)	-0,03 (0,99)	-0,06 (0,41)	0,01 (0,39)	**-0,80*** **(0,42)**
2 Wellen	0,27 (0,91)	0,26 (0,64)	-0,05 (0,70)	-0,60 (0,68)	0,22 (0,35)	**0,51*** **(0,26)**	**-0,52*** **(0,31)**
3 Wellen	-0,66 (0,61)	**0,88**** **(0,45)**	**1,04**** **(0,50)**	-0,07 (0,63)	0,26 (0,24)	0,29 (0,26)	**-0,54*** **(0,31)**
Interviewer-Kontakte 2+	0,01 (0,33)	-0,19 (0,34)	0,25 (0,39)	0,22 (0,34)	**0,42**** **(0,21)**	0,12 (0,20)	**0,40*** **(0,22)**
Erwachsene in HH: 2 , *Ref.: 1*	-0,10 (0,50)	**1,53***** **(0,48)**	**-1,03*** **(0,60)**	-0,56 (0,60)	**0,79***** **(0,24)**	0,08 (0,19)	**0,72***** **(0,28)**
3+	0,41 (0,90)	0,44 (0,76)	-0,12 (1,27)	-0,63 (0,90)	**0,57*** **(0,31)**	0,47 (0,43)	**0,61**** **(0,30)**
Durschnittsalter Erwachsene in HH	0,01 (0,03)	-0,00 (0,03)	-0,05 (0,04)	0,03 (0,03)	0,01 (0,01)	**0,05***** **(0,01)**	**0,04***** **(0,01)**
Internet in HH *Ref.: kein Internet*	0,10 (0,75)	-0,32 (0,55)	-	-	0,29 (0,27)	0,12 (0,29)	0,11 (0,35)
Keine Antwort	-1,33 (1,13)	-1,92 (1,23)	-	-	**-3,05***** **(1,17)**	-0,84 (0,64)	**-2,91***** **(0,81)**

Fortsetzung Tabelle 3

	Kohorte 2007	Kohorte 2008	Kohorte 2009	Kohorte 2010	Familien mit Niedrig-einkommen	Allein-erziehende	Groß-familien
Informationen von 2013							
Einkommen: 1.	0,90	1,46	-	**1,84*** **	-1,02	0,23	0,48
Quartil, Ref.: INR	(0,86)	(1,13)		**(0,66)**	(1,11)	(0,53)	(0,63)
Median-	0,36	0,23	-	**1,44*** **	-1,50	-0,11	0,14
einkommen	(0,70)	(0,98)		**(0,46)**	(1,11)	(0,53)	(0,56)
4. Quartil	0,59	0,58	-	**1,19** **	-1,42	0,24	-0,08
	(0,72)	(0,98)		**(0,51)**	(1,17)	(0,62)	(0,56)
Ausgefüllte	0,89	-0,10	**2,16*** **	-	0,25	0,12	-0,25
Fragebögen 2+	(1,02)	(0,58)	**(0,45)**		(0,24)	(0,18)	(0,30)
Konstante	-0,43	-0,13	0,25	0,33	0,76	-2,13**	0,63
	(2,19)	(2,01)	(1,83)	(1,62)	(1,33)	(0,91)	(1,15)
R^2	0,14	0,15	0,15	0,07	0,12	0,08	0,18
N	371	385	348	359	883	885	988

Quelle: SOEP, V31.

3.2 Teilnahmebereitschaft nach Erhebungsmethode

Tabelle 4 zeigt die Teilnahmequoten 2014 nach Erhebungsmethode für die Screeningstichproben auf. Da die Kohortenstichproben ausschließlich in CAPI befragt wurden, werden sie in diesem Analyseteil nicht berücksichtigt. Offensichtlich sind die Teilnahmequoten in CAWI (39,8%) markant niedriger als im nachgeschalteten CAPI-Modus (62,6%). Daneben ist die PUNR-Rate wesentlich höher in der CAWI-Schiene (17,8%), als in der CAPI-Erhebung (12,0%). Schaut man sich die Teilnahmequoten insgesamt an, so variieren diese kaum zwischen den drei Screeningstichproben. Betrachtet man jedoch die Teilnahmequoten aus der CAWI-Schiene, so zeigen sich deutliche Unterschiede: hier weisen die Großfamilien mit 43,4% die höchste Rate auf, während die Familien mit Niedrigeinkommen nur auf 36,7% kommen.

Tabelle 4 Teilnahmequoten auf Haushaltsebene nach Erhebungsmethode und Teilstichprobe

	Familien mit Niedrig-einkommen	Allein-erziehende	Groß-familien	Screening-stichproben Gesamt
Gesamtbrutto*	988	929	1.021	2.868
CAWI Brutto	899	917	1.006	2.822
CAWI Netto	330	355	437	1.122
CAWI PUNR[1] %	20,9	12,1	20,1	17,8
CAWI TQ[2] %	*36,7*	*38,7*	*43,4*	*39,8*
CAPI Brutto	508	473	445	1.426
CAPI Brutto zu Gesamtbrutto %	55,3	50,9	43,6	49,7
CAPI Netto	318	294	281	893
CAPI PUNR %	9,1	9,5	17,8	12,0
CAPI TQ %	*62,6*	*62,2*	*63,1*	*62,6*
Gesamtnetto	648	649	718	2.015
Gesamt PUNR %	15,1	10,9	19,2	15,2
Gesamt TQ %	*70,6*	*69,9*	*70,3*	*70,3*

[1] PUNR = Partial Unit Nonresponse; [2] TQ= Teilnahmequote;

* Gesamtbrutto = beinhaltet neue Haushalte, die in der CAPI-Schiene identifiziert wurden. Die Differenz zwischen Gesamtbrutto und CAWI-Brutto erklärt sich durch komplette Verweigerungen und CAWI-Verweigerungen, welche innerhalb der CATI-Schiene identifiziert wurden. Während die kompletten Verweigerer nicht erneut kontaktiert werden, wurden die CAWI-Verweigerer in die CAPI-Schiene überführt.

Quelle: SOEP, V31.

Tabelle 5 weist logistische Regressionsmodelle auf die Teilnahmebereitschaft in CAWI separat nach Teilstichproben aus. Die Modelle beziehen sich lediglich auf die Haushalte, die 2014 teilgenommen haben. Die abhängige Variable ist die Wahl der Erhebungsmethode 2014 (1 = CAWI).

Bezüglich der Teilnahme in CAWI erweist sich bei Großfamilien ein Umzug als negativ, während ein hohes Einkommen bei den Alleinerziehenden einen positiven Effekt hat. Die stärksten Prädiktoren für die Teilnahme in CAWI sind die Indikatoren für die Internetkompetenz: zum einen der Anteil an Haushaltsmitgliedern, der das Internet nutzt und zum anderen die Hinterlegung der E-Mail-Adresse beim beauftragten Umfrageinstitut. Ist letzteres gewährleistet, so ergibt sich daraus ein positiver Effekt auf die Teilnahme in CAWI in allen drei Teilstichproben. Wenn nicht alle Haushaltsmitglieder das Internet nutzen oder kein Internetanschluss im Haushalt besteht, schlägt sich dies negativ in der Wahrscheinlichkeit einer Teilnahme in CAWI nieder.

Bezüglich der Interviewerbindung lässt sich erkennen, dass diese einen negativen Einfluss auf die CAWI-Wahl ausübt, wobei der Effekt lediglich für Großfamilien statistisch signifikant ist. Dennoch weisen Effekte bei allen drei Stichproben in die von uns erwartete Richtung, da wir bei einer erhöhten Interviewerbindung von einer verminderten Teilnahme in CAWI ausgehen.

Tabelle 5 Logistische Regressionsmodelle auf Teilnahmebereitschaft in CAWI vs. CAPI nach Teilstichproben

	Familien mit Niedrig-einkommen	Allein-erziehende	Großfamilien
Städtische Gegend	0,02 (0,18)	0,01 (0,20)	-0,04 (0,19)
Neue Adresse	-0,26 (0,25)	-0,40 (0,26)	**-2,13***** (0,48)
Internet: einige in HH nutzen es *Ref.: alle nutzen es*	**-0,31*** (0,18)	-0,22 (0,21)	-0,14 (0,17)
Kein Internetanschluss	-2,03*** (0,57)	**-1,76***** (0,51)	-0,93 (0,62)
E-Mail-Adresse hinterlegt	**1,00***** (0,18)	**0,83***** (0,19)	**1,22***** (0,18)
Interviewerbindung seit 1 Welle *Ref.: keine Bindung*	0,71 (0,48)	-0,24 (0,46)	**-0,75*** (0,43)
2 Wellen	-0,10 (0,36)	-0,46 (0,30)	-0,20 (0,29)
3 Wellen	-0,01 (0,25)	-0,27 (0,30)	-0,39 (0,29)
Einkommen: 1. Quartil *Ref.: INR*	-0,61 (0,49)	0,26 (0,36)	-0,34 (0,55)
Medianeinkommen	-0,05 (0,49)	0,36 (0,36)	-0,07 (0,48)
4. Quartil	0,61 (0,61)	**0,91*** (0,48)	0,60 (0,48)

Fortsetzung Tabelle 5

	Familien mit Niedrig-einkommen	Allein-erziehende	Großfamilien
Ausgefüllte Fragebögen 2+	0,02 (0,25)	-0,07 (0,19)	0,10 (0,29)
Erwachsene in HH: 2 *Ref.: 1*	-0,43 (0,27)	-0,04 (0,21)	0,18 (0,32)
3+	-0,25 (0,34)	-0,25 (0,45)	-0,05 (0,35)
Durchschnittsalter Erwachsene in HH	-0,01 (0,01)	-0,01 (0,01)	-0,00 (0,02)
Konstante	0,65 (0,85)	0,46 (0,82)	1,91* (1,06)
R^2	0,09	0,06	0,13
N	648	649	718

Quelle: SOEP, V31.

In Tabelle 6 sind die Ergebnisse aus der CATI-Vorabbefragung dargestellt. Diese Vorabbefragung diente zum einen der Informierung der Panelteilnehmer über die geänderten Umfragebedingungen und sollte zum anderen ein erstes Bild über die Stimmung bezüglich einer CAWI-Teilnahme liefern. Im CATI wurde eine hohe Zustimmung zur CAWI-Befragung erzielt. Über 70% der Befragten gaben an, in CAWI teilnehmen zu wollen. Lediglich 10% verweigerten ihre Bereitschaft für eine CAWI-Teilnahme. Die größte Zustimmung erhielt das neu angekündigte Design bei den Großfamilien (76,9%), während der Anteil an CAWI-Befürwortern bei den Familien mit Niedrigeinkommen am geringsten ausfiel (64,0%).

Tabelle 6 Bereitschaft zur Teilnahme in CAWI laut CATI-Erhebung (N, %)

	Pro CAWI	Contra CAWI	Keine Antwort	Gesamt
Familien mit Niedrigeinkommen	415 (64,0)	66 (10,2)	167 (25,8)	648 (32,2)
Alleinerziehende	455 (70,1)	73 (11,3)	121 (18,6)	649 (32,2)
Großfamilien	552 (76,9)	58 (8,1)	108 (15,0)	718 (35,6)
Gesamt	*1.422* (70,6)	197 (9,8)	396 (19,7)	2.015

Quelle: SOEP, V31.

In Tabelle 7 sind Regressionsmodelle nach Teilstichproben abgetragen, bei denen nur die Teilnehmer aus 2014 berücksichtigt sind, die im CATI-Vorabscreening angaben, für eine Teilnahme in CAWI bereit zu sein. Die abhängige Variable ist wieder die Wahl der Erhebungsmethode. Die Ergebnisse unterscheiden sich kaum von denen aus Tabelle 5: den negativen Effekt von Umzügen auf die CAWI-Teilnahme finden wir nun jedoch nicht nur für Großfamilien, sondern auch für Alleinerziehende. Der negative Effekt durch die Interviewerbindung tritt ebenfalls deutlicher hervor.

Tabelle 7 Logistische Regressionsmodelle auf Teilnahmebereitschaft in CAWI vs. CAPI nach Teilstichproben für CAWI-Befürworter aus der CATI-Erhebung

	Familien mit Niedrigeinkommen	Alleinerziehende	Großfamilien
Städtische Gegend	0,15 (0,24)	-0,25 (0,27)	0,08 (0,22)
Neue Adresse	-0,09 (0,46)	**-0,63*** (0,35)	**-2,71***** (0,81)
Internet: einige in HH nutzen es *Ref.: alle nutzen es*	**-0,75***** (0,25)	0,05 (0,27)	-0,03 (0,21)
Kein Internetanschluss	**-2,18**** (0,90)	**-1,69**** (0,73)	-0,28 (0,97)
E-Mail-Adresse hinterlegt	1,22*** (0,24)	0,60** (0,23)	1,15*** (0,22)
Interviewerbindung seit 1 Welle *Ref.: keine Bindung*	0,38 (0,60)	-0,00 (0,63)	**-0,88*** (0,53)
2 Wellen	-0,11 (0,47)	-0,59 (0,38)	-0,51 (0,39)
3 Wellen	0,18 (0,33)	-0,60 (0,38)	**-0,79**** (0,39)
Einkommen: 1. Quartil *Ref.: INR*	-0,48 (0,63)	0,34 (0,47)	-0,07 (0,70)
Medianeinkommen	0,21 (0,63)	0,42 (0,47)	-0,20 (0,58)
4. Quartil	0,54 (0,76)	**1,06*** (0,63)	0,25 (0,58)
Ausgefüllte Fragebögen 2+	0,21 (0,32)	-0,24 (0,23)	0,35 (0,36)

Fortsetzung Tabelle 7	Familien mit Niedrig-einkommen	Allein-erziehende	Großfamilien
Erwachsene in HH: 2	-0,39	0,08	0,07
Ref.: 1	(0,35)	(0,26)	(0,46)
3+	-0,51	-0,08	-0,37
	(0,43)	(0,57)	(0,50)
Durchschnittsalter Erwachsene in HH	-0,01	-0,01	0,01
	(0,02)	(0,01)	(0,02)
Konstante	0,72	1,60	2,70*
	(1,11)	(1,03)	(1,43)
R^2	0,10	0,05	0,10
N	415	455	552

Quelle: SOEP, V31.

4 Diskussion und Zusammenfassung

Wir wechselten in einem laufenden Haushaltspanel von CAPI zu einem sequentiellen CAWI-CAPI-Design, um die Kosten der Datenerhebung zu minimieren. Tatsächlich hat dieser Wechsel im Design Kosten von bis zu 30% eingespart. Hierbei ist jedoch zu beachten, dass sich eine solche Kostensenkung nicht für nachfolgende Wellen wird halten lassen können, da die Kostenkalkulation vor der Erhebung erstellt wurde und sich auf Erwartungen bezüglich der CAWI-Bereitschaft stützte, die sich in der tatsächlichen Erhebung nicht realisieren ließen. Konkret wurde erwartet, dass lediglich 10% der Haushalte für eine Nachbearbeitung in die CAPI-Schiene überführt werden müssten. Da diese Erwartung deutlich überschritten wurde, wird sich die Kostenkalkulation zukünftiger Wellen auf eine realistischere Erwartung beziehen, was mit einer durchschnittlichen Erhöhung der reduzierten Fallkosten um rund 15% einhergehen wird, da die CAPI-Nachbearbeitung teurer ist, als die Bearbeitung zusätzlicher Fälle einer CAWI-Befragung.

In dieser Studie haben wir die Konsequenzen des Wechsels der Erhebungsmethode auf die Qualität der Daten im Sinne von Ausfällen untersucht. Insgesamt betrachtet, konnten wir keine systematischen Ausfallmuster erkennen. Vielmehr beobachteten wir starke Unterschiede zwischen den einzelnen Teilstichproben. Ein konsistentes Ergebnis ist jedoch die erhöhte Teilnahmebereitschaft derjenigen Haushalte, für deren E-Mail-Adresse bei dem Umfrageinstitut hinterlegt ist, das mit der Erhebung betraut ist. Darüber hinaus ergab sich für die Kohortenstichproben ein positiver Zusammenhang zwischen Interviewerbindung und Teilnahmebereitschaft. Dieser Effekt kehrte sich ins Gegenteil für die Screeningstichproben, die in das sequentielle CAWI-CAPI-Design überführt worden waren. Dieser Befund deutet an, dass selbstauszufüllende Fragebögen weniger toleriert werden, wenn einmal eine Bindung zum Interviewer hergestellt wurde.

Obwohl die generelle Teilnahmebereitschaft im CAWI-Modus hoch war, sprich 78% gaben an, in diesem Modus an der Befragung teilnehmen zu werden, waren es am Ende „nur“ 58%, die dieser angekündigten Absicht auch tatsächlich nachkamen. Während die Teilnahmequoten insgesamt geringer in dieser Welle ausfielen, als in den Vorwellen, war bezüglich des PUNR ein Anstieg zu verzeichnen. Bezüglich der Wahl der Erhebungsmethode stellte sich heraus, dass Haushalte, in denen alle Mitglieder das Internet nutzen, die Wahrscheinlichkeit für die Wahl der CAWI-Methode höher war, als bei denjenigen Haushalten, in denen nur einige Mitglieder das Internet nutzen oder in denen es gar keinen Internetanschluss gab. Ist die E-Mail-Adresse des Haushaltes bei dem Umfrageinstitut hinterlegt, welches die Umfrage durchführt, so ist die Wahrscheinlichkeit für eine Teilnahme in CAWI ebenfalls höher.

Die Interviewer selbst, die seit vier Jahren die Studie mit persönlichen Interviews unterstützt hatten, bewerteten den Wechsel zu selbst-auszufüllenden Fragebögen eher negativ. Dieser Umstand mag auch dazu beigetragen haben, dass die Akzeptanz des CAWI-Modus bei den Panelteilnehmern geringer ausfiel, als erwartet. Schließlich waren die Interviewer in den gesamten Prozess des Designwechsels in einem starken Maße integriert. Beispielsweise führten sie die CATI-Vorabbefragung durch, in der sie den Haushalten die veränderten Designbedingungen erklärten und zu einer Teilnahmebereitschaft in CAWI motivieren sollten. Da auch die Bindung zwischen Interviewer und Haushalt einen negativen Effekt auf die Teilnahmebereitschaft in CAWI hat, schlussfolgern wir, dass eine geplante Überführung von einer interviewergestützten Erhebung zu einer selbstadministrierten Erhebung möglichst frühzeitig implementiert werden sollte, da die Interviewerbindung in jeder Welle stärker wird und damit die Toleranz gegenüber selbstauszufüllenden Fragebögen stetig sinkt.

Insgesamt kommen wir zu der Einschätzung, dass die erhöhte Ausfallquote, die sich aus der Implementierung des sequentiellen CAWI-CAPI-Designs ergeben hat, nicht besorgniserregend ist, da die Ausfälle mit entsprechenden Gewichtungsverfahren kompensiert werden können. Ebenso hat sich gezeigt, dass durch den nachgeschalteten CAPI-Modus eine beachtliche Anzahl an Ausfällen nachbearbeitet werden konnte. Vorsicht ist geboten, falls man intendiert, eine vormals mit persönlichen Interviews durchgeführte längsschnittliche Erhebung in eine reine CAWI-Erhebung zu überführen. Hier drohen massive Einbußen bei der Teilnahmequote und es ist mit einem hohen Risiko für Verzerrungen zu rechnen. Wir empfehlen daher, bei einem intendierten Wechsel der Erhebungsmethode in einem laufenden Panel immer erst ein sequentielles Design anzustreben, bei dem die ursprünglich verwendete Methode in der Nachbearbeitung Verwendung findet. Dieses Design hilft, die Ausfallquote auf dem bisherigen Niveau zu halten und garantiert somit die gewünschte Panelstabilität. Natürlich empfiehlt sich bei sequentiellen Designs immer, bei inhaltlichen Analysen für den Erhebungsmodus zu kontrollieren, da sich hieraus u.U. Verzerrungen ergeben können. In der vorliegenden Studie sind wir auf das Thema des Messfehlers, der sich aus der Verwendung verschiedener Erhebungsmethoden ergeben kann, nicht eingegangen. Jäckle, Lynn und Burton (2013) aber auch Cernat und Lynn (2014) finden negative Effekte durch einen Wechsel der Erhebungsmethode auf die Qualität der erhobenen Daten. Die Studien fokussieren dabei lediglich auf Item Nonresponse, obwohl auch andere Indikatoren für Datenqualität, wie Response Styles (z.B. Personen-Reliabilität; siehe Kroh et al. 2016), hier einen wichtigen Einblick in die Wirkungsweise von Wechseln der Erhebungsmethode auf Messfehler liefern. Ein weiterer wichtiger Aspekt in diesem Zusammenhang stellt die generelle Differenz zwischen mündlicher Kommunikation im Rahmen persönlicher Interviews versus visueller Kommunikation bei CAWI-Erhebungen wider, und wie diese auf die Qualität von Antworten wirkt (siehe dazu Dillman 2009).

Literatur

Amaya, A., Leclere, F. Carris, K., & Liao, Y. (2015). Where to Start. An Evaluation of Primary Data-Collection Modes in an Adress-Based Sampling Design. *Public Opinion Quarterly* 79(2), 420–442.

Callegaro, M., Lozar Manfreda, K., & Vehovar, V. (2015). *Web Survey Methodology*. Sage Publications.

Cernat, A., & Lynn, P. (2014). The role of E-mail addresses and E-mail contact in encouraging web response in a mixed mode design. *Understanding Society Working Paper Series No. 2014 – 10.*

Collins, D., & Mitchell, M. (2014). Role of mode in respondents' decisions to participate in IP5: Findings from a qualitative follow-up study. *Understanding Society Working Paper Series No. 2014 – 03.*

Dillman, D.A. (2009). Some Consequences of Survey Mode Changes in Longitudinal Surveys. In P. Lynn (Hrsg.), *Methodology of Longitudinal Surveys* (S. 127-140). Chichester: Wiley.

De Leeuw, E.D., Hox, J.J., & Dillman, D.A. (2008). Mixed-mode Surveys: When and Why. In E.D. De Leeuw, J.J. Hox & D.A. Dillman (Hrsg.), *International Handbook of Survey Methodology* (S. 299-316). New York-London: Lawrence Erlbaum Associates.

Frick, J.R., Grabka, M.M., & Groh-Samberg, O. (2012). Dealing with incomplete household panel data in inequality research. *Sociological Methods & Research 41*(1), 89-123.

Glemser, A., Huber, S., & Bohlender, A. (2015). TNS Report of SOEP Fieldwork in 2014. In S. Gerstorf, & J. Schupp (Hrsg.), *SOEP Wave Report 2014* (S. 51-80). Berlin: DIW Berlin.

Jäckle, A., Lynn, P., & Burton, J. (2013). Going Online with a Face-to-Face Household Panel: Initial Results from an Experiment on the Understanding Society Innovation Panel. *Understanding Society Working Paper Series No. 2013 – 03.*

Kroh, M., Winter, F., & Schupp, J. (2016). Using Person-Fit Measures to Assess the Impact of Panel Conditioning on Reliability. *Public Opinion Quarterly first published online June 14, 2016.* doi:10.1093/poq/nfw025

Schröder, M., Siegers, R., & Spieß, C.K. (2013a). „Familien in Deutschland" - FiD - Enhancing Research on Families in Germany. *SOEPpapers on Multidisciplinary Panel Data Research* Nr. 556.

Schröder, M., Siegers, R., & Spieß, K.C. (2013b). Familien in Deutschland. *Schmollers Jahrbuch, 133*(4), 595-606.

Wagner, G.G., Frick, J.R., & Schupp, J. (2007). Enhancing the power of household panel studies: The case of the German Socio-Economic Panel Study (SOEP). *Schmollers Jahrbuch, 127*(1), 139-169.

Gesundheit in Deutschland aktuell (GEDA)

Eine repräsentative Gesundheitsbefragung im neuen (Mixed-Mode-) Design

Jennifer Allen & Patrick Schmich
Robert Koch-Institut

1 Einleitung

Der Beitrag für den diesjährigen Band der ASI Schriftenreihe „Mixed-Mode-Surveys" schließt thematisch an den im Jahr 2015 erschienenen Beitrag „Ergebnisse einer Projektstudie im Mixed-Mode-Design" (Schmich 2015) im ASI Tagungsband „Nonresponse Bias" an. In diesem Beitrag wurde beschrieben, warum der Wechsel von einer telefonischen Befragung, basierend auf einer zufallsgenerierten Festnetzstichprobe, hin zu einem Mixed-Mode-Design für die Studie „Gesundheit in Deutschland aktuell" (GEDA) des Robert Koch-Instituts notwendig wurde und warum das spezifische Vorgehen des sequentiellen Mixed-Mode-Designs angewendet wurde. Die beschriebene Pilotstudie GEDA 2.0 wurde im 3. Quartal 2012 als methodischer Vergleich von zwei Mixed-Mode-Designs (simultan und sequentiell) und einem Single-Mode-Design (CATI[1]) durchgeführt (Robert Koch-Institut 2015). Ziel war es, Verbesserungen in den Bereichen Akzeptanz, Datenqualität und Effizienz für zukünftige GEDA-Wellen zu erreichen. *In diesem Beitrag sollen nun die weiteren surveymethodischen Entwicklungen der GEDA-Studie dargestellt und der aktuelle Stand präsentiert werden.*

1 CATI=Computer Assisted Telephone Interview

2 Hintergrund

Die Studie „Gesundheit in Deutschland aktuell" (GEDA) ist eine Querschnittsbefragung der deutschsprachigen erwachsenen Wohnbevölkerung, die regelmäßig vom Robert Koch-Institut (RKI) als Komponente des bundesweiten Gesundheitsmonitorings durchgeführt wird (Kurth et al. 2009). Sie ist auf die kontinuierliche Beobachtung von Entwicklungen im Krankheitsgeschehen und im Gesundheits- und Risikoverhalten ausgerichtet und soll dazu beitragen, der Gesundheitsberichterstattung sowie der Gesundheitspolitik zeitnah entsprechende Informationen zur Identifizierung von Gesundheitstrends in der Bevölkerung oder in Bevölkerungsgruppen zu liefern. Aufgrund der Stichprobengröße können auch regionalisierte oder tief gegliederte Zusammenhangsanalysen vorgenommen werden. Das inhaltliche Spektrum der GEDA-Studie erstreckt sich von chronischen Erkrankungen und gesundheitsbezogener Lebensqualität über das Gesundheitsverhalten und soziale Lebensbedingungen bis hin zur Inanspruchnahme von Präventionsangeboten und medizinischen Leistungen. Seit der Basiserhebung in den Jahren 2008/2009 (GEDA 2009) wurden zwei weitere Wellen der GEDA-Studie (GEDA 2010, 2012) mit jeweils mehr als 20.000 Befragten im CATI-Design durchgeführt. Die Stichprobenbasis stellte jeweils eine zufallsgenerierte Festnetztelefonstichprobe dar (Lange et al. 2015).

3 Problemstellung

Das in den ersten drei Wellen der GEDA-Studie eingesetzte Stichproben- und Erhebungsverfahren ist mit einer Vielzahl von Problemen belastet. Zentral sind hierbei das wachsende Akzeptanzproblem auf Seiten der Befragten für sogenannte „Cold Calls" (telefonische Kontaktierung ohne vorherige Ankündigung), der steigende Anteil an Mobilfunkteilnehmern, die über kein Festnetz mehr verfügen, sowie eine über die Jahre zunehmende Verzerrung der Stichprobe („Selection Bias"), die u.a. auch im Verfahren der Generierung der Rufnummern begründet sein kann (fehlende oder mangelnde Integration neu vergebener Nummernblöcke in den Nummernpool, sogenannte Undercoverage). Neben der Problematik der Erreichbarkeit kommt hinzu, dass telefonische Befragungen immer häufiger mit sinkenden Antwortraten (M. Häder und S. Häder 2009) sowie mit steigenden Kosten zu kämpfen haben. Auch im Verlauf der drei GEDA-Wellen war ein kontinuierlicher Rückgang der Teilnahmebereitschaft zu beobachten. Zudem zeigte sich für die erreichten Stichproben in GEDA ein zunehmender Trend zu Verzerrungen insbesondere bezüglich der formalen Bildungsabschlüsse. So waren in GEDA deutlich mehr Befragte mit höheren Bildungsabschlüssen als im Mikrozensus vertreten, wohingegen Befragte mit niedrigeren Bildungsabschlüssen im Vergleich zur Verteilung in der Grundgesamtheit unterrepräsentiert waren. Für die GEDA-Surveys musste hierauf bereits mit einer angepassten Gewichtungsprozedur reagiert werden, welche die Bildungsabschlüsse mit einbezieht (Robert Koch-Institut 2011, 2012, 2014).

4 Lösungsansätze

Ein erster Lösungsansatz liegt im Wechsel des Stichprobendesigns. Für GEDA sollte eine Stichprobenauswahl auf Basis der Einwohnermeldeämter angewendet werden. Dieses Verfahren orientiert sich an den Gesundheitsstudien DEGS („Studie zur Gesundheit Erwachsener in Deutschland") und KIGGS („Studie zur Gesundheit von Kindern und Jugendlichen in Deutschland"), die zusammen mit GEDA zentraler Bestandteil des Gesundheitsmonitorings am RKI sind (Kamtsiuris et al. 2007; Scheidt-Nave et al. 2012). Registerbezogene Ziehungen von Stichproben haben den Vorteil, dass Informationen wie Alter und Geschlecht sowohl für Respondenten als auch für Nonrespondenten verfügbar sind, die unter anderem für Nonresponder-Analysen oder geschichtete Stichprobenziehungen genutzt werden können. Des Weiteren ermöglicht das Verfahren, dass die potentiellen Teilnehmer vorab schriftlich-postalisch über die Inhalte der Studie informiert werden können und selbstbestimmt die Entscheidung für oder gegen die Studienteilnahme im Sinne eines „Informed Consent" treffen können. Eine solche Vorabkontaktierung kann eine positive Auswirkung auf die Teilnahmebereitschaft und somit auch responsesteigernde Wirkung haben (Aust und Schröder 2009).

Ein bedeutender Vorteil von Einwohnermeldeamtsstichproben im Gegensatz zu Telefonstichproben ist zudem mit Hinblick auf das in Deutschland geltende Bundesmeldegesetz (BMG), das besagt, jeder Einwohner hat sich innerhalb von zwei Wochen nach Ein- bzw. Umzug bei der zuständigen Meldebehörde zu melden (§17 Abs. 1 BMG), dass Coverageprobleme mehr oder weniger vollständig zu vernachlässigen sind. Dennoch sei an dieser Stelle erwähnt, dass der zeitliche und personelle Aufwand, der bei der Verwendung einer Registerstichprobe für eine bundesweite Befragung betrieben werden muss, nicht unterschätzt werden darf (von der Heyde 2014). Die Einhaltung von landesspezifischen Datenschutzrichtlinien, die Recherche von persönlichen Ansprechpartnern, sowie die zum Teil zeitintensive telefonische Hilfestellung bei der Stichprobenziehung und der datenschutzkonformen Übermittlung der Daten sind nur einige Punkte, die bei einem solchen Vorgehen einzuplanen sind. Nichts desto trotz können wir aus unserer Erfahrung sagen, dass auch bei einem Feldstart mehrere Wochen nach Erhalt der Adressen von den Meldeämtern die Aktualität dieser gegeben war. Der oft als kritisch betrachtete Timelag der Registerdaten, der sich in erster Linie auf verzogene oder verstorbene Personen bezieht, stellte sich als verhältnismäßig unproblematisch heraus. Der Anteil von Personen, der zum Zeitpunkt des Studienstarts nicht mehr unter der von den Melderegistern gelieferten Adressen zu erreichen war, lag bei unter 4 Prozent.

Ein weiterer Lösungsansatz bezieht sich auf das Erhebungsdesign. Der Einsatz verschiedener Erhebungsmodi soll in erster Linie responsesteigernde Wirkung haben und eine verbesserte Stichprobenzusammensetzung ermöglichen (Hox et al. 2015). Mixed-Mode-Designs werden aber auch angewendet, um Befragungen kosteneffizienter durchführen zu können (De Leeuw 2005). In diesem Sinne sollte dem Problem der sinkenden Teilnehmerzahlen – vor allem in niedrigen Bildungsgruppen – im Rahmen der GEDA-Studie mit einem veränderten Erhebungsdesign entgegnet werden. In einem Methodenexperiment wurden zwei Mixed-Mode-Designs getestet (Ergebnisse dargestellt von P. Schmich auf der gemeinsamen Tagung der Arbeitsgemeinschaft sozialwissenschaftlicher Institute (ASI e.V.) und der Sektion Methoden der Empirischen Sozialforschung in der Deutschen Gesellschaft für Soziologie (DGS) im November 2013 in Berlin): in einem simultanen Mixed-Mode-Design konnten die Befragten von Beginn an zwischen einem Webfragebogen zum Selbstausfüllen (SAQ[2]-Web), einem schriftlichen Fragebogen zum Selbstausfüllen (SAQ-Papier) und einem Telefoninterview (CATI) wählen. In einem sequentiellen Mixed-Mode-Design wurden diese Erhebungsmodi nacheinander angeboten. Als Kontrollgruppe diente ein Single-Mode-CATI-Design, in dem ausschließlich ein Telefoninterview angeboten wurde. Die Responsequoten unterschieden sich zwischen den beiden Mixed-Mode-Designs nur unwesentlich. Im Single-Mode-CATI-Design lag die Response deutlich niedriger als in beiden Mixed-Mode-Designs. In den Mixed-Mode-Designs haben sich weniger als 2% der Teilneh-

2 SAQ=Self-administered Questionnaire

menden für die Möglichkeit einer telefonischen Befragung entschieden[3]. Im sequentiellen Mixed-Mode-Design nahmen deutlich mehr Befragte per Webfragebogen teil (ca. 50%) als im simultanen Mixed-Mode-Design (ca. 20%). In den Mixed-Mode-Designs lag der Anteil von Personen mit niedrigem Bildungsstatus signifikant höher als im Single-Mode-CATI-Design (ca. 20% vs. 15%). Die Stichprobenzusammensetzungen der beiden Mixed-Mode-Designs unterschieden sich kaum hinsichtlich soziodemografischer Merkmale. Zwischen den beiden Mixed-Mode-Designs zeichneten sich keine statistisch signifikanten Unterschiede hinsichtlich einer Vielzahl von Gesundheits- bzw. Krankheitsprävalenzen ab (Robert Koch-Institut 2015). Basierend auf diesen Ergebnissen wurde in den nachfolgenden GEDA-Studien (GEDA 2013s und GEDA 2014/2015-EHIS) die kostenintensivere Variante eines schriftlichen Fragebogens mit einem kostengünstigen Erhebungsmodus (Online-Fragebogen) kombiniert. Um mögliche Mode-Effekte zu minimieren, wurde im Verlauf der Fragenbogenentwicklung und des -designs dem Prinzip gefolgt, keine bzw. so wenig Unterschiede wie möglich zwischen beiden Erhebungsmodi (schriftlich/online) zuzulassen (Dillman et al. 2014). Entsprechend eines „Unified Designs" wurden im Rahmen der GEDA-Studie in beiden Fragebogenversionen identische Frage- und Antwortformate sowie gleichlautende Einleitungs- und Überleitungstexte eingesetzt. Auch bei der Darstellung wurde darauf geachtet, dass möglichst keine Abweichungen zwischen schriftlichem und Online-Fragebogen auftreten (z.B. Hervorhebungen einzelner Passagen, Unterstreichungen von Wörtern, Layout von Tabellen).

5 Weiterentwicklung des Mixed-Mode-Ansatzes im Rahmen der GEDA-Studie

Die folgenden Abschnitte sollen vor allem die Zusammensetzung der Stichprobe einer im sequentiellen Mixed-Mode-Design durchgeführten Studie beleuchten. Zum Zeitpunkt dieses Artikels lagen die Daten aus der letzten Erhebungswelle GEDA 2014/2015-EHIS noch nicht vollständig aufbereitet vor. Aus diesem Grund werden hier Daten aus der Sondererhebung GEDA

3 Hierbei ist zu berücksichtigen, dass die Kontaktaufnahme per Brief erfolgte. Die Hürde, eine Telefonnummer für ein Interview zurückzusenden, muss hierbei als hoch eingeschätzt werden.

2013s dargestellt, die u.a. zum Ziel hatte, die Entscheidung für das sequentielle Erhebungsdesign mit einer größeren Fallzahl zu testen und die organisatorischen Abläufe für den folgenden Survey zu optimieren. Ein weiterer wichtiger Aspekt war die Testung von Instrumenten unter Berücksichtigung der beiden unterschiedlichen Erhebungsmodi (Online- vs. schriftlicher Fragebogen). Tabelle 1 zeigt die zeitliche Abfolge der einzelnen Studien sowie die erhobenen Stichprobenumfänge.

Tabelle 1 Übersicht der im Mixed-Mode-Design durchgeführten GEDA-Studien

	Methodische Pilotstudie GEDA 2.0	Sondererhebung GEDA 2013s	GEDA 2014/2015-EHIS
Erhebungszeitraum	Aug. 2012 – Nov. 2012	Jan. 2014 – Juni 2014	Nov. 2014 – Sept. 2015
Sample Points	6 (Ost/West, Stadt/Land)	100	301
Bruttostichprobe	10.080	26.398	93.082
Realisierte Interviews	1.735	5.096	25.578
Nettostichprobe*	1.571	4.952	**
Response	16,6%	19,5%	**
Studiendesign	Mixed-Mode-Design, Single-CATI-Design	Mixed-Mode-Design	Mixed-Mode-Design
Erhebungsmodi	SAQ-Papier, SAQ-Web, CATI	SAQ-Papier, SAQ-Web	SAQ-Papier, SAQ-Web
Methodische Zielstellung	Vergleich zwischen verschiedenen Mixed-Mode-Designs	Vergleich verschiedener Incentivierungs-Strategien	

* Angaben basieren auf der Anzahl realisierter Interviews abzüglich der statistisch nicht-verwertbaren Fälle (z.B. falsche Angaben, fehlende Einwilligungserklärung).

** Werte liegen nicht vor. Bereinigung der Brutto- und Nettostichprobe zum Zeitpunkt der Erstellung der Tabelle noch nicht verfügbar. Einer ersten Schätzung nach dürfte die Response bei ca. 26% liegen.

5.1 Umsetzung der Studie GEDA 2013s

5.1.1 Stichprobendesign

Die Grundgesamtheit der Studie bildet die volljährige deutschsprachige Wohnbevölkerung der Bundesrepublik Deutschland, die in Privathaushalten lebt und in den Einwohnermelderegistern mit Hauptwohnsitz registriert ist[4]. Um diese Population in GEDA 2013s zu repräsentieren, wurde eine zweistufige, geschichtete (Klumpen-) Stichprobe gezogen. In der ersten Stufe wurden in Zusammenarbeit mit GESIS (Leibniz-Institut für Sozialwissenschaften) einhundert proportional über die Bundesländer verteilte Gemeinden (Sample Points) ausgewählt. Um die Siedlungsstruktur innerhalb der Bundesländer repräsentativ abzubilden, wurden die Gemeinden daher proportional nach siedlungsstrukturellen Kreistypen des Bundesinstituts für Bau-, Stadt- und Raumforschung (BBSR) gezogen. Aus der Kombination der beiden Schichtungsmerkmale Bundesland und siedlungsstruktureller Kreistyp ergaben sich insgesamt 64 Schichtungszellen. Die Gesamtzahl von einhundert auszuwählenden Gemeinden wurde mithilfe eines kontrollierten stochastischen Allokationsverfahrens nach Cox (1987) bevölkerungsproportional auf die einzelnen Schichtungszellen verteilt. Auf diese Weise wurde jeder Schichtungszelle eine Anzahl daraus zu ziehender Gemeinden zugewiesen. Danach wurden die Gemeinden in einer Schichtungszelle proportional zu Ihrer Einwohnerzahl ausgewählt. Einige Großstädte wurden dabei aufgrund ihrer sehr hohen Einwohnerzahlen mehrfach gezogen (Berlin, Hamburg und München). Auf der zweiten Auswahlstufe wurden für jeden Sample Point Adressen aus den Adressregistern der jeweiligen Einwohnermeldeämter gezogen. Die Ziehung erfolgte stratifiziert nach vier Altersgruppen (18-29 Jahre, 30-44 Jahre, 45-64 Jahre, ab 65 Jahre) mithilfe eines statistischen Zufallsverfahrens (uneingeschränkte Zufallsauswahl).

Die Feldphase der GEDA-Studie 2013s begann im Oktober 2013 mit der Kontaktierung der Einwohnermeldeämter. Der Stichtag der Stichprobenziehung war der 20. November 2013. Der Versand der ersten Einladungsschreiben an die ausgewählten Personen erfolgte im Januar 2014. Die Datenerhebung dauerte bis einschließlich Juni 2014.

4 Die Systematik der Stichprobenziehung ist mit der der Studie GEDA 2014/2015-EHIS identisch und somit sind die gewonnenen Erkenntnisse im Groben übertragbar.

5.1.2 Erhebungsdesign

Da die Ergebnisse der Pilotstudie GEDA 2.0 zeigten, dass das gleichzeitige Anbieten verschiedener Teilnahmemöglichkeiten (paralleles Mixed-Mode-Design) keine signifikante Erhöhung der Response bewirkt, wurde GEDA 2013s in einem sequentiellen Mixed-Mode-Design durchgeführt[5]. Die zur Teilnahme an der Studie eingeladenen Personen konnten über verschiedene Erhebungsmodi an der Studie teilnehmen. Diese wurden ihnen zeitlich nacheinander angeboten. Die Datenerhebung erfolgte je nach Präferenz der Befragten entweder mittels standardisiertem Online-Fragebogen (SAQ-Web) oder mithilfe eines standardisierten schriftlich-postalischen Fragebogens (SAQ-Papier). In einem ersten postalischen Anschreiben wurden die Eingeladenen darum gebeten, online an der Studie teilzunehmen. In diesem Anschreiben wurde ein persönlicher Zugangscode mitgeteilt. Die Personen, die vier Wochen nach Versand des ersten Einladungsschreibens noch nicht online teilgenommen oder die Teilnahme nicht explizit verweigert hatten, erhielten in einem zweiten Anschreiben den schriftlichen Fragebogen mit frankiertem Rückumschlag, um auf diesem Weg an der Studie teilzunehmen. Anschließend wurde nach weiteren drei Wochen erneut ein Erinnerungsschreiben an die Personen versendet, von denen keine Rückmeldung vorlag. Abbildung 1 zeigt schematisch das Rekrutierungs- und Erinnerungsverfahren, dass im Rahmen der Studie GEDA 2013s angewandt wurde.

5 Die Gründe für die Wahl dieses speziellen Vorgehens kann nur schwer verallgemeinert werden. Die Entscheidung zugunsten einer oder weiterer Varianten ist immer einer großen Anzahl von Parametern wie z.B. Feldlaufzeit, finanziellen Ressourcen, Zielpopulation und Thema der Studie unterworfen.

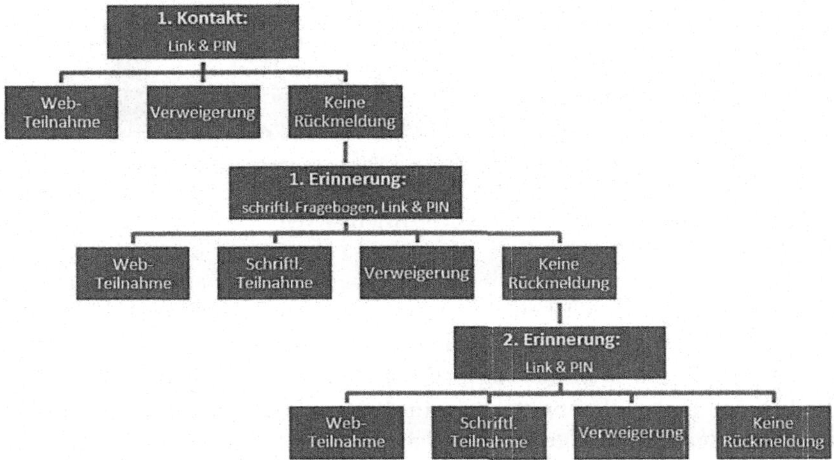

Abbildung 1 Rekrutierungs- und Erinnerungsverfahren in GEDA 2013s

Einsatz von Teilnahmeanreizen (Incentives)

Eine methodische Zielstellung der GEDA-Studie 2013s war die Testung verschiedener Incentivierungsstrategien, um für zukünftige GEDA-Studien ein möglichst effizientes Verfahren (Rücklaufquote vs. Kosten) etablieren zu können. In der Literatur finden sich zahlreiche Studien, die verschiedene Anreize zur Erhöhung der Studienteilnahme testen und diskutieren (Diekmann und Jann 2001; Stadtmüller 2009; Olsen et al. 2012; Brennan 1992; Gendall und Healey 2008; James und Bolstein 1990). Die Ergebnisse sind jedoch sehr heterogen und lassen keine direkte Schlussfolgerung zu Einsatzmöglichkeiten im Rahmen der GEDA-Studie zu.

Um die Wirksamkeit unterschiedlicher Incentives zu untersuchen, wurde in GEDA 2013s die Bruttostichprobe randomisiert in drei Gruppen aufgeteilt. Eine Gruppe erhielt als Incentive die Möglichkeit, nach Studienteilnahme an einer Verlosung von Warengutscheinen im Wert von 50€ teilzunehmen (Lotterie). Eine Gruppe erhielt direkt im Einladungsschreiben zwei Briefmarken für Standardbriefsendungen (Vorab-Incentive: eigens für die Studie gestaltete Portocard, mit damals gültigen 60-Cent-Briefmarken).

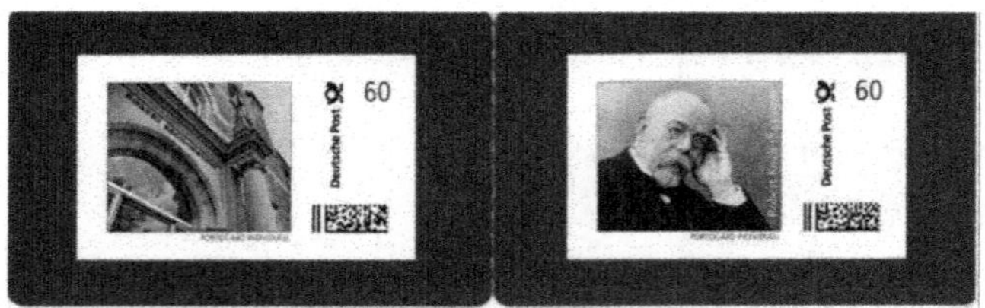

Abbildung 2: Portocard mit zwei 60 Cent-Briefmarken

Die dritte Gruppe erhielt kein Incentive (Kontrollgruppe). Aus diesen drei Gruppen wurden wiederum nach dem Zufallsprinzip über 2.500 Personen ausgewählt, denen im Einladungsschreiben zugesichert wurde, nach Studienteilnahme einen Warengutschein im Wert von 10 Euro zu erhalten. Die Verteilung der Incentivegruppen auf die Sample Points erfolgte folgendermaßen: bei Gemeinden mit über 25.000 Einwohnern erfolgte die Verteilung der Incentivegruppen gleichmäßig in jeder Gemeinde (betrifft etwa die Hälfte aller Sample Points). Bei Gemeinden unter 25.000 Einwohnern wurden die Incentivegruppen auf vergleichbare Gemeinden verteilt (unter Berücksichtigung der regionalen Verteilung und der Kreisstruktur), d.h. jede Gemeinde wurde einer Incentivegruppe zugeteilt. Dieses Vorgehen wurde gewählt, weil aus anderen RKI-Studien bekannt ist, dass sich in kleinen Gemeinden die Eingeladenen teilweise untereinander kennen und auch über die Studie austauschen. Es sollten Irritationen dadurch vermieden werden, dass einige der Eingeladenen ein Incentive erhalten, andere nicht. Insgesamt wurden 26.398 Personen schriftlich kontaktiert. Tabelle 2 zeigt die Verteilung der Incentivegruppen im Überblick.

Tabelle 2 Aufteilung der Stichprobe auf verschiedene Incentivierungsgruppen inkl. Kontrollgruppe

	Anzahl	%
Kontrollgruppe	7.976	30
Briefmarke (Vorab-Incentive)	7.986	30
Verlosungsteilnahme (nach Teilnahme)	7.796	30
10€-Gutschein (nach Teilnahme)	2.640	10

Die Ergebnisse wurden in Bezug auf die Response und den Zusammenhang mit unterschiedlichen Incentivierungen hin überprüft. Es zeigte sich, dass bei jüngeren Teilnehmenden eine Aufwandsentschädigung in Höhe von 10 Euro (Warengutschein) für den ausgefüllten Fragebogen am wirksamsten war. Die Verlosung stellte sich ebenfalls als probates Mittel heraus, potentiellen Teilnehmern einen Anreiz zum Ausfüllen des Fragebogens zu geben.

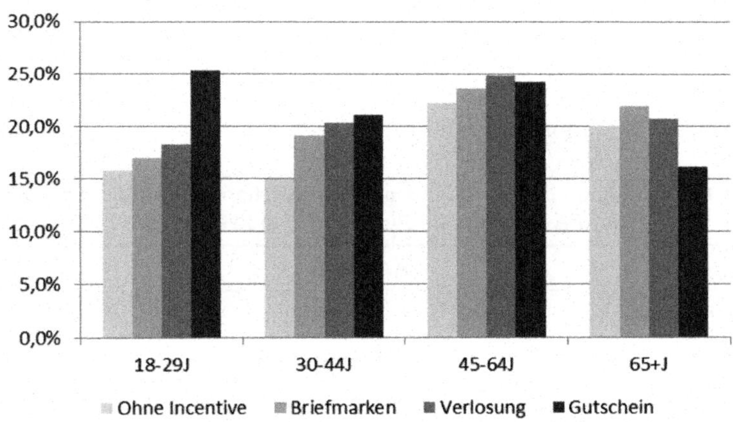

Abbildung 3 Teilnahme nach Art des Incentives, stratifiziert nach Alter

5.1.3 Ergebnisse

Während der Haupterhebungsphase nahmen insgesamt 5.096 Personen an der GEDA-Studie 2013s teil. Nach Ausschluss nicht verwertbarer bzw. unvollständiger Datensätze waren letztlich die Angaben von 2.222 (45%) online und 2.730 (55%) schriftlich-postalisch befragten Personen auswertbar (n = 4.952). Insgesamt 1.063 der 26.398 von den Einwohnermeldeämtern zur Verfügung gestellten Adressen der Bruttostichprobe wurden nach den Kriterien der American Association for Public Opinion Research (AAPOR) als stichprobenneutraler Ausfall klassifiziert. Vor allem bei der Zuordnung dieser nicht teilnahmeberechtigten Fälle, die später nicht in die Berechnung der Teilnahmerate eingehen, ist eine detaillierte Dokumentation der Ausfallgründe während der Feldphase unabdingbar. Bei der um diese stichprobenneutralen Ausfälle bereinigten Bruttostichprobe von N = 25.335 und einer realisierten Nettostichprobe von n = 4.952 ergibt sich eine Stichprobenausschöpfung von insgesamt 19,5 %. Dieser Wert entspricht der „Response Rate 1" der AAPOR, die auch als „Minimal Response Rate" bezeichnet wird (American Association for Public Opinion Research (AAPOR) 2011). Bei der Zuordnung der Fälle zu den von der AAPOR verwendeten Disposition Codes wird im Wesentlichen in vier Arten von Teilnahme und Nichtteilnahme unterschieden: a) gültige Interviews *(= Eligible Interviews)*, b) teilnahmeberechtigt, kein Interview *(= Eligible Non-interviews)*, c) ungeklärte Teilnahmeberechtigung, kein Interview *(= Unknown Eligibility)* und d) nicht teilnahmeberechtigt *(= Not Eligible)*.

In der folgenden Tabelle 3 ist das Ergebnis der Zuordnung nach der AAPOR-Klassifikation dargestellt.

Tabelle 3 Verteilung der Einwohnermeldeamtsstichprobe auf die Kategorien der American Association for Public Opinion Research (AAPOR)

	AAPOR-Code	Anzahl	%
Bruttostichprobe	-	26.398	(100)
Stichprobenneutraler Ausfall	Not Eligible (NE)	1.063	(4)
Bereinigte Bruttostichprobe	-	25.332	(100)
Gültiges Interview	Eligible Interviews (I)	4.952	(19,5)
Teilnahmeberechtigt, kein Interview:	Eligible Non-interviews (EN):		
- Verweigerung	- Refusal (R)	992	(3,9)
- Kein Kontakt	- Non-contact (NC)	19.225	(75,9)
- Andere Ausfallgründe	- Other (O)	166	(0,7)

In Tabelle 4 wird die Stichprobe aus GEDA 2013s anhand der ungewichteten Fallzahlen nach soziodemografischen Merkmalen beschrieben. Analog zur Ziehungsanweisung für die Einwohnermeldeämter wurde für die Darstellung die Studienpopulation in vier Altersgruppen zugeordnet: 18 bis 29 Jahre, 30 bis 44 Jahre, 45 bis 64 Jahre sowie 65 Jahre und älter. Der Bildungsstand der Befragten wurde anhand Informationen zu schulischen und beruflichen Bildungsabschlüssen mithilfe der *International Standard Classification of Education 1997* (ISCED-97) in die Kategorien „niedrig" (Level 1-2), „mittel" (Level 3-4) und „hoch" (Level 5-6) eingestuft (Schroedter et al. 2006). Um für die erwachsene Bevölkerung in Deutschland repräsentative

Aussagen treffen zu können, wurde im Rahmen von GEDA ein Gewichtungsverfahren angewandt, welches sowohl die Auswahlwahrscheinlichkeit der Gemeinde und der jeweiligen Person innerhalb der Gemeinde, als auch das Geschlecht, die Altersklasse, die Region und den Bildungsstand des Teilnehmenden berücksichtigt.

Tabelle 4 Beschreibung der Stichprobe nach soziodemografischen Merkmalen (ungewichtet), GEDA 2013s, n=4.952

	Frauen		Männer		Gesamt	
	n*	%**	n*	%**	n*	%**
Geschlecht						
Frauen					2.769	55,9
Männer					2.183	44,1
Alter						
18-29 Jahre	905	32,7	577	26,4	1.482	29,9
30-44 Jahre	683	24,7	511	23,4	1.194	24,1
45-64 Jahre	678	24,5	542	24,8	1.220	24,6
65+ Jahre	503	18,2	553	25,3	1.056	21,3
Bildung						
Niedrig	409	14,8	294	13,5	703	14,2
Mittel	1.258	45,5	888	40,7	2.146	43,4
Hoch	1.095	39,6	999	45,8	2.094	42,4
Erwerbstätigkeit						
Vollzeit	941	34,5	1.150	53,2	2.091	42,8
Teilzeit	656	24,0	105	4,9	761	15,6
Nicht erwerbstätig	660	24,2	355	16,4	1.015	20,7
Im Ruhestand	471	17,3	552	25,5	1.023	20,9
Familienstand						
Ledig	1.080	39,5	801	37,1	1.881	38,5
Verheiratet	1.276	46,7	1.172	54,3	2.448	50,1
Verwitwet	179	6,6	65	3,0	244	5,0
Geschieden	197	7,2	121	5,6	318	6,5

* ungewichtete Fallzahlen; ** ungewichtete Spaltenprozente

Ein zentrales Problem bevökerungsbezogener Umfragen besteht darin, niedrig gebildete Bevölkerungsschichten zu einer Teilnahme zu motivieren. Tabelle 3 zeigt, dass dies im Rahmen von GEDA 2013s zumindest partiell gelungen ist. Laut Mikrozensus (MZ) 2011 sind 15,2% aller Männer in die niedrige Kategorie nach ISCED eingeordnet worden. Dies wurde mit 13,5% in GEDA 2013s verhältnismäßig gut abgebildet. Der Anteil der Frauen in dieser Kategorie wurde im MZ 2011 mit 25,6% angegeben, was in GEDA 2013s nur bedingt realisiert werden konnte. Der Anteil hier lag bei 14,8%. Deutlich überrepräsentiert sind die nach ISCED hochgebildeten Personen. Bei Männern liegt der Anteil bei 45,8% (MZ 2011: 32,7%). Frauen mit einem hohen Bildungsgrad haben sich mit einem Anteil von 39,6% (MZ 2011: 25,5%) verhältnismäßig noch deutlicher an der Befragung GEDA 2013s beteiligt. Der telefonisch erhobene Survey GEDA 2012 hatte in dieser Kategorie vergleichbar hohe Fallzahlen (Robert Koch-Institut 2014). Grundsätzlich muss aber berichtet werden, dass das gewählte Vorgehen vor allem in den unteren Bildungsgruppen zu einer deutlichen Verbesserung gegenüber den telefonisch durchgeführten GEDA Wellen geführt hat (vgl. hierzu Robert Koch-Institut 2014, Kapitel 4 „Darstellung der methodischen Vorgehensweise (Studiendesign)“).

Wie aus Tabelle 5 hervorgeht, sind die Teilnehmerinnen und Teilnehmer, die als Erhebungsmodus den Online-Fragebogen wählen, vor allem jünger und auch höher gebildet als die Personen, die den schriftlichen Gesundheitsfragebogen beantworten. An der Dimension „Bildung“ wird die Notwendigkeit des Einsatzes eines schriftlichen Fragebogens deutlich: vor allem in der Gruppe der niedriggebildeten Personen liegt der Anteil derer, die sich für einen schriftlichen Fragebogen entscheiden, bei 72%.

Das gewählte sequentielle Mixed-Mode-Design (im ersten Anschreiben wurde nur der PIN zur Online-Befragung verschickt) führt zu einer – von der finanziellen Seite betrachtet – kostengünstigen, hohen Anzahl an ausgefüllten Online-Fragebögen (45%). Von großer Bedeutung ist bei diesem Vorgehen, potentielle Teilnehmer nicht abzuschrecken, sollten sie beispielsweise keinen Internetzugang haben oder nicht mit einem Computer umgehen können. Daher wurde im ersten Anschreiben bereits auf den schriftlichen Fragebogen verwiesen, der an jede Person verschickt werden würde, sollte nach Ablauf der angekündigten Zeitspanne weder von der Web-Option Gebrauch gemacht noch eine Teilnahmeverweigerung ausgesprochen werden. Wie in der Pilotstudie GEDA 2.0 getestet, würden sich die Teilnehmer zu 78% für einen schriftlichen Fragebogen entscheiden, wenn sie die gleichzeitige Auswahlmöglichkeit zwischen schriftlichem und Online-Fragebogen hätten. Damit würden wiederum die Kosten deutlich steigen, da die Verarbeitung der schriftlichen Gesundheitsfragebögen (ca.

62 Seiten) mit höherem Arbeitsaufwand und verstärktem Materialbedarf verbunden ist.

Tabelle 5 Charakteristika der GEDA 2013s-Stichprobe nach Teilnahmemodus (n=4.952)

	SAQ-Web		SAQ-Papier	
	n	%	n	%
Total	2.222	44,9	2.730	55,1
Geschlecht				
Frauen	1.155	41,7	1.614	58,3
Männer	1.067	48,9	1.116	51,1
Alter				
18-29 Jahre	840	56,7	642	43,3
30-44 Jahre	629	52,7	565	47,3
45-64 Jahre	529	43,4	691	56,6
65+ Jahre	224	21,2	832	78,8
Bildung				
Niedrig	195	27,7	508	72,3
Mittel	960	44,7	1.186	55,3
Hoch	1.067	51,0	1.027	49,0

5.2 Umsetzung der Studie GEDA 2014/2015-EHIS

Folgender Abschnitt stellt kurz die Studie GEDA 2014/2015-EHIS vor, die auf Basis der beschriebenen Vorgängerstudien implementiert und durchgeführt wurde. Die anvisierte hohe Fallzahl (ca. 25.000) sowie die auf EU-Verordnung basierende Verpflichtung, Mikrodaten an das Statistische Amt der Europäischen Union (ESTAT) zu liefern, haben eine langfristige Planung und Testung erforderlich gemacht.

5.2.1 Stichprobendesign

Die Zielpopulation der Studie bildete die deutschsprachige Wohnbevölkerung der Bundesrepublik Deutschland ab 15 Jahren, die in Privathaushalten lebt und in den Einwohnermelderegistern mit Hauptwohnsitz registriert ist. Die Änderung des Stichprobendesigns bezüglich des Alters – von 18 auf 15 Jahre – liegt darin begründet, dass das Robert Koch-Institut in seiner Funktion als nationale datenliefernde Stelle die Europäische Gesundheitsbefragung – European Health Interview Survey (EHIS) – in die GEDA-Studie integriert und die Daten an Eurostat meldet. Die Durchführung der EHIS-Befragung ist über eine Europäische Rechtsverordnung geregelt: VERORDNUNG (EU) Nr. 141/2013 DER KOMMISSION vom 19. Februar 2013 zur Durchführung der Verordnung (EG) Nr. 1338/2008 des Europäischen Parlaments und des Rates zu Gemeinschaftsstatistiken über öffentliche Gesundheit und über Gesundheitsschutz und Sicherheit am Arbeitsplatz in Bezug auf Statistiken auf der Grundlage von EHIS (European Union 2013). Die EHIS-Befragung hat das Ziel, vergleichbare Gesundheitsdaten der EU Mitgliedsstaaten zu liefern und damit Trendbetrachtungen in der Entwicklung von Gesundheitsindikatoren im europäischen Raum (EU 28) zu ermöglichen.

Wie zuvor in GEDA 2013s wurde eine zweistufige, geschichtete Stichprobe gezogen. Diesmal wurden von GESIS (Leibniz-Institut für Sozialwissenschaften) insgesamt 301 Sample Points aus der Gesamtzahl aller politischen Gemeinden in Deutschland ausgewählt. Für die Ziehung der Sample Points wurde im Vorfeld ein Stichprobenplan erstellt. Dieser beinhaltete mehrere Stichprobenaufstockungen (Oversampling) in bevölkerungsarmen Bundesländern, um auf Basis der Stichprobe belastbare Prävalenzschätzungen auf der Ebene der Bundesländer vornehmen zu können. Gemeinden mit sehr hohen Einwohnerzahlen sind erneut mehrfach in der Stichprobe vertreten (Berlin, Hamburg, Bremen, Köln, Düsseldorf, Bremerhaven, Duisburg, Dortmund, Rostock, Frankfurt am Main, Stuttgart, München, Dresden, Bochum). Insgesamt wurden 93.082 Personen um ihre Teilnahme gebeten. Abbildung 4 zeigt die Verteilung der Sample Points in Deutschland.

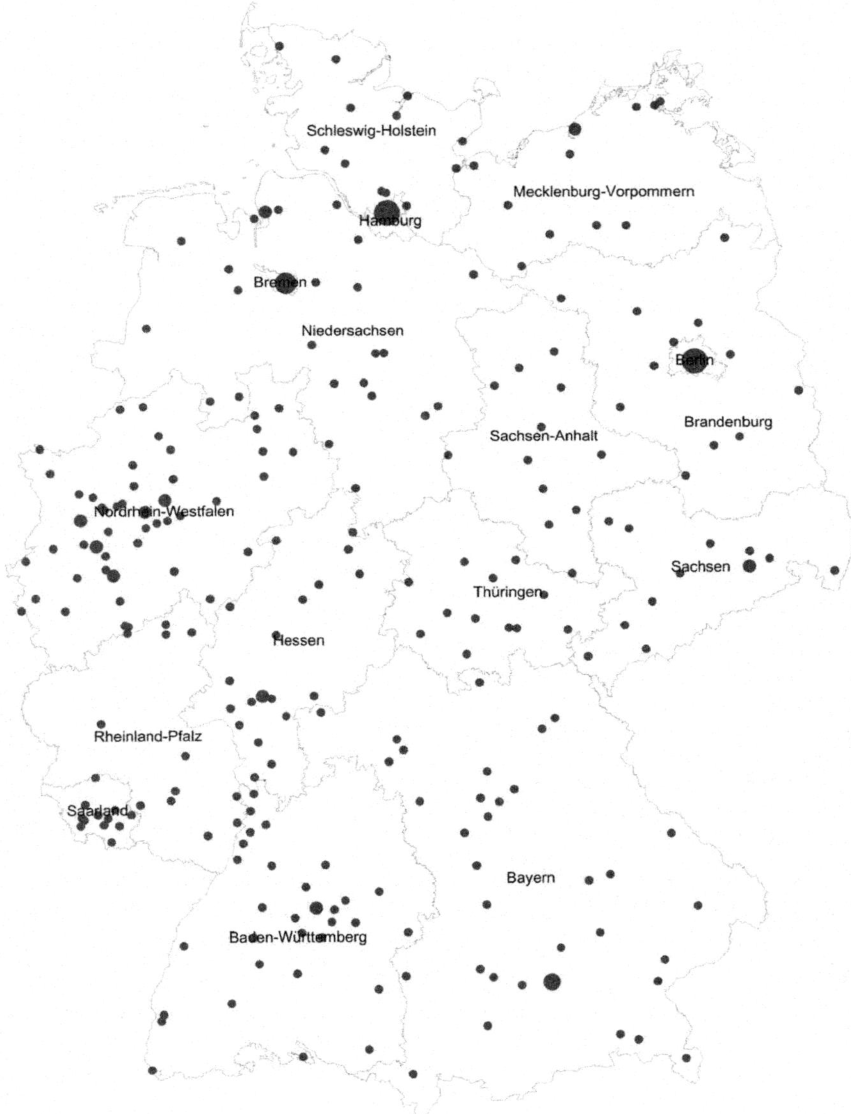

Abbildung 4 Sample Points der GEDA-Studie (GEDA 2014/2015-EHIS)

Vergleichbar zum vorherigen Vorgehen wurde auf der zweiten Auswahlstufe für jeden Sample Point Adressen aus den Adressregistern der jeweiligen Einwohnermeldeämter gezogen. Die Ziehung erfolgte stratifiziert nach acht Altersgruppen (15-24 Jahre, 25-34 Jahre, 35-44 Jahre, 45-54 Jahre, 55-64 Jahre, 65-74 Jahre, 75-84 Jahre und ab 85 Jahre) mithilfe eines statistischen Zufallsverfahrens (uneingeschränkte Zufallsauswahl).

Um saisonale Effekte auszuschließen, wurde die Stichprobe in zwei Tranchen geteilt, wobei beide in Größe und regionaler Verteilung vergleichbar waren. Der Versand der Einladungsschreiben in der ersten Tranche erfolgte im Herbst 2014 und die Briefe der zweiten Tranche wurden im Frühling 2015 verschickt. Somit waren sowohl die Winter- als auch die Sommermonate in die Feldlaufzeit eingeschlossen.

5.2.2 Erhebungsdesign

Wie in der vorangegangen GEDA-Studie wurde GEDA 2014/2015-EHIS ein sequentielles Mixed-Mode-Design zugrunde gelegt. In einem ersten Einladungsschreiben wurde um eine Online-Teilnahme gebeten. Im nächsten sequentiellen Erinnerungsschritt wurde den Personen, die bislang noch nicht teilgenommen haben, ein schriftlicher Fragebogen zugesendet. Somit wurde all denjenigen ermöglicht, die nicht über einen Internetzugang verfügen („Offliner") oder nicht online teilnehmen möchten, dennoch an der GEDA-Studie teilzunehmen. Alle Personen, die innerhalb der darauffolgenden drei Wochen keine Rückmeldung gaben, wurden abermals mit einem einseitigen Erinnerungsschreiben kontaktiert.

Basierend auf den Ergebnissen der Studie GEDA 2013s wurden im Rahmen von GEDA 2014/2015-EHIS zur Erhöhung der Teilnahmebereitschaft Anreize zur Studienteilnahme (Incentives) eingesetzt. Teilnehmerinnen und Teilnehmer in der Altersgruppe von 15-34 Jahren erhielten bei Abschluss eines Interviews einen Warengutschein von 10 Euro, in den Altersgruppen ab 35 Jahren wurden 400 Warengutscheine im Wert von 50 Euro verlost. Dies wurde ihnen bereits im ersten Einladungsschreiben mitgeteilt.

6 Zusammenfassung/Resümee

Ziel dieses Beitrages war es, einer interessierten Öffentlichkeit die Entwicklung und Umsetzung eines Mixed-Mode-Designs für die Studie „Gesundheit in Deutschland aktuell“ darzustellen. Die Generierung von Daten als Unterstützung für politische Entscheidungsprozesse sowie die Beobachtung und Analyse von Veränderung im Gesundheitszustand unserer Gesellschaft erfordert eine permanente Überprüfung und objektive Bewertung der eingesetzten Methoden. Dies kann, wie im Rahmen der GEDA-Studie, zu einer Veränderung des Stichprobendesigns und des Erhebungsmodus führen. Solche Veränderungen benötigen Zeit und umfangreiche Vorarbeiten, die in diesem Beitrag transparent gemacht werden sollten. In Verbindung mit dem Beitrag in der ASI Schriftenreihe „Nonresponse Bias“ „Ergebnisse einer Projektstudie im Mixed-Mode-Design“ (Schmich 2015) lässt sich der Transformationsprozess nachvollziehen und kann Hinweise zum Aufbau vergleichbarer Studien geben. Zusammenfassend kann die Umstellung des Stichproben- und Erhebungsdesigns als erfolgreich umgesetzt bezeichnet werden. Durch das sequentielle Mixed-Mode-Design konnte ein hoher Anteil an Web-Teilnehmern erreicht werden, was neben geringeren Kosten auch eine verbesserte Datenqualität und zusätzlich eine schnellere Verfügbarkeit der Daten ermöglicht. Dem zentralen Problem, die Gewinnung von Teilnehmern und Teilnehmerinnen mit einem niedrigen Bildungsabschluss, konnte zumindest teilweise positiv entgegnet und eine Reduzierung des „Bildungsbias“ erreicht werden.

Die ausführliche Darstellung und Diskussion von Ergebnissen der Studie GEDA 2014/2015-EHIS wird zu einem späteren Zeitpunkt erfolgen. Bei Erstellung dieses Beitrags waren die Arbeiten zur Bereinigung der Brutto- und Nettostichprobe noch nicht abgeschlossen.

Literatur

American Association for Public Opinion Research (2011). *Standard Definitions: Final Dispositions of Case Codes and Outcome Rates for Surveys.7th edition*. Deerfield: AAPOR.

Aust, F., & Schröder, H. (2009). Sinkende Stichprobenausschöpfung in der Umfrageforschung: ein Bericht aus der Praxis. In M. Weichbold, J. Bacher, & C. Wolf (Hrsg.), *Umfrageforschung. Herausforderung und Grenzen. Österreichische Zeitschrift für Soziologie, Sonderheft 9* (S. 195-212). Wiesbaden: VS Verlag für Sozialwissenschaften.

Brennan, M. (1992). The Effect of Monetary Incentives on Mail Survey Response Rates: New Data. *Journal of the Market Research Society, 34*(2), 173-177.

Cox, L.H. (1987). A constructive procedure for unbiased controlled rounding. *Journal of the American Statistical Association, 82* (398), 520-524.

De Leeuw, E.D. (2005). To Mix or Not to Mix Data Collection Modes in Surveys. *Journal of Official Statistics, 21*(2), 233-255.

Diekmann, A., & Jann, B. (2001). Anreizformen und Ausschöpfungsquoten bei postalischen Befragungen: Eine Prüfung der Reziprozitätshypothese. *ZUMA-Nachrichten, 48*, 18-27.

Dillman, D.A., Smyth, J.D., & Christian, L.M. (2014). *Internet, phone, mail, and mixed-mode surveys: The tailored design method*. New York: Wiley.

European Union. (2013). *European Health Interview Survey (EHIS wave 2). Methodological manual*. Luxembourg: Publications Office of the European Union. Verfügbar unter http://ec.europa.eu/eurostat/documents/3859598/5926729/KS-RA-13-018-EN.PDF/26c7ea80-01d8-420e-bdc6-e9d5f6578e7c. Zugegriffen: 31. Mai 2016.

Gendall, P., &, Healey, B. (2008). Alternatives to Prepaid Monetary Incentives in Mail Surveys. *International Journal of Public Opinion Research, 20*(4), 517-527. doi:10.1093/ijpor/edn048

Häder, M., & Häder, S. (Hrsg.). (2009). *Telefonbefragungen über das Mobilfunknetz: Konzept, Design und Umsetzung einer Strategie zur Datenerhebung*. Wiesbaden: VS Verlag für Sozialwissenschaften.

Hox, J.J., de Leeuw, E.D., & Zijlmans, E.A.O. (2015). Measurement equivalence in mixed mode surveys. *Frontiers in Psychology, 6*, 87. doi:10.3389/fpsyg.2015.00087

James, J.M., & Bolstein, R. (1990). The Effect of Monetary Incentives and Follow-up Mailings on the Response Rate and Response Quality in Mail Surveys. *Public Opinion Quaterly, 54* (3), 346-361.

Kamtsiuris, P., Lange, M., & Schaffrath Rosario, A. (2007). Der Kinder- und Jugendgesundheitssurvey (KiGGS): Stichprobendesign, Response und Nonresponse-Analyse. *Bundesgesundheitsblatt – Gesundheitsforschung – Gesundheitsschutz,* 50 (5-6), 547-556. doi:10.1007/s00103-007-0215-9

Kurth, B.M., Lange, C., Kamtsiuris, P., & Hölling, H. (2009). Gesundheitsmonitoring am Robert Koch-Institut. Sachstand und Perspektiven. *Bundesgesundheitsblatt – Gesundheitsforschung – Gesundheitsschutz,* 52 (5), 557-570.

Lange, C., Jentsch, F., Allen, J., Hoebel, J., Kratz, A.L., von der Lippe, ... Ziese, T. (2015). Data Resource Profile: German Health Update (GEDA) – the health interview survey for adults in Germany. *International Journal of Epidemiology,* 44 (2), 442-450. doi:10.1093/ije/dyv067

Olsen, F., Abelsen, B., & Olsen, J.A. (2012). Improving response rate and quality of survey data with a scratch lottery ticket incentive. *BMC Medical Research Methodology, 12,* 52. doi:10.1186/1471-2288-12-52

Robert Koch-Institut (Hrsg.). (2011). *Daten und Fakten: Ergebnisse der Studie »Gesundheit in Deutschland aktuell 2009«. Beiträge zur Gesundheitsberichterstattung des Bundes.* Berlin: Robert Koch-Institut.

Robert Koch-Institut (Hrsg.). (2012). *Daten und Fakten: Ergebnisse der Studie »Gesundheit in Deutschland aktuell 2010«. Beiträge zur Gesundheitsberichterstattung des Bundes.* Berlin: Robert Koch-Institut.

Robert Koch-Institut (Hrsg.). (2014). *Daten und Fakten: Ergebnisse der Studie »Gesundheit in Deutschland aktuell 2012«. Beiträge zur Gesundheitsberichterstattung des Bundes.* Berlin: Robert Koch-Institut.

Robert Koch-Institut (Hrsg.). (2015). *Pilotstudie zur Durchführung von Mixed-Mode-Gesundheitsbefragungen in der Erwachsenenbevölkerung (Projektstudie GEDA 2.0). Beiträge zur Gesundheitsberichterstattung des Bundes.* Berlin: Robert Koch-Institut.

Scheidt-Nave, C., Kamtsiuris, P., Gößwald, A., Hölling, H., Lange, M., Busch, M.A. ... Kurth, B.M. (2012). German health interview and examination survey for adults (DEGS) – design, objectives and implementation of the first data collection wave. *BMC Public Health, 12,* 730. doi:10.1186/1471-2458-12-730

Schmich, P. (2015). Ergebnisse einer Projektstudie im Mixed-Mode-Design. In J. Schupp, & C. Wolf (Hrsg.), *Nonresponse Bias – Qualitätssicherung sozialwissenschaftlicher Umfragen* (S. 287-304) (Schriftenreihe der ASI – Arbeitsgemeinschaft Sozialwissenschaftlicher Institute). Wiesbaden: Springer Fachmedien.

Schroedter, J.H., Lechert, Y., & Lüttinger, P. (2006). Die Umsetzung der Bildungsskala ISCED-1997 für die Volkszählung 1970, die Mikrozensus-Zusatzerhebung 1971 und die Mikrozensen 1976–2004 (Version 1). *ZUMA-Methodenbericht 2006/08*.

Stadtmüller, S. (2009). Rücklauf gut alles gut? Zu erwünschten und unerwünschten Effekten monetärer Anreize bei postalischen Befragungen. *Methoden – Daten – Analysen*, 3 (2), 167-185.

Von der Heyde, C. (2014). Einwohnermeldeamts-Stichproben (EWA-Stichproben). In ADM Arbeitskreis Deutscher Markt- und Sozialforschungsinstitute e.V. (Hrsg.), *Stichproben-Verfahren in der Umfrageforschung: Eine Darstellung für die Praxis* (S. 191-195). Wiesbaden: Springer Fachmedien.

Mess- und Methodeneffekte

Probing und Mixed Mode
Eine Evaluationsstudie zur Güte der Mittel-Kategorie der Links-Rechts Skala

Volker Hüfken
Universität Düsseldorf

1 Einleitung

Ein seit Jahrzehnten kontrovers geführtes Thema ist die Frage nach der Notwendigkeit einer Mittel-Kategorie und ihres Einflusses auf die Messqualität (u.a. Schuman und Presser 1981, Krosnick und Presser 2010). Insbesondere Untersuchungsergebnisse zu bipolaren Ratingskalen spiegeln unterschiedliche Positionen wider. So wird berichtet, dass bei fehlender Mittelkategorie Befragte mit einer neutralen, mittleren bzw. moderaten Einstellung oder Orientierung ihre tatsächliche Auffassung nicht zum Ausdruck bringen können, ja vermutlich sogar zu einer inhaltlich falschen Antwort gezwungen werden (Sturgis et al. 2014). Vermutet wird, dass Befragte die Kategorien wählen, welche sich in der Nähe der eigentlichen Skalenmitte befinden (Schumann und Presser 1981; Krosnick 2002). Gleichwohl, so wird im Zusammenhang mit dem Satisficing-Modell (Krosnick und Alwin 1987) argumentiert, könnte sich dieser Zwang zur Einordnung in der Nähe der Mitte bei fehlender Mittelkategorie insbesondere bei Befragten mit mangelnder Motivation oder auch ambivalenter Haltung (u.a. Zaller 1992; Craig und Martinez 2005) positiv auswirken (u.a. Smyth et al. 2006). Befragte seien dadurch angehalten, sich zumindest tendenziell eher in der Nähe der eigentlichen Mitte zu verorten (Krosnick 1991). Überträgt man das Für und Wider der Mittelkategorie-Argumente auf die politisch-ideologische Selbstverortung (Inglehart und Klingemann 1976; Klingemann 1979), so ist dies schon vor dem Hintergrund der auffallend starken Besetzung der Mitte, eine interessante Ausgangssituation. Nicht nur in Deutschland (siehe u.a. beim ALLBUS-Allgemeine Bevölkerungsumfrage, ESS-European Social Survey), auch im internationalen (u.a. European Social Survey) Vergleich, stuft sich mindestens jeder Dritte in der (unmittelbaren) Mitte ein.

Wird die Mittelkategorie aufgeführt, so wie es Krosnick und Presser (2010) empfehlen, so begünstigt diese Kategorie nicht nur die Satisficer. In ihr sammeln sich auch Personen mit fehlender Einstellung zum Thema oder fehlendem politischen Interesse (Indifferenz). Darüber hinaus gibt es Befragte, die trotz der jeweiligen o.g. Varianten eine Selbstverortung auf der Links-Rechts Skala nicht vornehmen und dies auch gegenüber dem Interviewer bekräftigen. Der Anteil dieser Personen fällt in Telefonumfragen – mit mehr als neun Prozent – eher gering aus. Je nach Fragestellung, so Visser et al. (2000), kann dies jedoch relativ bedeutend sein. Die Problematik, die sich aus der geschilderten Konstellation ergibt, formulieren Sturgis, Roberts und Smith (2014, S. 3ff) wie folgt: „it will lead to both overestimates of the degree of opinionation in the population and violation of the ordinality assumption that researchers typically invoke when analyzing bipolar response scales". Berücksichtigt man, dass potentielle Verzerrungen den Umfang und das Ausmaß der Flucht in die Mitte mitbestimmen, so wird deutlich, wie wichtig es ist, sich über die Frage nach der Notwendigkeit einer Mittelkategorie Gewissheit zu verschaffen. Dies gilt insbesondere, wenn man das Für und Wider der Mittelkategorie-Argumente auf die politisch-ideologische Selbstverortung (Inglehart und Klingemann 1976; Klingemann 1979) überträgt. Schon vor dem Hintergrund der auffallend starken Besetzung der Mitte ist dies eine interessante Ausgangssituation: In Deutschland (siehe u.a. der ALLBUS - Allgemeine Bevölkerungsumfrage, ESS - European Social Survey) wie auch im internationalen Vergleich (vgl. u.a. European Value Survey), stuft sich mindestens jeder Dritte in der (unmittelbaren) Mitte ein (siehe Graphik 1).

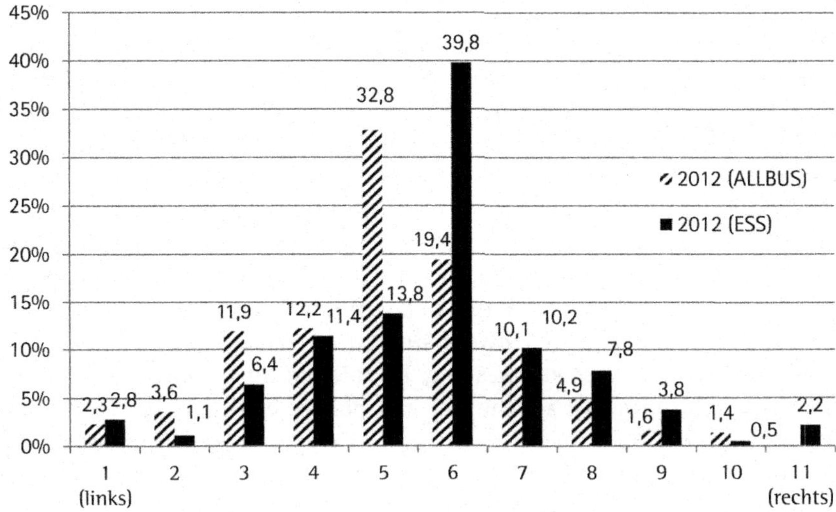

**Quelle:* Allgemeine Bevölkerungsumfragen (ALLBUS) 2012 und European Social Survey (ESS), eigenen Berechnungen, ungewichtet

Graphik 1 Links-Rechts Orientierung in Westdeutschland nach Umfrage* in 2012 (in %)

Zeigt sich hier tatsächlich ein Ausmaß, welches die ideologische bzw. politische Orientierung an den großen Volkparteien widerspiegelt (Bakker et al. 2015)? Zweifel daran sind mit Blick auf die gesellschaftlichen und parteipolitischen Konfliktlinien angebracht, die sich nicht nur über Raum und Zeit ändern, sondern zudem auch mehrdimensional sind (Huber und Inglehart 1995, S. 83): „Although the political world undoubtedly is multidimensional, the structure of party competition reduces the discussion of these issues to a single dimension." Gleichwohl lässt sich – so Niedermayer (2009, S. 38) – eine „Auflösung des Widerspruchs" erreichen, „wenn das Links-Rechts-Schema als symbolisches Generalisierungsmedium angesehen wird, d.h. als „a means for citizens to orient themselves in a complex world (Fuchs und Klingemann 1989, S. 205)". Als zentrale Fragen rücken damit in den Vordergrund: Welches Antwortverhalten erzeugen die unterschiedlichen Konfliktlinien? Welchen Stellenwert nimmt die (relative) Mitte für die politisch ideologische Selbstverortung bei den unterschiedlich politisch Interessierten ein?

Sieht man sich die Arbeiten zum Thema Messqualität der Links-Rechts Skala genauer an, so verändert sich der Anteil in der (unmittelbaren) Mitte auch dann nicht wesentlich, wenn der Erhebungsmodus – selbstadministriert oder mündlich/telefonisch (Klingemann 1997, Chang und Krosnick 2009) – oder die Anzahl der Antwortvorgaben variiert werden (Butler und Stokes 1969, Converse und Pierce 1973, Kroh 2007). Schumann und Presser (1981) halten fest, dass anhand einer 7-stufigen Liberal-Konservativ Skala – eine für die USA äquivalente politisch ideologische Selbsteinstufung – auf der Ebene der Randverteilung in anderen Antwortkategorien oder Assoziationen zwischen den Variablen und anderen Kovariablen nur unwesentliche Unterschiede auftreten. Gleichwohl sind einige Aspekte in diesem Zusammenhang ungeklärt: „Moderates may be calculating a midpoint between a mixture of conservative and liberal viewpoints, or they may simply have insufficient knowledge of politics to place themselves on either side of the spectrum“ (Klar 2014, S. 345). Fasst man die Arbeiten zur Messqualität der Links-Rechts Skala (LR Skala) zusammen, so erfolgt die Beurteilung der Messqualität überwiegend nach statistischen Kriterien bzw. danach „ob die Meßwerte in der Auswertung zu inhaltlich brauchbaren Ergebnissen führen, was in der Regel wohl heißt: Je höher die Korrelationen, desto besser“ (Wegener 1980, S. 4).

Wie jedoch will man das Dilemma der Güte einer (Mitte-) Messung angemessen spezifizieren bzw. ermitteln? Sieht man sich dazu einige neuere Arbeiten – wie etwa eine Wahlstudie (Visser et al. 2000) oder auch eine allgemeine Bevölkerungsumfrage (Sturgis et al. 2014) – an, so werden dort die Angaben der Ausgangsfrage durch eine Probing-Variante (siehe u.a. Schuman 1966) validiert. Ein „altbewährtes“ Vorgehen, das als weitere Grundlage in der Diskussion über die Messqualität und über potentielle Modifikationen hilfreich ist.

2 Methodisches Vorgehen

Die vorliegende Untersuchung geht der Frage nach – unter Bezugnahme einiger Überlegungen des Satisficing-Modells – inwieweit die Mitte als Flucht-Kategorie verwendet wird. Bedeutsame Voraussetzungen bzw. wesentliche Aspekte des Satisficing sind die kognitive Kompetenz und die Motivation bzw. das politische Interesse. Zu erwarten wäre somit, dass Personen mit geringerem politischen Interesse und niedriger formaler Schulbildung eher in die Mittelkategorie flüchten. Anhand eines Mode-Vergleichs soll des Weiteren aufgezeigt werden, ob sich und ggf. inwieweit sich die Ergebnisse bzw. die Anteile in der Mittelkategorie unterscheiden. Der Mode-Vergleich dient hier weniger der Überprüfung und Bestimmung möglicher Ursachen der Antwortunterschiede, wie dies in der Arbeit von Chang und Krosnick (2009) ausführlich behandelt wurde, sondern soll lediglich potentielle Unterschiede der Angaben darlegen, die beim follow-up Probe gegeben wurden. Hintergrund ist hierbei, dass in mündlichen Umfragen nicht nur ein Einfluss des Interviewers auf das Verhalten bzw. auf die Angaben der Befragten, sondern auch auf das Protokollverhalten (u.a. Smith und Hyman 1950; Fowler und Mangione 1990, Holbrook et al. 2016) angenommen werden kann. Schließlich wird im Anschluss an die Links-Rechts Selbstverortung durch ein „mid-point probing“ (siehe Abbildung 1 bis 4 im Anhang) geklärt, inwieweit Befragte die ursprüngliche Mitte-Positionierung – wir verwenden eine 9-stufige Link-Rechts-Skala – auch aufrechterhalten. Anhand der Nennungen und deren Zuweisung auf der Grundlage des GESIS-Diktionärs (Züll und Scholz 2012) werden mögliche Positionsänderungen entsprechend ihres Ausdifferenzierungsgrades den jeweiligen relevanten Personengruppen (Ambivalente und Indifferente) zugeordnet.

2.1 Datengrundlage

Die Datengrundlage bilden eine access-panel Befragung der wahlberechtigten Bürger des Landes NRW[1], die im Frühjahr 2012 durchgeführt wurde und eine bevölkerungsrepräsentative Telefonumfrage aus dem Winter 2011/2012. Die Teilnehmer des access-panel wurden für die Stichprobenziehung nach Quotenmerkmalen (Geschlecht, Alter, Schulabschluss) rekrutiert.[2] Die Basis der Telefonumfrage bilden die von GESIS gezogenen Festnetzanschlüsse (Gabler und Häder 1997). Als Interviewer wurden Studierende des Bachelor-Studiengangs Sozialwissenschaften der Heinrich-Heine-Universität Düsseldorf eingesetzt. Fast jeder Interviewer (ca. 95% der Interviewer) führte 7 Interviews durch. Basierend auf den AAPOR Standard Definitions konnte eine Response Rate (RR3) von ca. 18 Prozent erzielt werden[3]. Dies entspricht

1 Zum Design und Anlage der Untersuchung (Hoffmann und Rosar 2013)

2 Im Vorfeld der NRW Landtagswahl erhielten wir die Möglichkeit die politisch ideologische Links-Rechts Verortung und die follow-up Frage im Split-Half-Designs zu testen. Prof. Rosar gilt hierfür besonderer Dank.

3 Zu Interviewerstrategien und Erfolg der realisierten Stichprobe (Hüfken 2012).

einer Gesamtzahl von 1204 realisierten Interviews. Für die follow-up-Probing-Variante liegen auf Grund eines Split-Half-Designs 609 Interviews vor. Um eine bessere Vergleichbarkeit mit der access-panel-Umfrage aus NRW zu erzielen, wurden die neuen Bundesländer aus der Analyse der CATI-Umfrage ausgeschlossen.[4]

Tabelle 1 Soziale Zusammensetzung nach Erhebungsverfahren (in %)

Variable		CATI (n=877[5])	Online (n=400)
Geschlecht	Männer	44.9	53.0
	Frauen	55.1	47.0
Alter	(Mittelwert)	49.9	42.01
	(Median)	49.9	37
	(Standardabw.)	16.53	16.52
Schulbildung	Volks- Hauptschule	21.4	17.0
	Mittlere Reife	31.4	40.8
	Fachhochschulreife	15.1	9.4
	Hochschulreife	32.2	32.7
politisches Interesse	sehr stark	13.8	14.3
	stark	26.1	29.3
	mittel	44.3	32.6
	wenig	12.8	15.6
	überhaupt. nicht	3.0	8.3

Wie zu erwarten bzw. aus vergleichbaren Umfragen üblich (Faas und Schoen 2006; Chang und Krosnick 2009), unterscheiden sich die Teilnehmer der Online-Umfrage, insbesondere in der sozialen Zusammensetzung, von den Teilnehmern der Telefonumfrage[6]. Bezogen auf die hier relevanten Merkmale zeigt sich, dass die Teilnehmer der Onlineumfrage im Durchschnitt

4 Berechnungsgrundlage bilden somit 945 Befragte in Westdeutschland.

5 68 Befragte wurden aus der Analyse ausgeschlossen. 53 waren Schüler und von 15 Personen liegen keine Angaben vor.

6 Die gewählte Stichprobe – Telefonnummern aus dem Festnetz – hat zur Folge, dass die Haushalte die ausschließlich über einen Mobilfunkanschluss verfügen in der Untersuchung nicht abgedeckt wurden. Da sich die Mobilfunkhaushalte von den Haushalten mit Festnetzanschluss in den sozialen Merkmalen unterscheiden

sieben Jahre jünger und eher männlich sind. Auf der Ebene der schulischen Qualifikation und des politischen Interesses fallen die Unterschiede weniger deutlich, jedoch auch hier eher zugunsten der Online-Befragten, aus. Mit anderen Worten, die Teilnehmer an der Onlineumfrage haben eine höhere Schulbildung und sind politisch interessierter.

3 Befunde

3.1 Erhebungsmodus und Selbstverortung auf der Links-Rechts Skala

Werden die Teilnehmer gebeten, sich auf der Links-Rechts Skala politisch-ideologisch zu verorten, ergeben sich insgesamt eher geringe Unterschiede (kleiner gleich 2 Prozentpunkte) zwischen den beiden Erhebungsmodi (Graphik 2). Etwas deutlicher treten sie unmittelbar links und rechts von der Mittelposition hervor. Hier betragen die Differenzen unmittelbar links von der Mitte ca. 5 Prozent und unmittelbar rechts von der Mitte ca. 7 Prozent. Die Anteile in der Mittelkategorie fallen zwar in der CATI-Umfrage mit 38,4 Prozent (siehe Graphik 2) höher aus als in der Online-Umfrage (38,3 Prozent). Gleichwohl bedürfen diese Unterschiede, die mehr als moderat erscheinen, einer Erläuterung. Die Personen, die sich in der Telefonumfrage gegenüber dem Interviewer ausdrücklich gegen eine Selbstverortung aussprachen, konnten von diesem in eine „weiß-nicht/keineAngabe“-Kategorie eingeordnet werden.

Eine entsprechende Ausweichmöglichkeit hatten die Teilnehmer der Online-Umfrage nicht. Sie mussten sich – alternativlos – auf der 9-stufigen Links-Rechts Skala verorten. Würden nun die 74 Personen aus der „weiß-nicht/keine Angabe“-Kategorie der Telefonumfrage (siehe Tabelle 2a) in die Berechnung aufgenommen bzw. der Mitte zugewiesen, so beliefe sich der Anteil der telefonisch Befragten in der Mitte auf 46,1%.

Insgesamt lässt sich an dieser Stelle abschließend festhalten, dass mit den vorliegenden beiden Untersuchungen Verteilungen auf der Link-Rechts Achse reproduziert werden konnten, die durchaus üblich sind. Zieht man etwa die namhaften Politbarometererhebungen der Forschungsgruppe Wahlen (FGW) als Referenz heran (siehe Tabelle 2b), ergeben sich vergleichbare Muster. Die Anteile in der Mitte sind nahezu identisch. Dies liegt vermutlich

---

(Fuchs und Busse 2009, Hüfken 2009) wirkt sich dies auch auf die hier interessierenden Merkmale – wenngleich nicht sehr bedeutsam – aus (Hüfken 2010).

in der Symmetrie der Messung (11er Skala beim Politbarometer) begründet. Wenngleich sich die Anteile in den Nachbarkategorien dieser Erhebungen unterscheiden – dies dürfte wohl eher auf die entsprechend erweiterte Differenzierung der dort verwendeten Skala (11er statt 9er Skala) zurückzuführen sein – ist das Muster der Verteilung nahezu gleich.

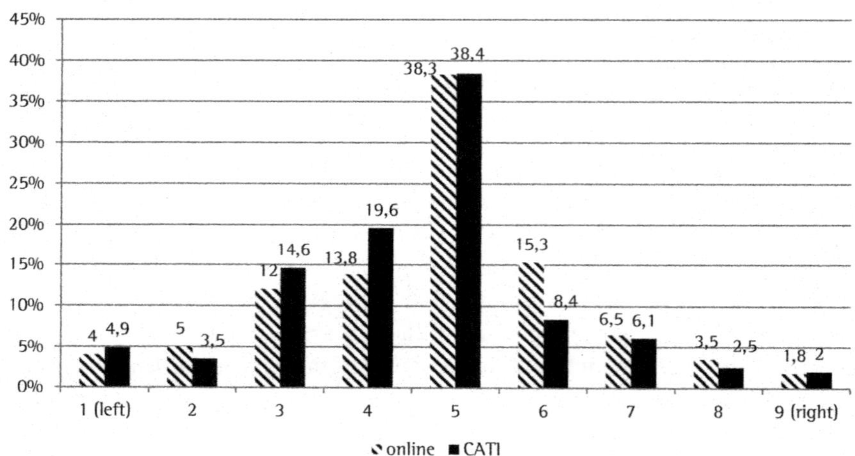

Graphik 2 Links-Rechts Orientierung nach der Art der Datenerhebung (in %)

Tabelle 2a Links-Rechts Orientierung nach Datenerhebung und Region (in %)

Viele Menschen verwenden die Begriffe "links" und "rechts", wenn es darum geht, unterschiedliche politische Einstellungen zu kennzeichnen. Wenn Sie nun an Ihre eigenen politischen Ansichten denken, wo würden Sie sich auf dieser Skala einstufen?

"1" bedeutet dabei politisch links und "9" bedeutet politisch rechts.

Mit den Werten dazwischen können Sie Ihre Antwort abstufen.

	1 (links)	2	3	4	5	6	7	8	9 (rechts)	w.n./ k.a.	gesamt
CATI	5.3	3.8	13.6	19.2	39.1	8.5	6.2	2.3	2.2		1065
(gesamt)	*(56)*	*(40)*	*(145)*	*(205)*	*(416)*	*(90)*	*(66)*	*(24)*	*(23)*	*(118)*	(1183)
										10.0%	
CATI	4.9	3.5	14.6	19.6	38.4	8.4	6.1	2.5	2.0		856
(west)	*(42)*	*(30)*	*(125)*	*(168)*	*(329)*	*(72)*	*(52)*	*(21)*	*(17)*	*(74)*	(930)
										8.0%	
CATI	5.0	3.1	15.2	18.4	40.2	9.4	5.2	1.8	1.6		381
(split_west)	*(19)*	*(12)*	*(58)*	*(70)*	*(153)*	*(36)*	*(20)*	*(7)*	*(6)*	*(42)*	(423)
										9.9%	

Tabelle 2b Links-Rechts Orientierung nach Region (in %)

Wenn von Politik die Rede ist, hört man immer wieder die Begriffe „links“ und „rechts“. Wir hätten gerne von Ihnen gewusst, ob Sie sich selbst eher links oder eher rechts einstufen. Stellen Sie sich dazu bitte noch einmal ein Thermometer vor, das diesmal aber nur von 0 bis 10 geht. 0 bedeutet sehr links, 10 bedeutet sehr rechts. Mit den Werten dazwischen können Sie Ihre Meinung abgestuft sagen. Wo würden Sie sich einstufen?

(„rechts“ und „links“ NICHT erklären!!)

	0 (links)	1	2	3	4	5	6	7	8	9	10 (rechts)	w.n./ k.a.	gesamt
FGW*	3.3	1.2	4.7	11.2	13.1	40.4	11.2	8.2	4.7	0.4	1.6		16182
(west)	*(531)*	*(187)*	*(761)*	*(1813)*	*(2116)*	*(6541)*	*(1818)*	*(1331)*	*(757)*	*(69)*	*(258)*	*(1036)*	(17218)
												6.0%	
FGW*	3.7	1.1	4.4	11.3	13.3	39.6	11.0	8.4	5.2	0.4	1.5		4157
(NRW)	*(153)*	*(47)*	*(183)*	*(468)*	*(554)*	*(1646)*	*(459)*	*(350)*	*(216)*	*(18)*	*(63)*	*(273)*	(4430)
												6.2%	

*Quelle: kumulierter Politbarometer 2012 der Forschungsgruppe Wahlen (FWG), eigenen Berechnungen, ungewichtet

3.2 Satisficer und deren Flucht in die Mitte – ein Mode-Vergleich

Wer nun sind diejenigen Personen, die sich eher in der Mitte statt „Links" oder „Rechts" auf der Skala verorten? Sind es diejenigen Personen, die nach dem Satisficing-Modell als weniger motiviert bzw. interessiert oder überfordert gelten? Sieht man sich zunächst die Ergebnisse aus Tabelle 3 an, so lassen sich Profile beobachten, die auch in der Literatur berichtet werden. Danach gibt es einen Zusammenhang zwischen politischem Interesse und der Tendenz zur Mitte: Politisch Interessiertere verorten sich eher links oder rechts von der Mitte, als Personen mit einem weniger stark ausgeprägten politischen Interesse. Dieses Muster konnte sowohl in der allgemeinen telefonischen Bevölkerungsumfrage als auch in der regionalen (NRW) Onlinestudie beobachtet werden. Die Tendenz, sich in der Mitte zu positionieren, fällt unter den formal schlechter Gebildeten zwar insgesamt höher aus. Der Bildungsgradient ist jedoch in der Onlineumfrage weniger bedeutsam als in der Telefonbefragung. Für diesen Unterschied können vermutlich methodische Aspekte zur Erklärung herangezogen werden. Eine bildliche Vorlage erleichtert es dem Befragten, sich eine Vorstellung von der Ausdifferenzierung der LR Skala zu machen. Hinzu kommt, dass in Telefonumfragen ein anderes Zeitmanagement in Gestalt eines als stärker empfundenen Antwortdrucks üblich ist als in Online-Umfragen. Je nach Erhebungsmodus unterscheiden sich daher die Anforderungen an den Befragten.

Tabelle 3 zeigt weiterhin einen relativen Zusammenhang zwischen dem Alter und der Mitte-Positionierung sowie einen Unterschied zwischen Männern und Frauen. Ältere Personen und Frauen neigen – relativ unabhängig von dem Modus der Datenerhebung – eher zur Mitte.

Abschließend dazu wurde im Rahmen der binären logistischen Regression ermittelt, inwiefern die bivariaten Zusammenhänge unter Kontrolle der Drittfaktoren bestehen bleiben und ob sich die Wahrscheinlichkeiten für die Mitte-Position (mid-point) auf der Ebene einzelner Kategorien unterscheiden. Auch in den multivariaten Analysen (Tabelle 4) zeigen sich vergleichbare Effekte auf die Wahl zur Mitte, wie wir diese bereits bivariat beobachten konnten. Die Selbstverortung in der Mitte der Links-Rechts Skala ist insbesondere vom politischen Interesse mitbestimmt. Dieser Einfluss konnte für die telefonische Befragung wie auch für die Online-Umfrage ermittelt werden. Wenngleich im Ausmaß weniger bedeutsam, ist die Selbstverortung in der Mitte auch durch das Alter beeinflusst. Während der bivariat beobachtete Unterschied zwischen Männern und Frauen sich nunmehr nicht mehr abbilden lässt und vermutlich auf das unterschiedlich ausgeprägte politische Interesse zurückzuführen ist, bleibt der relative Einfluss der Bildungsabschlüsse auf die Mitte-Positionierung – zumindest in der anforderungsreichen Telefonumfrage – bestehen.

Um unsere Befunde, welche sich auf eine eher geringe Fallzahl beziehen, einer weiteren Prüfung zu unterziehen, haben wir vergleichbare Analysen mit dem kumulierten Politbarometer aus dem Jahr 2012 gerechnet (siehe Anhang, Tabelle 8). Vergleicht man die (unstandardisierten) Koeffizienten, lassen sich die gleichen Muster und ähnliche Einflussgrößen auf die Positionierung in der Mitte beobachten.

Tabelle 3 Ausgewählte soziale Merkmale nach Erhebungsart und mid-point (in %)

Befragungsmodus	CATI-West		Online		Pearsons r	
Mid-point vs. andere Kategorien	Mid-point (N=263)	andere (N=447)	Mid-point (N=153)	andere (N=247)	CATI	online
Geschlecht						
Mann	33,7	66,3	33,9	66,1	.090**	.087+
Frau	42,5	57,5	42,3	57,7		
Alter						
Mittelwert	51,56	49,07	42,53	40,86		
Median	51,88	48,25	38,71	36,47	.073*	.051n.s.
Standardabw.	16,03	16,76	16,02	15,99		
Schulbildung						
Volks-/Hauptschulreife	47,2	52,8	32,2	67,8		
Mittlere Reife	43,7	56,3	47,3	52,7	-.136***	-.035n.s.
Fachoberschulreife	41,6	58,4	34,4	65,6		
Abitur	29,9	70,1	33,6	66,4		
politisches Interesse						
sehr stark	27,9	72,1	29,3	70,7		
stark	33,6	66,4	32,8	67,2		
mittel	44,7	55,3	43,2	56,8	-.094**	-.143**
wenig	39,0	61,0	39,2	60,8		
überhaupt nicht	36,8	63,2	63,6	36,4		

+ $p<0.10$; *$p\leq0,05$; **$p\leq0,01$; ***$p\leq0,001$

Tabelle 4 Einflussfaktoren auf die Mitte-Positionierung nach Art der Datenerhebung (log. Regression: B, Standardfehler und Signifikanzen)

	CATI-West		Online	
Variable	n	B (SE)	n	B (SE)
Geschlecht				
Mann	308	1	182	1
Frau	365	,261 *(.168)*	198	.269 *(.229)*
Alter	673	,009+ *(.005)*	380	.015* *(.007)*
Schulbildung				
Volks/Hauptschule	140	.517* *(.244)*	87	-.325 *(.314)*
Mittlere Reife	206	.372+ *(.211)*	130	.364 *(.268)*
Fachhochschulreife	105	.578* *(251)*	30	-.088 (436)
Hochschulreife	222	1	133	1
politisches Interesse				
Sehr stark	84	1	54	1
Stark	189	,467 (.300)	130	.166 (.362)
Mittel	305	.834** *(.292)*	125	.498 (.373)
Wenig	81	,722* *(.356)*	50	.433 (.433)
Überhaupt nicht	14	.099 *(.660)*	21	1.185* (.570)
Intercept		-2.025***		-1.656***
R^2 (Nagelkerke)		.056		.067

+ p<0.10; *p<0,05; **p<0,01; ***p<0,001

3.3 Follow-up Probe als Antwort auf das Mitte-Dilemma

Werden die Befragten im Anschluss an ihre Link-Rechts-Selbstverortung ergänzend um ihre Einschätzung und Assoziation mit der Mitte gebeten („Wenn Sie nun sagen, dass Sie sich auf der Links-Rechts Skala auf der 5 einstufen, was verbinden Sie persönlich mit dieser Position?"), so wiederholt bzw. bekräftigt lediglich jeder Vierte (concurrent validity) die neutrale bzw. moderate Mittelposition. Diese Größenordnung wurde in der telefonischen Umfrage gleichermaßen wie in der Online-Befragung erzielt. Eine weitere, relativ große Gruppe umfasst Personen, welche sich über die geäußerten Nennungen mit „weiß nicht oder keine Angaben" klassifizieren lassen: In der Telefonumfrage sind dies ca. 20%, in der Online-Umfrage ca. 45% der Befragten, die als eher indifferent beschrieben werden können. Dieses Ergebnis könnte man auch mit den Worten von Sturgis et al. (2014) so zusammenfassen, dass mindestens jeder Fünfte, der bei der Beantwortung der Links-Rechts Skala die Mitte wählt, ein „face saving don't know" betreibt. Dagegen äußert sich mindestens jeder Dritte – in der Telefonumfrage ist es sogar fast jeder Zweite – inhaltlich relativ substantiell, so dass eine Zuordnung auf der Links-Rechts Skala möglich wäre (hier, in Anlehnung zu Martinez 2005, als „Ambivalent" bezeichnet).

Wenngleich die niedrige Fallzahl für eine ergänzende Subgruppenanalyse wenig robust erscheint, wollen wir uns dennoch die Verteilung der Teilnehmer aus der Telefonumfrage für Westdeutschland anschauen, zumal eine differenzierte Motivlage zu erwarten ist (Sturgis et al. 2014).

Tabelle 5 Follow-up probing nach Datenerhebung (in %)

	CATI *(n=153)*	online *(n=105)*
w.n./k.A.	21.6 *(33)*	45.7 *(48)*
mitte/neutral	28.8 *(44)*	26.6 *(29)*
Ambivalente (Zuordnung nach links/rechts möglich)	49.7 *(76)*	31.4 *(33)*
	100	100

Sieht man sich zunächst die Angaben in den Spalten „w.n." (weiß nicht) und „k.a." (keine Angabe) an, zeigt sich ein relativ klares Muster (siehe Tabelle 6). Personen mit niedrigerer Schulbildung und mit einem geringen politischen Interesse, äußern sich durch das Probing indifferent. Die zuvor gewählte Mitte-Position in der LR Skala wird nun aufgegeben bzw. nicht aufrecht gehalten. Je nach Erhebungsmodus ist ca. jeder Dritte oder Vierte ein Satisficer. Dieses Muster lässt sich auch in multivariaten Analysen reproduzieren. Wie den Angaben aus Tabelle 7 (siehe Anhang) zu entnehmen ist, unterscheiden sich die Indifferenten von denen, die in der Mitte verblieben sind. Wie zuvor berichtet, zeigen sich auch in der multivariaten Analyse vergleichbare Effekte auf die Indifferenz. Betrachtet man letztlich die Wahrscheinlichkeiten der jeweiligen Kategorien, so sind es diejenigen, die sich im Rahmen des Probing indifferent äußerten, die eine schlechtere Schulbildung haben und ein geringes politisches Interesse berichten.

Tabelle 6 Follow-up probing nach ausgewählten sozialen Merkmalen (in %)

Zuordnung in Kategorien	Mitte (n=44)	Ambivalent (n=76)	w.n. (n=13)	k.a. (n=20)	Cramérs V /eta
Geschlecht					.096 n.s.
Mann	34	47	8	11	
Frau	25	52	9	14	
Alter					.042 n.s.
Mittelwert	51	51	49	52	
Schulbildung					.166 n.s.
Volks-/Hauptschulreife	13	47	19	22	
Mittlere Reife	35	45	7	13	
Fachoberschulreife	33	54	4	8	
Abitur	31	55	5	9	
politisches Interesse					.171 n.s.
sehr stark	33	47	13	7	
stark	27	58	-	15	
mittel	31	48	9	11	
wenig	20	33	20	27	
überhaupt nicht	-	-	-	-	

In der Gruppe der „Ambivalenten" zeigt sich ein umgekehrtes Bild. Hier sind es eher die besser Gebildeten und die politisch Interessierteren, die sich zwar zuvor in der Mitte der Links-Rechts Skala positionierten. Dies geschah aber vermutlich aus unterschiedlichen Beweggründen. Abweichungen von der Mitte bzw. Einstellungskonsistenz sind demnach u.a. abhängig von „cognitive ability“ and „involvement with the issue“ (Petty und Cacioppo 1981, zitiert nach Neijens 2004, S. 309).

4 Zusammenfassung und Schlussbemerkungen

Die Qualität einer Messung wird in der Umfrageforschung von einer Vielzahl von Faktoren bestimmt. Dem Messinstrument – genauer: den (bipolaren) Ratingskalen – kommt in diesem Zusammenhang eine besondere Bedeutung zu. Insbesondere die Relevanz des Mittelpunktes wird in aktuellen Arbeiten erneut diskutiert. Wählt der Befragte (Satisficer) die Mitte, weil er sich um eine explizite Äußerung seiner Meinung drückt oder zum Thema keine Meinung hat, bleibt dies für den Forscher unentdeckt. Die Folge ist eine systematische Überschätzung substantieller Angaben. Zudem wird eine Ordinalität für die Mitte-Position der Skala unterstellt, die tatsächlich aber nicht angenommen werden darf.

Vor diesem Hintergrund beschäftigt sich die vorliegende Untersuchung mit einem in der politischen Soziologie zentralen Indikator: der Links-Rechts Skala. Sieht man sich die Verteilungen der politisch ideologischen Selbstverortung in den jeweiligen nationalen und internationalen Umfragen an, bevorzugt ein Großteil der Bevölkerung die Mitte für die Selbstverortung. Die Tendenz zur Mitte wird den hier vorgestellten Ergebnissen zufolge durch ein bestimmtes Antwortverhalten – Satisficing – begünstigt. Wie unsere Untersuchung verdeutlicht, zeigt sich Satisficing in selbstadministrierten wie in telefonischen Erhebungen gleichermaßen. Wenngleich diese Form der Beantwortung relativ unabhängig vom Modus der Datenerhebung zu sein scheint, treten dennoch Differenzen zwischen beiden Verfahren auf. Insbesondere auf der Ebene der Bildung begünstigt eine niedrigere schulische Qualifikation im Vergleich zu einer besseren Bildung die Flucht in die Mitte, nicht jedoch bei der selbstadministrierten Online-Umfrage. Die Vorlage der LR Skala, der zeitliche Druck bei der Beantwortung oder auch soziale Erwünschtheit mögen hier eine Rolle spielen.

Mittels Probing konnte in beiden Umfragen (der telefonischen Befragung wie auch in der Online-Umfrage) nicht nur den jeweiligen Motiven, sondern auch der Konsistenz der Einstellung zur Mitte nachgegangen werden. Fasst man die Nennungen, die die jeweiligen Befragten auf die offene Nachfrage mitteilten, zusammen, so bekräftigt lediglich jeder vierte seine zuvor geäußerte Mitte-Position (z.b. „liberal“, „Mitte“, „weder links noch rechts genaue Mitte“). Die weiteren anderen Nennungen ließen sich zwei disparaten Gruppen zuordnen: den Indifferenten und den Ambivalenten. Unter den Indifferenten wurden Nennungen zusammengefasst, die Angaben „keine Ahnung“, „Politik interessiert mich nicht“, „weiß nicht“, „geht Sie nichts an“, „??“. Dieser Anteil beläuft sich auf über 20 Prozent. Mindestens jeder fünfte, der die Mitte bei der Links-Rechts Skala gewählt hat, bringt bei der Beantwortung der Frage also ein „face saving don't know“ zum Ausdruck. Bei dieser Gruppe handelt es sich überproportional um die schlechter Gebildeten und die politisch Desinteressierten, wie die Ergebnisse der explorativen Analyse der Telefonumfrage deutlich machen. Bei denjenigen, welche wir als „Ambivalente“ gekennzeichnet haben, zeigt sich ein anderes Bild. Hier haben diejenigen, die zuvor die Mitte gewählt haben, im Rahmen des Probing relativ klare sowie kritische und/oder politische Äußerungen von sich gegeben. Demnach sind es hier auch eher die besser Gebildeten und die politisch Interessierteren, die diese Gruppe bilden.

In weiteren, größer angelegten Studien wird nun zu klären sein, ob sich dieses Ergebnis reproduzieren lässt. Durch Anwendung des GESIS-Diktionär und der damit verbundenen erneuten Zuordnung – der ambivalenten Äußerungen – auf der Link-Rechts Skala, konnte bereits die Messqualität wesentlich verbessert werden (Hüfken 2013). In Anlehnung an Schuman und Scott (1987) und Schuman (2008) ist jedoch darüber nachzudenken, ob eine geschlossene statt einer offenen Nachfrage aus der Sicht der Praktikabilität und der Qualität hochwertigere Resultate erzielt. Erste Untersuchungsergenisse lassen dies zumindest vermuten (Rottinghaus und Hüfken 2013).

Literatur

AAPOR (2011) *Standard definitions final dispostions of case codes and outcome rates for surveys*. American Association for Public Opinion Research.

Bakker, R., Vries, C. de, Edwards, E., Hooghe, L., Jolly, S., Marks, G., Polk, J., Rovny, J., Steenbergen, M., & Vachudova., M.A. (2015). Measuring party positions in Europe: The Chapel Hill expert survey trend file, 1999-2010. *Party Politics 21,* 143-152.

Butler, D., & Stokes, D.E. (1969). *Political Change in Britain.* New York: St. Martin's.

Chang, L., & Krosnick, J.A. (2009). National Surveys via RDD Telephone Interviewing versus the Internet. Comparing Sample Representativeness and Response Quality. *Public Opinion Quarterly 73*, 641-678.

Converse, P.E., & Pierce, R. (1973). „Basic Cleavages in French Politics and the Disorders of May and June, 1968," In R. Rose (Hg.), *Political Bahaviour in Western Societies.* New York: Wiley.

Faas, T., & Schoen, H. (2006). Putting a Questionnaire on the Web is not Enough – A Comparison of Online and Offline Surveys Conducted in the Context of the German Federal Election 2002. *Journal of Official Statistics 22*, 177-190.

Fowler, F.J., & Mangione, T. (1990). *Standarized Survey Interviewing. Minimizing Interviewer-Related Error.* Newbury Park: Sage

Fuchs, M., & Busse, B. (2009). The coverage bias of mobile web surveys across European countries. *International Journal of Internet Science 4*, 21-33.

Fuchs, D, & Klingemann H.D. (1990). The Left-Right Schema. In K. Jennings, J. v. Deth, Barnes, S.H., Fuchs, D., Heunks, F.J., Inglehart, R., Kaase, M., Klingemann, H-D, Thomassen, J.A. (Hrsg.), *Continuities in Political Action - A Longitudinal Study of Political Orientations in Three Western Democracies* (S. 203-234). Berlin: de Gruyter.

Gabler, S. Häder. S. (1997). Überlegungen zu einem Stichprobendesign für Telefonumfragen in Deutschland. *ZUMA-Nachrichten 41.*

Hoffmann, H., & Rosar, U. (2013). Ist die Veröffentlichung von Vorwahlumfragen schädlich für kleinere Parteien? Eine Untersuchung anhand eines Online-Experiments zur nordrhein-westfälischen Landtagswahl 2012. *Mitteilungen des Instituts für Deutsches und Internationales Parteienrecht und Parteienforschung 19*, 83-94.

Holbrook, A. L., Johnson, T., Cho, Y.I., Shavitt, S., Chavez, N., & Weiner, S. (2016). Do Interviewer Errors Help Explain the Impact of Question Characteristics on Respondent Difficulties? *Survey Practice 9, 1-11.*

Huber, J., & Inglehart, R. (1995). Expert Interpretations of Party Space and Party Locations in 42 Societies. *Party Politics 1*, 73-111.

Hüfken, V. (2009). Non-coverage in Telephone Surveys and Health Estimates: Evaluating the need for a dual frame. New Techniques and Technologies in Statistics (NTTS) 2009, Eurostat, 18-20.02., Brussels, Belgium. Available under: http://ec.europa.eu/eurostat/documents/1001617/4398468/POSTER-1P-NON-COVERAGE-AND-HEALTH-TELEPHONE-SURVEY-ESTIM.pdf. Zugegriffen: 26. Juli 2016.

Hüfken, V. (2010). Public Opinion Polls and estimates in some European countries. Non-Coverage Bias in Telephone Surveys. In JSM Proceedings, Statistical Computing Section. Alexandria, VA: American Statistical Association. Abrufbar unter: http://www.amstat.org/sections/srms/Proceedings/y2010/Files/400092.pdf. Zugegriffen: 26. Jli 2016

Hüfken, V. (2012). Interviewers Personality and the Impact on the Participation in Telephone Interviews. 8th International Conference on Social Science Methodology (RC 33), Survey Nonresponse – Problems and Circumventions, Dodges, and Novel Attempts, July 9-13. Sydney, Australia.

Hüfken, V. (2013). Evaluating the left-right dimension: Category Selection Probing conducted in an online access panel and a CATI-Survey. 66th Annual Conference of the Word Association for Public opinion Research (WAPOR), May 14-16, Boston MA, U.S.A.

Inglehart, R., & Klingemann, H-D. (1976). Party Identification, Ideological Preferences and the Left-Right Dimension among Western Mass Publics. In I. Budge et al. (Hrsg.), *Party Identification and Beyond: Representations of Voting and Party Competition* (S. 243-273). London: Wiley.

Klar, S. (2014). A Multidimensional Study of Ideological Preferences and Priorities among the American Public. *Public Opinion Quarterly 78*, 344-359.

Klingemann, H-D. (1979). Measuring Ideological Conceptualisations. In S.H. Barnes, & M. Kaase (Hrsg.), *Political Action: Mass Participation in Five Western Democracies* (S. 215-254). Beverly Hills: Sage.

Klingemann, H-D. (1997). The Left-Right Self-Placement Question in Face-to-Face and Telephone Surveys. In W. Saris, & M. Kaase (Hrsg.), *Eurobarometer. Measurement Instruments for Opinions in Europe.* (S. 100-110). Mannheim: GESIS Spezial Bd. 2.

Kroh, M. (2007). Measuring Left-Right Political Orientation: The Choice of Response Format. *Public Opinion Quarterly 71*, 204-220.

Krosnick, J.A., & Alwin, D.F. (1987). An evaluation of a cognitive theory of response-order effects in survey measurement. *Public Opinion Quarterly* 51, 201-219.

Krosnick, J.A. (2002). The causes of no-opinion responses to attitude measures in surveys: They are rarely what they appear to be. In R.M. Groves, Don A. Dillman, John N. Eltinge, & R.J.A. Little (Hrsg.), *Survey Nonresponse* (S. 88-100). New York: Wiley

Krosnick, J.A., & Presser, S. (2010). Question and Questionnaire design. In J.D. Wright, & P.V. Marsden (Hrsg.), *Handbook of Survey Research* (Second Edition) (S. 263-313). West Yorkshire, England: Emerald Group.

Krosnick, J.A. (1991). Response strategies for coping with the cognitive demands of attitude measures in surveys. *Applied Cognitive Psychology 5*: 213-236.

Martinez, M.D, Craig, S.C., Kane, J.G., & Gainous, J. (2005). Ambivalence and Value Conflict: A Test of Two Issues. In S.C. Craig, & M.D. Martinez (Hrsg.), *Ambivalence, Politics, and Public Policy* (S.63-82). New York: Palgrave

Nijens, P. (2004). Coping with the Nonattitudes Phenomenon: A Survey Research Approach. In W. Saris, & P.M. Sniderman (Hrsg.) *Attitudes, Nonattitudes, Measurement Error, and Change* (S. 295-313). Princeton: University Press

Rottinghaus, B., & Hüfken, V. (2013). Methodological Strategies to reduce invalid Response in Telephone Surveys concerning the Center-Category of the Left-Right-Dimension (with B. Rottinghaus). 5th European Survey Research Association (ESRA), July 15-19, Ljubljana, Slovenia.

Smith H.L., & Hyman, H. (1950). The Biasing Effect of Interviewer Expectations on Survey Results. *Public Opinion Quarterly 14*, 491-506.

Smyth, J.D., Dillman, D.A., Christian, L.M., & Stern, M.J. (2006). Comparing check-alland forced-choice question formats in web surveys. *Public Opinion Quarterly 70*, 66–77.

Schuman, H. (1966). The Random Probe: A Technique for Evaluating the Validity of Closed Questions. *American Sociological Review 31*, 218-222.

Schuman, H., & Presser, S. (1981). *Questions and Answers in Attitude Surveys: Experiments on Question Form, Order and Context.* New York: Academic Press.

Schumann, H., & Scott J. (1987). Problems in the Use of Survey Questions to Measure Public Opinion. *Science 4804*, 957-959.

Schuman, H. (2008). *Method and Meaning in Polls and Surveys.* Cambridge: Harvard University Press.

Shikano, S. (2010). Einführung in die Inferenz durch den nichtparametrischen Bootstrap. In C. Wolf, H. Best (Hrsg.), *Handbuch der sozialwissenschaftlichen Datenanaylse* (S.191-204). Wiesbaden: Springer.

Sturgis, P., Roberts, C., & Smith, P. (2014). Middle alternatives revisited: How the neither/nor response acts as a way of saying „I don't know"? *Sociological Methods & Research 43*, 15-38.

Visser, P.S., Krosnick, J.A., Marquette, J., & Curtin, M. (2000). Improving election forecasting: Allocation of undecided respondents, identification of likely voters, and response order effects. In P. Lavrakas, & M. Traugott (Hrsg.), *Election polls, the news media, and democracy* (S. 224-260). New York: Chatham House.

Wegener, B. (1980). Magnitude-Messung in Umfragen: Kontexteffekte und Methode. *ZUMA-Nachrichten* 6, 4-40.

Zaller, J.R. (1992). *The Nature and Origins of Mass Opinion.* Cambridge: University Press.

Züll, C., & Scholz, E. (2012). *Assoziationen mit den politischen Richtungsbegriffen „links" und „rechts" im internationalen Vergleich. Kategorienschema für die Codierung offener Angaben.* Mannheim: GESIS, Technical Reports 2012|03.

Anhang

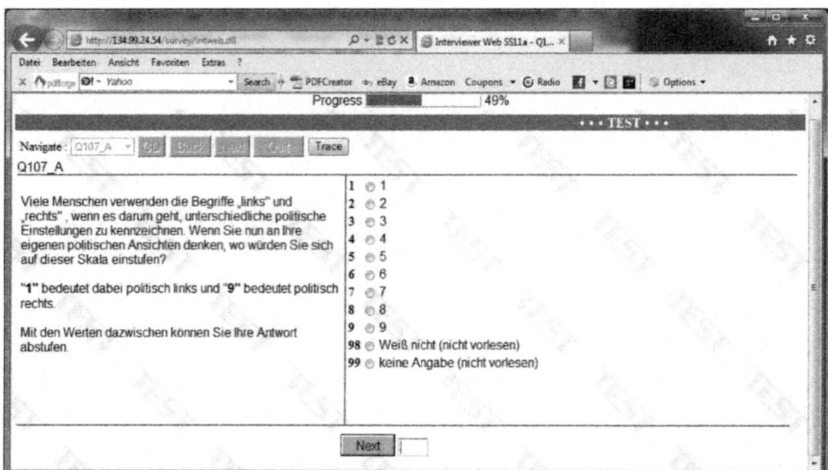

Abbildung 1 Links-Rechts Skala der CATI-Erhebung

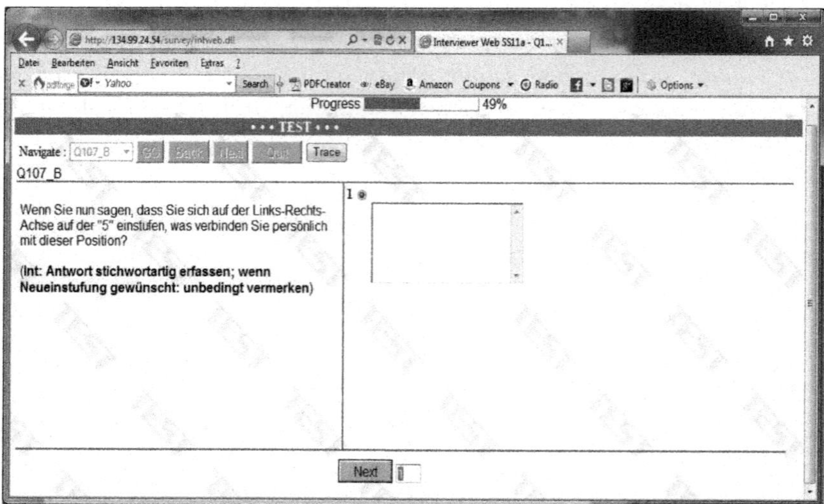

Abbildung 2 Mid-point probing der CATI-Erhebung

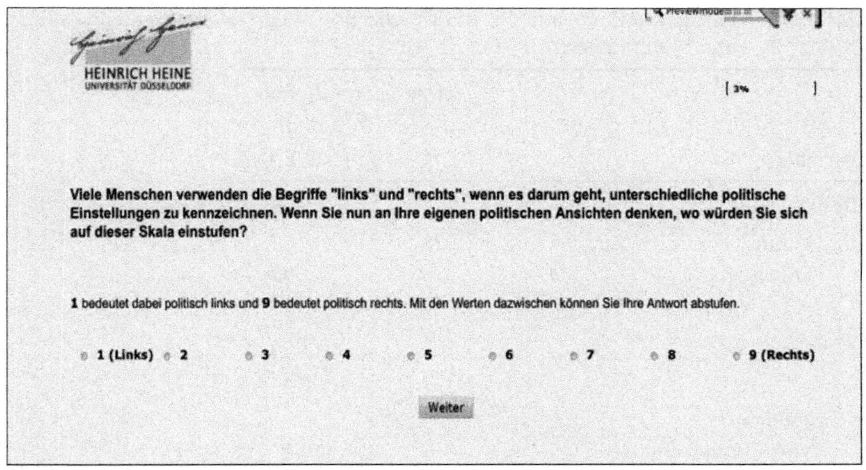

Abbildung 3 Links-Rechts Skala der Online-Erhebung

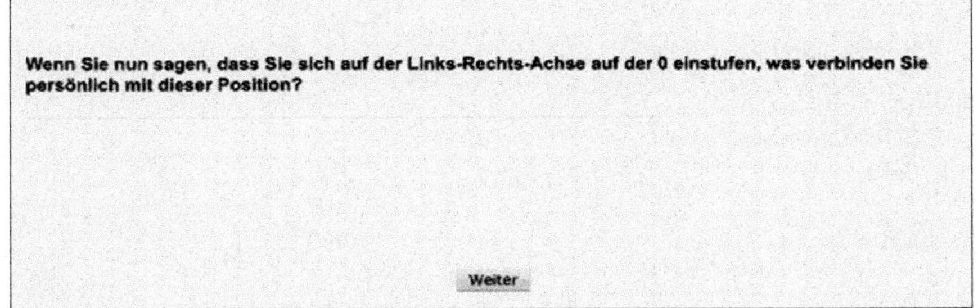

Abbildung 4 Mid-point probing der Online-Erhebung

Tabelle 7 Einflussfaktoren auf die Indifferenz (log. Regression: B, Standardfehler und Signifikanzen) [7]

Variable	n	Mitte vs. Indifferenz B (SE[8])
Geschlecht		
Mann	28	1
Frau	35	,683 *(.902)*
Alter	63	-,009 *(.022)*
Schulbildung		
Volks/Hauptschule	15	2.058⁺ *(4.160)*
Mittlere Reife	24	-.115 *(1.058)*
Fachhochschulreife	9	-.108 *(4.803)*
Hochschulreife	15	1
politisches Interesse		
Sehr stark	5	1
Stark	13	,599 *(10.161)*
Mittel	38	.360 *(9.513)*
Wenig	7	2.890* *(13.747)*
Überhaupt nicht	-	-
Intercept		-1.152
R^2 (Nagelkerke)		.274

⁺ p<0.10; *p<0,05; **p<0,01; ***p<0,001

7 Auf Grund der kleinen Fallzahl wurde für die Berechnung von Signifikanztests die Bootstrap-Methode (Shikano 2010) angewendet. Es wurde mit 100 Wiederholungen gerechnet. Ausgewiesen wurden in den Tabellen die korrigierten Standardfehler.

Tabelle 8 Einflussfaktoren auf die Mitte-Positionierung nach Erhebungsinstitution (log. Regression: B, Standardfehler und Signifikanzen)

	CATI-HHU		CATI-FGW	
Variable	n	B (SE)	n	B (SE)
Geschlecht				
Mann	308	1	8581	1
Frau	365	,261	7354	.219***
		(.168)		*(.034)*
Alter	673	,009+	15935	.059***
		(.005)		*(.008)*
Schulbildung				
Volks/Hauptschule	140	.517*	3882	.624***
		(.244)		*(.044)*
Mittlere Reife	206	.372+	5159	.482***
		(.211)		*(.034)*
Fachhochschulreife	105	.578*	-	-
		(251)		
Hochschulreife	222	1	6894	1
politisches Interesse				
Sehr stark	84	1	2285	1
Stark	189	,467	6548	.113***
		(.300)		(.052)
Mittel	305	.834**	5587	.326***
		(.292)		(.055)
Wenig	81	,722*	1150	.364***
		(.356)		(.078)
Überhaupt nicht	14	.099	365	.504***
		(.660)		(.118)
Intercept		-2.025***		-1.436***
R^2 (Nagelkerke)		.056		.049

+ p<0.10; *p<0,05; **p<0,01; ***p<0,001

Evaluierung von HLR-Lookup-Verfahren
Erste Ergebnisse aus dem Projekt VermIn

Matthias Sand
GESIS – Leibniz-Institut für Sozialwissenschaften

1 Motivation

Telefonbefragungen als (alleiniger) Erhebungsmodus sind auch in den vergangenen Jahren noch immer eine der am häufigsten gewählten Methoden. Obgleich in diesem Kontext Online-Befragungen zunehmend an Bedeutung gewinnen und in einigen Forschungsbereichen bereits die am häufigsten gewählte Methode ist, ist die Telefonbefragung noch immer ein beliebtes Mittel, um (ungeklumpte) Erhebungen durchzuführen. So berichtet bspw. der Arbeitskreis deutscher Markt- und Sozialforschungsinstitute (ADM e.V.), dass in 2013 ca. 36% aller Erhebungen über diesen Modus durchgeführt wurden. Hier werden oftmals *Dual-Frame-Erhebungen* verwendet, also Erhebungen, die sowohl eine Festnetz-, als auch eine Mobilfunkstichprobe beinhalten, da Schätzwerte, die lediglich auf Stichproben aus einem der beiden Auswahlrahmen bestehen, oftmals aufgrund von *Undercoverage* verzerrt sein können (vgl. ADM e.V. 2014, S. 22; Meier 2014, S. 116ff.).

Hierbei unterscheidet sich das Design beider Stichproben jedoch bezüglich der Auswahl von Erhebungselementen. Für gewöhnlich handelt es sich bei Festnetzstichproben um ein zweistufiges Verfahren, bei dem im ersten Schritt durch die gezogene Rufnummer ein Haushalt kontaktiert wird und im Anschluss daran die Auswahl einer Zielperson im Haushalt erfolgt. Im Falle von Mobilfunkstichproben geht die allgemeine Auffassung dahin, dass es sich bei einem Mobiltelefon um einen personalisierten Gegenstand handelt, weswegen dieses direkt einem (Haupt-) Nutzer zugeordnet werden kann. Daher wird allgemein die Kontaktperson bei einer Mobilfunkstichprobe als Zielperson verstanden. Demnach kann eine Mobilfunkstichprobe als einstufiges Procedere beschrieben werden (vgl. Häder et al. 2009, S. 49; Busse und Fuchs 2013, S. 6 ff.).

Zur Ziehung von Festnetzrufnummern wird in der Regel die von Gabler und Häder (1997) entwickelte Methode verwendet, bei der ein Auswahlrahmen basierend auf den in einem Rufnummernverzeichnis eingetragenen Festnetzanschlüssen generiert wird, aus dem geschichtet oder uneingeschränkt zufällig gezogen wird. Aus diesen eingetragenen Rufnummern werden durch Trunkierung der letzten beiden Ziffern Rufnummernblöcke gebildet, um in mehreren Schritten, die u.a. das Entfernen mehrfach auftauchender 100er-Blöcke vorsieht, einen Auswahlrahmen zu schaffen. Dieser Auswahlrahmen beinhaltet sowohl eingetragene, als auch nicht eingetragene Anschlüsse (vgl. Häder 2000, S. 6f.). Dabei können aus jedem dieser Blöcke 100 aufeinander folgende Rufnummern generiert werden. Die Wahrscheinlichkeit zur Ziehung von Rufnummern ist dabei gleich.

Ein vergleichbares Verfahren besteht im Rahmen von Mobilfunkstichproben aufgrund der geringen Anzahl von eingetragenen Mobilfunkrufnummern jedoch nicht. So berichtet bereits Heckel (2002), dass zum Jahresende 1999 lediglich ca. 2 Mio. Mobilfunkanschlüsse eingetragen waren, denen ca. 23,5 Mio. Anschlüsse gegenüber standen. Für 2007 berichten Häder et al. (2009) keinen deutlichen Anstieg der Anzahl eingetragener Mobilfunkrufnummern, obgleich die Anzahl der Mobilfunkanschlüsse auf 88,2 Mio. angestiegen ist. Auch in 2013 steht den ca. 115,2 Mio. Anschlüssen eine unveränderte Anzahl von Mobilfunkeinträgen gegenüber (vgl. Heckel 2002, S. 13.; Häder et al. 2009, S. 36f.; Sand 2014, S. 21.). Eine Generierung der Auswahlgrundlage auf der Basis dieser wenigen Einträge ist demnach für Mobilfunkstichproben wenig sinnvoll. Darüber hinaus wird die Kenntnis über den Belegungsgrad verschiedener *Rufnummerngassen* im Mobilfunknetz bei den derzeitig drei originären Netzbetreibern als Wettbewerbsvorteil wahrgenommen und nicht kommuniziert. Deshalb werden zur Erstellung einer geeigneten Auswahlgrundlage für Mobilfunkstichproben i.d.R. weitere Quellen, wie bspw. die Angaben der Bundesnetzagentur (BNA) oder diverse Internetquellen herangezogen (vgl. Heckel et al. 2014, S. 147ff.; Häder et al. 2009, S. 35ff.).

Bei Dual-Frame-Erhebungen ist beiden Stichproben gemein, dass es aufgrund des Vorgehens zur Erstellung einer Auswahlgrundlage dazu kommt, dass ein nicht zu vernachlässigender Anteil an Rufnummern erzeugt wird, die zu keinem geschalteten Anschluss führen. Gerade aufgrund des Vorgehens zur Generierung einer Mobilfunkstichprobe ist hier jedoch mit einer niedrigeren *Hitrate*, d.h. das Verhältnis von tatsächlich geschalteten zu angewählten Rufnummern, zu rechnen, da die durch die Bundesnetzagentur kommunizierten Angaben über Rufnummern im Mobilfunkbereich sehr ungenau sind und nur in 100.000- oder 1.000.000-Blöcken erfolgt. Die weiterführende Internetrecherche kann diese Bereiche zwar in gewerblich genutzte, vergebene und noch nicht geschaltete Blöcke untergliedern, jedoch umfasst auch nach diesen Maßnahmen bspw. der Auswahlrahmen für Mobilfunkstichproben von GESIS, dem Leibniz-Institut für Sozialwissenschaften, 2016 noch ca. 328 Mio. potentielle Rufnummern. Demnach beinhaltet der Auswahlrahmen ca. 2,9-mal so viele Rufnummern als es Anschlüsse gibt.

Eine Möglichkeit, Informationen über den Status einer Mobilfunknummer bereits vor der eigentlichen Erhebung im Mobilfunknetz zu erlangen, stellt das sog. *Home Location Register (HLR)-Lookup* dar. Dieses überprüft kostengünstig anhand einer technischen Schnittstelle der jeweilige Netzbetreiber den Status einer gegebenen Mobilfunknummer.[1] Das Ziel eines solchen Lookups besteht demnach darin, nur diejenigen Rufnummern in einer Erhebung einzusetzen, die in einem *Home Location Register* geführt sind. Die restlichen, negativ überprüften Rufnummern, werden als *nicht* vergeben behandelt. Struminskaya et al. (2011) verdeutlichten bereits, dass durch ein solches Verfahren Interviewkosten gespart werden können und eine genauere Bestimmung der Responseraten von Mobilfunkrufnummern ermöglicht wird. Auch eine Untersuchung von Kunz und Fuchs (2011) kommt zu vergleichbaren Ergebnissen. In beiden Publikationen bemerken die Autoren, dass ein solches Verfahren zur Reduktion der Arbeitslast von Interviewern beitragen kann. Ebenfalls beobachten die Autoren erhöhte Kontakt- und Interviewraten sowie durchschnittlich weniger Anrufversuche pro komplettiertem Interview (vgl. Struminskaya et al. 2011, S. 3f.; Kunz und Fuchs 2011, S. 5596 ff.), was durch das Wegfallen nicht vergebener Rufnummern begründet werden kann. Allerdings wird ebenfalls berichtet, dass bei der Einhaltung von strikten Screening-Regeln für den Ausschluss von Rufnummern aufgrund einer (falsch) negativen HLR-Abfrage, ein nicht vernachlässigbarer Teil an Rufnummern fälschlicherweise aus der Stichprobe ausgeschlossen wird. Somit kann bei einem solchen Verfahren die

1 Der exakte Ablauf dieses Verifizierungsverfahrens wird an dieser Stelle nicht weiter erläutert. Eine nähere Beschreibung dazu findet sich in Sand (2014, S. 14ff.).

Gefahr einer falsch-negativen Selektion bestehen, bei der Rufnummern, die grundsätzlich zu einem geschalteten Anschluss führen, ausgeschlossen werden.

Ähnliche Befunde ergaben sich in Untersuchungen von GESIS (bspw. in der Zusammenarbeit mit dem Robert Koch-Institut innerhalb der Dual-Frame-Erhebung *Influenza*). Hinzu kommt die Frage, ob unterschiedliche Anbieter (wie es zu erwarten wäre) zu den gleichen Ergebnissen innerhalb eines solchen Lookups kommen. Daher wurde im Rahmen des Projektes *Verifizierung mobiler Informationen (VermIn)*, das von GESIS 2015 durchgeführt wurde, die *Reliabilität* und *Validität* solcher HLR-Lookups genauer untersucht. Ziel des Projektes ist es, Empfehlungen zum Einsatz solcher HLR-Lookup-Verfahren zu geben, die gerade bei wissenschaftlichen Forschungsvorhaben der Kostenreduktion und dem Einsatz von Mobilfunkstichproben mit einer höheren Hitrate beitragen können. Demnach sind die hier festgehaltenen Empfehlungen hauptsächlich an die Nutzer von Mobilfunkstichproben adressiert und müssen bei der Verwendung von HLR-Lookups zur Verbesserung des Auswahlrahmens nochmals kritisch hinterfragt werden.

Ein weiterer wichtiger Untersuchungsgegenstand ist die *Volatilität* des wahren Status einer Rufnummer. Von Interesse ist dabei die Fragestellung, wie alt ein solches Lookup sein darf, um für eine Erhebung noch immer Gültigkeit zu besitzen. Innerhalb des Projektes wurde deshalb zu mehreren Zeitpunkten ein Lookup durchgeführt, um zu untersuchen, wie schnell sich der wahre Status einer Rufnummer ändert. Darüber hinaus dient die Abfrage zu mehreren (auch kurz hintereinander liegenden) Zeitpunkten einer besseren Bewertung der Reliabilität der Ergebnisse.

Im folgenden Abschnitt wird daher der Aufbau des HLR-Projektes *VermIn* näher erläutert. In den darauf folgenden Abschnitten drei, vier und fünf erfolgt dann der Bericht der Ergebnisse untergliedert in den Vergleich der Berichterstattung nach HLR-Lookup-Anbieter, den Vergleich nach Zeitpunkt der HLR-Abfrage und den Vergleich mit tatsächlichen Kontaktergebnissen der überprüften Rufnummern. Abschnitt 6 fasst abschließend die zentralen Ergebnisse zusammen.

2 Projektbeschreibung

Zur Überprüfung der *Reliabilität, Validität* und *Volatilität*[2] von HLR-Lookup-Ergebnissen wurden im Rahmen des Projektes *VermIn* ca. 30.000 Mobilfunkrufnummern zu drei unterschiedlichen Zeitpunkten durch die beiden Lookup-Anbieter *MyCoolSMS* und *txtnation* überprüft. Die Rufnummern entstammen aus dem Auswahlrahmen für Mobilfunkstichproben von GESIS für das Frühjahr 2015 und wurden aus diesem uneingeschränkt zufällig gezogen. Wichtig ist ebenfalls, dass die Überprüfung der Rufnummern zu allen Zeitpunkten annähernd zeitgleich[3] erfolgte. Darüber hinaus entstammen die Rufnummern aus allen vier Mobilfunknetzen. Die Zusammensetzung nach Netz kann anhand von Tabelle 1 abgelesen werden.

Tabelle 1 Zusammensetzung der Stichprobe

Mobilfunknetz	Anzahl Rufnummern in der Stichprobe
T-Mobile	8.109 (27,1%)
Vodafone	7.223 (24,1%)
Telefonica O2	8.659 (28,9%)
E-Plus	5.964 (19,9%)
Summe	29.955 (100%)

Als Zeitpunkte zur Überprüfung der Rufnummer wurden gewählt:

Zeitpunkt 1 (t_1): 18.05.2015

Zeitpunkt 2 (t_2): 03.06.2015

Zeitpunkt 3 (t_3): 23.09.2015

2 In diesem Kontext ist anzumerken, dass die Volatilität der Ergebnisse nicht (zwangsläufig) aufgrund von technischen Mängeln innerhalb des Verfahrens zustande kommt, sondern durch die tatsächliche Änderung des Status einer Mobilfunknummer. Dies geschieht bspw. dann, wenn eine zuvor nicht geschaltete Rufnummer neu vergeben wird oder eine langfristig inaktive Rufnummer aus dem Netz ausgebucht wird.

3 Die Verzögerung innerhalb der Überprüfung der gleichen Mobilfunknummer bei beiden Anbietern betrug ca. 2 Sekunden.

Die Untersuchung zu drei unterschiedlichen Zeitpunkten diente dem Erkenntnisgewinn über die Variabilität der Ergebnisse. Wichtig für das Untersuchungsziel der *Volatilität* war hierbei die Fragestellung, wie „alt" HLR-Ergebnisse sein dürfen, wenn sie in einer Mobilfunkstichprobe verwendet werden. Demnach soll diese Überprüfung dazu beitragen, einen Einblick darüber zu erhalten, wie viel Zeit zwischen der Überprüfung der Mobilfunkstichprobe und dem eigentlichen Feldbeginn vergehen darf. Da eine Feldphase mehrere Wochen dauern kann, ist die Kenntnis darüber, ob ein HLR-Ergebnis, das zu Beginn dieser Phase erstellt wurde, über die gesamte Feldzeit seine Gültigkeit behält, ebenfalls von Relevanz. Um möglichst vergleichbare Ergebnisse zu erhalten wurde die Uhrzeit der Abfrage konstant gehalten und ein Werktag zur Überprüfung gewählt. Des Weiteren wurde mit der Wahl des dritten Abfrage-Zeitpunktes versucht, den Zeitraum der Schulferien zu vermeiden.

Zur Beurteilung der *Reliabilität* der Ergebnisse wurden die Abfragen der beiden Anbieter *MyCoolSMS* und *txtnation* miteinander verglichen. Die zugrunde liegende Annahme ist dabei, dass beide Anbieter die gleiche technische Abfrage bei einer gegebenen Rufnummer durchführen. Daher müsste deren Ergebnis vergleichbar sein. Die Wahl der Anbieter erfolgte dabei aufgrund ihres Angebotes bezüglich Preis und Netzabdeckung.[4]

Zur Beurteilung der *Validität* von Lookup-Anfragen wurde eine Substichprobe der ca. 30.000 Mobilfunkrufnummern im Umfang von 12.129 Rufnummern in der Erhebung *Influenza II* des RKIs durch die USUMA GmbH als Einsatzstichprobe verwendet. Dabei lag das zweite Lookup innerhalb der Feldzeit der Erhebung. Die erste Überprüfung erfolgte eine Woche vor Feldbeginn. Für den Vergleich der Kontaktergebnisse mit den Ergebnissen des HLR-Lookups wurden systemfreie IDs verwendet, die zwar einen Rückschluss auf die Mobilfunkvorwahl der verwendeten Rufnummer sowie deren ersten drei Stellen ermöglichten, jedoch keine Rückschlüsse auf Charakteristika der erhobenen Person erlauben.

4 Zum Beispiel decken nicht alle HLR-Lookup-Anbieter alle deutschen Mobilfunknetze ab.

3 Vergleich nach Anbieter

Zum direkten Vergleich beider Anbieter wurden zuerst der Umfang des Angebotes sowie die dafür anfallenden Kosten gegenüber gestellt. Diesbezüglich kostete der Lookup pro Rufnummer beim Anbieter *MyCoolSMS* 0,01 €.[5] Dem Anbieter *txtnation* liegt ein anderes Zahlungsmodell zugrunde. Bei diesem Anbieter wird im Paket eine bestimmte Anzahl von Abfragen im Vorfeld gebucht. Bei der vorliegenden Untersuchung wurde dabei eine Abfrage von 100.000 Rufnummern zu einem Preis von 500 £ erworben. Somit liegt der Preis einer einzelnen Abfrage bei ca. 0,065 €. Bei beiden Anbietern erfolgt die Abwicklung der Anfragen über ein zuvor aufgeladenes Prepaid-Konto.

Beide Anbieter übermitteln nach einer HLR-Lookup-Abfrage folgende Angaben: Der *Status der Rufnummer*, die *International Mobile Subscriber Identity (IMSI)*, der *Mobile Country Codes (MCC)*, der *Mobile National Codes (MNC)* sowie der (Kurz-) ID des *Mobile Switching Centers ((s)MSC)* und das *(s)HLRs*. Darüber hinaus berichtet *MyCoolSMS* noch die *Portierung* der Rufnummer in ein anderes Netz sowie die Angabe, ob sich eine Rufnummer gerade im *Roaming* befindet. *txtnation* hingegen schlüsselt den Grund fehlgeschlagener Abfragen deutlich detailreicher auf.

Ein erster Vergleich der Outputs beider Anbieter wird folgend anhand der Abfrage der gleichen Rufnummer zu den ersten beiden Zeitpunkten dargestellt. Hier wurde der Output beider Anbieter auf wesentliche Merkmale reduziert.

Lfnd. Nr.	Anbieter	Nummer	IMSI	SMSC	SHLR	Abfr.
12563	MyCoolSMS	49175161xxxx	262010001674914	491710	491710750002	t_1
12564	TxTNation	49175161xxxx	262010001677742	491710750002	491710750002	t_1
12563	MyCoolSMS	49175161xxxx	262010001268774	491710	491710750002	t_2
12564	TxTNation	49175161xxxx	262010001299689	491710750002	491710750002	t_2

Hierbei fällt auf, dass sich die berichtete *IMSI*, die eine international eindeutige Zuweisung zu einer SIM-Karte darstellt, für beide Anbieter und beide Zeitpunkte unterscheidet. Eine mögliche Begründung hierfür könnte darin bestehen, dass anstelle der IMSI aus Gründen der Anonymisierung

5 Der Anbieter gewährt jedoch einen Nachlass bei höheren Losgrößen.

eine temporäre Identifikationsnummer berichtet bzw. verwendet wird. Diese müsste dann jedoch, da eine solche Nummer von der Funkzelle abhängig ist, in der sich ein Teilnehmer gerade befindet, zumindest in der Betrachtung nach dem jeweiligen Zeitpunkt bei beiden Anbietern übereinstimmen. Daher besteht die Vermutung, dass mindestens einer der beiden Anbieter an dieser Stelle eine andere Prüfziffer oder fehlerhafte Daten übermittelt.

Der Vergleich der Statusabfrage der Anbieter zum Zeitpunkt des ersten Lookups kann in Abbildung 1 nachvollzogen werden.

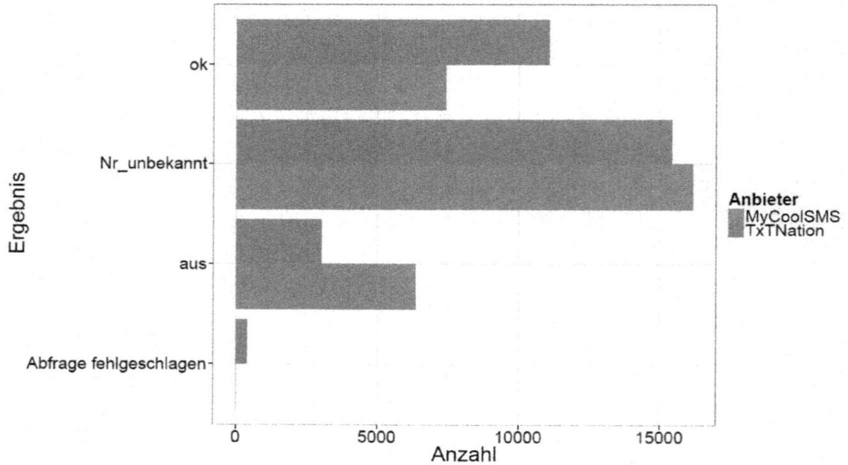

Abbildung 1 HLR-Abfrage nach Anbieter t_1 in

Der direkte Vergleich der Ergebnisse der Abfrage der ca. 30.000 Rufnummern zeigt einen deutlichen Unterschied zwischen dem berichteten Status beider Anbieter.[6] So gibt *txtnation* für ca. 37% aller überprüften Rufnummern den Status *„eingeschaltet und vergeben" (ok)* zurück, während dies nur für ca. 25% aller überprüften Rufnummern von *MyCoolSMS* zutrifft. Dieser berichtet im Gegenzug dafür mit ca. 21% aller überprüften Rufnummern einen deutlich höheren Anteil des Status *„vergeben, aber inaktiv" (aus)* als

6 Bei einer einzelnen Betrachtung des jeweiligen Status. Eine gröber Zusammenfassung in *Rufnummer ist Prinzipiell vergeben* und *Rufnummer existiert nicht* führt die Ergebnisse beider Anbieter näher zusammen.

txtnation (ca. 10%). Ein solcher Status wird in der Regel wiedergegeben, wenn ein entsprechender Anschluss zwar geschaltet ist, die SIM-Karte jedoch zum Zeitpunkt der Abfrage nicht in ein Mobilfunknetz eingewählt ist. Hierbei kann es sich u.a. um mobile Zweitgeräte (bspw. Tablets und Surfsticks), nicht mehr genutzte Prepaid-Karten oder ein ausgeschaltetes Mobiltelefon handeln. Der Status *„Rufnummer unbekannt"* wird mit ca. 54% (*MyCoolSMS*) bzw. ca. 51% (*txtnation*) ungefähr gleich häufig zurückgegeben. Der Status bezeichnet für gewöhnlich den Umstand, dass eine Rufnummer nicht vergeben ist.

Zur Ergründung der Ursache dieser Unterschiede kann Abbildung 2 herangezogen werden. Diese schlüsselt die Ergebnisse der beiden HLR-Lookup-Anbieter nach Mobilfunkvorwahl der überprüften Rufnummer und deren originären Netz zum Zeitpunkt des ersten Lookups auf.

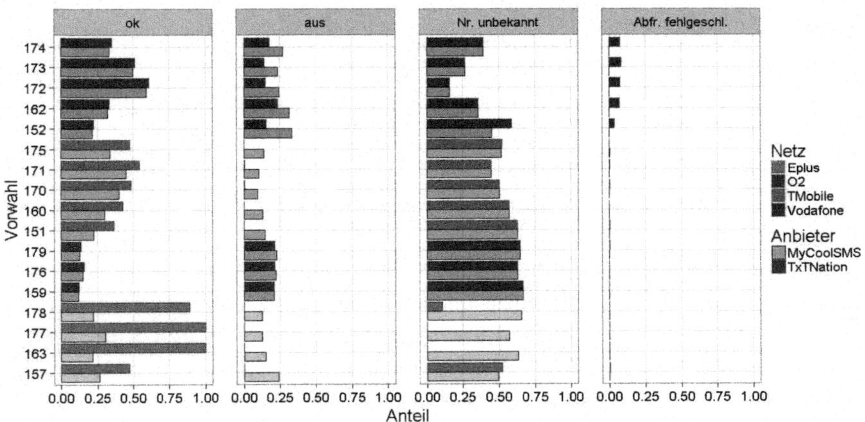

Abbildung 2 Abfrage in t_1 nach Resultat und Netz

Eine genauere Untersuchung zeigt hier eine der Hauptursachen der Unterschiede in der Berichterstattung der Abfrageergebnisse auf. Beobachtet werden kann insbesondere, dass die Unterschiede in den jeweilig berichteten Ergebnissen abhängig vom zugrundeliegenden Mobilfunknetz und/ oder der Mobilfunkvorwahl der jeweiligen Nummern zu sein scheinen. So sind kaum Unterschiede im berichteten Status innerhalb der (originären) Vorwahlen des *Telefonica O2*-Netzes zu beobachten, während ein Großteil der Unterschiede im Netz des Anbieters *Vodafone* dadurch zustande kommt, dass bei einigen Rufnummern, deren Status durch *MyCoolSMS* als *„vergeben, aber inaktiv"* gemeldet wurde, die Abfrage von *txtnation* fehlschlug. Einzige Ausnahme hierbei ist die Vorwahl *0152*, bei der ein Teil dieser Rufnummern explizit als nicht vergeben berichtet wird.

Im Netz des Anbieters *T-Mobile* scheint lediglich ein Unterschied in der Berichterstattung ob eine Rufnummer aktiv (also das mobile Endgerät eingeschaltet) oder inaktiv ist, zu bestehen. Eine gröbere Einordnung zwischen *Rufnummer ist geschaltet* und *Rufnummer ist nicht vergeben*, würde demnach vergleichbare Ergebnisse hervorbringen.

Besonders deutlich sind die Unterschiede im (ehemaligen) *E-Plus*-Netz.[7] Hier zeigt sich, dass der Anbieter *txtnation* den Status von nahezu allen Rufnummern als *„vergeben und eingeschaltet"* berichtet. Lediglich die Vorwahl *0157* weicht hiervon ab. Da ein solches Ergebnis nicht plausibel zu sein scheint und auch stark von den Ergebnissen des zweiten Anbieters abweicht, kann hier angenommen werden, dass der Status für das *E-Plus*-Netz fehlerhaft durch *txtnation* berichtet wird.

Gerade im Hinblick auf die fehlerhafte Berichterstattung im *E-Plus*-Netz unterscheidet sich der zweite Lookup nur geringfügig von den in Abbildung 2 dargestellten Ergebnissen. Interessant in diesem Kontext sind jedoch die Ergebnisse des dritten Lookups, die in Abbildung 3 nachvollzogen werden können.

Auffällig bei der Betrachtung der berichteten Statusabfrage zum Zeitpunkt t_3 ist, dass sich für Rufnummern aus dem Netz von *E-Plus* das Ergebnis im Vergleich zu t_1 gerade in das andere „Extrem" für den Anbieter *txtnation* geändert hat. Wurden zum ersten Zeitpunkt noch alle Rufnummern aus diesem Netz als *vergeben und eingeschaltet* berichtet, zeigt das Ergebnis dieser Abfrage bei dem Anbieter, dass keine der Rufnummern geschaltet ist.[8] Insgesamt scheint somit die Berichterstattung des Anbieters *txtnation* bei der Abfrage von Rufnummern mit originären Vorwahlen des *E-Plus*-Netzes falsch zu sein. Als mögliche Begründung kann einerseits die evtl. Betriebsamkeit innerhalb dieses Netzes, etwa durch die Fusion mit *Telefonica O2*, aber auch der Zugang von *txtnation* zu diesem Netz herangezogen

7 Das Netz ist mittlerweile ein Teil des Telefonica- O2- Netzes.

8 Dazu ist anzumerken, dass der Anbieter zwischen den Ergebnissen der zweiten und dritten Abfrage mehrfach von GESIS auf das Phänomen angesprochen wurde, ohne dass es zu einer Bestätigung oder Klärung der Ursache gekommen ist.

werden. Ohne eine Stellungnahme des Anbieters zu diesem Punkt kann an dieser Stelle jedoch nur eine Vermutung getroffen werden.[9]

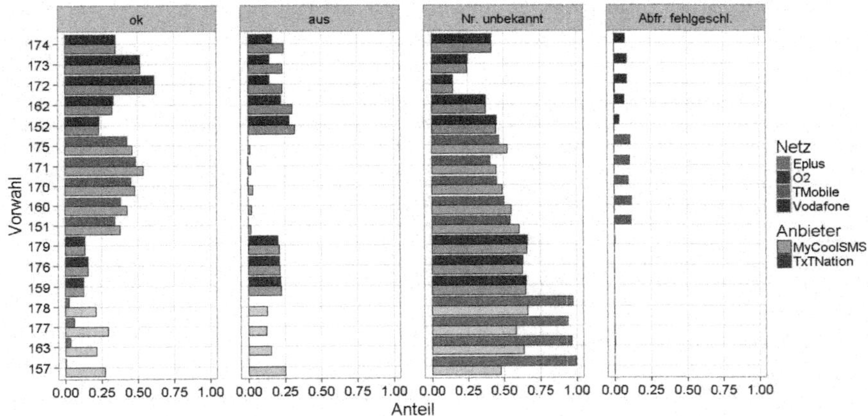

Abbildung 3 Abfrage in t_3 nach Resultat und Netz

Darüber hinaus fällt bei den berichteten Ergebnissen dieser Abfrage auf, dass innerhalb der beiden D-Netze (Vodafone und T-Mobile) ein höherer Anteil der Abfragen fehlgeschlagen ist.

Insgesamt kann daher festgehalten werden, dass sich die Klassifikation der Signale, die bei einer HLR-Lookup-Abfrage ausgetauscht werden, zwischen beiden Anbietern unterscheidet, was dazu führt, dass der Status der gleichen Rufnummer zum gleichen Zeitpunkt von beiden Anbietern teilweise unterschiedlich berichtet wird. Dies kann, gerade bei strengen Screening-Regeln, je nach Anbieter zu einer falsch-negativen Selektion führen.

Bereinigt um die offensichtlich fehlerhaft berichteten Statusabfragen von Rufnummern des *E-Plus*-Netzes durch *txtnation* wurden daher die sich unterscheidenden Ergebnisse beider Anbieter nochmals genauer untersucht, um nähere Erkenntnisse über potentiell fälschlicherweise (aus-)selektierte Rufnummern zu erlangen. Inklusive aller Rufnummern des *E-Plus*-Netzes stimmen ca. 20% aller Ergebnisse in t_1 bzw. ca. 14% aller Ergebnisse in t_3,

9 Zu dieser Problematik wurde der Anbieter mehrfach kontaktiert und auf mögliche Probleme hingewiesen. Jedoch gab es lediglich die Mitteilung, dass die Überprüfung technisch problemfrei sei.

nicht überein. Ohne diese Rufnummern weichen die Ergebnisse jedoch nur in 7% aller Rufnummern in t_1 bzw. 5% t_3 in voneinander ab. Tabelle 2 stellt dazu nochmals die unterschiedlichen Ergebnisse beider Anbieter zu den beiden Zeitpunkten ohne die Ergebnisse der Abfragen aus dem *E-Plus*-Netz gegenüber.

Tabelle 2 Ungleiche Resultate (absolut) ohne E-Plus

		MyCoolSMS				
		Abfr. fehlg.	aus	Nr. unb.	ok	
txtnation	Abfr. fehlg	0	393	0	0	t_1
	Aus	0	0	0	0	
	Nr. unb	3	539	0	0	
	Ok	1	1.212	0	0	
txtnation	Abfr. fehlg	0	403	523	367	t_3
	Aus	0	0	0	0	
	Nr. unb	0	133	0	0	
	Ok	1	85	0	0	

Die nähere Betrachtung der unterschiedlichen Ergebnisse (ohne die Rufnummern aus dem *E-Plus*-Netz) zeigt, dass die Abweichungen lediglich in der unterschiedlichen Berichterstattung von inaktiven Anschlüssen bestehen (t_1), bzw. durch fehlgeschlagene Abfragen zustande kommen (t_3). Ein Ausscreenen derjenigen Rufnummern, deren Status von einem der Beiden als ***nicht vergeben*** berichtet wird, würde demnach (ohne *E-Plus*) bei beiden Anbietern zu einer vergleichbaren bereinigten Bruttostichprobe führen.[10]

Der direkte Vergleich beider Anbieter zeigt deutliche Schwächen gerade bei den Lookup-Ergebnissen des Anbieters *txtnation* über alle Beobachtungszeitpunkte, die vor allem dann zu schwerwiegenden Konsequenzen

10 Ein strenges Screening, bei dem ebenfalls inaktive Anschlüsse aus der Stichprobe entfernt werden, führt hier allerdings zu unterschiedlichen Stichprobenzusammensetzungen. Dazu muss jedoch angemerkt werden, dass eine solche Screening-Regel Gefahr läuft, einen nicht unerheblichen Anteil an Rufnummern auszusortieren, die nur zeitweise inaktiv sind.

führen können, wenn sich die Ergebnisse wie im dritten Lookup darstellen. Dies würde dazu führen, dass alle Rufnummern aus dem *E-Plus*-Netz ausgescreent werden und kann somit genau dann zu verzerrten Schätzergebnissen führen, wenn sich Personen, die über diese Anschlüsse erreichbar sind, in ihren (soziodemografischen) Charakteristika systematisch von der restlichen Stichprobe unterscheiden. Demnach ist gerade für seltene Nutzer solcher HLR-Lookup-Angebote Vorsicht geboten.

4 Vergleich nach Zeitpunkt

Der Vergleich der berichteten HLR-Lookup-Ergebnisse über die Zeit hinweg soll an dieser Stelle helfen, einen genaueren Einblick über die zeitliche Variabilität des Status einer Rufnummer zu erlangen. Insbesondere die Fragestellung, wie alt ein Lookup sein darf, um für eine gegebene Stichprobe noch gültig bzw. als Entscheidungsgrundlage dienlich zu sein, ist dabei von Interesse. Daher wird untersucht, ob sich innerhalb der zugrundeliegenden Stichprobe, in einer *kurzen* Zeitspanne ein Statuswechsel best. Rufnummern von *vergeben* hin zu *nicht geschaltet,* oder umgekehrt, einstellt und wie hoch dieser Anteil des Statuswechsels ist.

Hierbei ist gerade ein Wechsel von *nicht geschaltet* hin zu einer aktiven Rufnummer von Interesse, da ein solcher Wechsel, bei einer Screening-Regel, die vor dem Einsatz der Stichprobe in einer Erhebung alle zuvor durch ein Lookup negativ berichteten Rufnummern verwirft, zu einer falsch-negativen Selektion führt und somit u.U. die Schätzergebnisse einer Stichprobe verzerren kann. Der Wechsel einer aktiven Nummer hin zu einer nicht geschalteten ist in diesem Kontext weniger gravierend, da dies lediglich einen Mehraufwand innerhalb der Feldzeit mit sich führt und, je nach Vorgabe zur Einordnung der Kontaktergebnisse, evtl. die Responserate negativ beeinflusst.[11] Jedoch führt ein solcher Wechsel i.d.R. zu keiner zusätzlichen Verzerrung, da es sich um einen stichprobenneutralen Ausfall handelt.[12]

11 Ein solches Szenario ist jedoch nur unter der Einordnung in die Kategorie unknown eligibility zu erwarten und nicht, wenn diese als stichprobenneutraler Ausfall gewertet wird.

12 Ein Einfluss auf die Varianz aufgrund einer verminderten Stichprobengröße kann jedoch nicht ausgeschlossen werden.

Um die Volatilität des Status einer Rufnummer abschätzen zu können, wurden die Lookups einmal in einem Abstand von ca. zwei Wochen und einmal in einem Abstand von ca. vier Monaten wiederholt. Dabei stimmte die Reihenfolge der Rufnummern vom ersten zum zweiten Lookup überein. Da sich, wie im vorherigen Abschnitt erläutert, Probleme in der Überprüfung bestimmter Rufnummernbereiche bei einem Anbieter ergeben haben, die zu fehlerhaften Ergebnissen führten, wurde die dritte Stichprobe permutiert, um sicherzustellen, dass es sich hierbei nicht um ein Problem handelt, das aufgrund der Reihenfolge der Abfrage zustande kommt und bspw. eine abendliche Abfrage bei diesem Anbieter grundsätzlich fehlerbehaftet ist.

Da die Abfragen zwischen 18 und 22 Stunden[13] benötigten und einige der Rufnummern somit nachts überprüft wurden, gewährt die Permutation der Rufnummern darüber hinaus einen Einblick in den Anteil derjenigen Rufnummern, die den Status *geschaltet und inaktiv* dadurch erhalten haben, dass das Mobilfunkgerät zum Abfragezeitpunkt aufgrund von bspw. Nachtruhe abgeschaltet gewesen ist. Ein genauer Schätzwert des Anteils der nachts ausgeschalteten Rufnummern lässt sich aus diesen Angaben jedoch nicht ableiten, da zu vermuten ist, dass einige Nummern, die zum Zeitpunkt der ersten und zweiten Abfrage nachts überprüft wurden, ebenfalls während des dritten Lookups nachts erfolgte.

Der Vergleich aller Lookup-Ergebnisse nach Zeitpunkt und Anbieter wird in Abbildung 4 dargestellt.

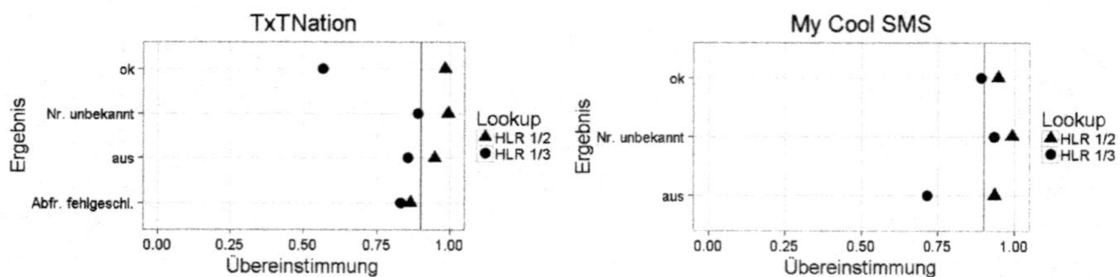

Abbildung 4 Übereinstimmung des Status im Zeitverlauf

13 Die Abfrage wurde dabei per Live-API durchgeführt, damit diese für beide Anbieter zum gleichen Zeitpunkt erfolgt. Eine Abfrage durch den Anbieter direkt benötigt i.d.R. nur wenige Sekunden.

Hier zeigt sich, dass es sowohl bei *txtnation*, als auch bei *MyCoolSMS* keine deutlichen Veränderungen zwischen der ersten und der zweiten Abfrage zu geben scheint. Der Vergleich zwischen dem ersten und letzten Lookup zeigt jedoch gerade beim Anbieter *txtnation* deutliche Unterschiede.

Da darüber hinaus die Übereinstimmung der beiden Anbieter in Abhängigkeit des Netzes unterschiedlich ausfallen kann, wurden folgend lediglich diejenigen Ergebnisse näher betrachtet, deren Statusabfrage bei beiden Anbietern zu einem gleichen oder vergleichbaren Ergebnis geführt haben. Zu beachten ist hierbei im Hinblick auf die Statusabfragen innerhalb der Vorwahlen des *E-Plus*-Netzes, dass diese Rufnummern zu den ersten beiden Zeitpunkten lediglich durch den Anbieter *MyCoolSMS* als aktiv berichtete Rufnummern beinhalten kann, während zum dritten Zeitpunkt ausschließlich nicht geschaltete Rufnummern für diesen Vergleich herangezogen werden können.[14] Dies begründet sich dadurch, dass der Anbieter *txtnation* innerhalb der ersten beiden Abfragen annähernd alle Rufnummern aus diesem Netz als *eingeschaltet und aktiv* berichtet hat, während zum dritten Zeitpunkt nahezu alle dieser Rufnummern als *nicht geschaltet* berichtet werden. Da an dieser Stelle ausschließlich diejenigen Rufnummern betrachtet werden, deren Ergebnis zwischen den beiden Anbietern sowohl zu t_1 als auch zu t_3 übereinstimmen, werden daher lediglich 18% aller in der Gesamtstichprobe enthaltenen Rufnummern aus dem *E-Plus*-Netz betrachtet. Insgesamt sind dadurch lediglich ca. 22.000 Rufnummern der Gesamtstichprobe Gegenstand dieser Untersuchung. Die Verteilung der Rufnummern nach Netz kann in Tabelle 3 nachvollzogen werden.

Tabelle 3 Anzahl der übereinstimmenden Rufnummern in t_1 und t_3 nach Netz

Mobilfunknetz	Anzahl Rufnummern in der Stichprobe
T-Mobile	6.162 (28,1%)
Vodafone	6.155 (28,1%)
Telefonica O2	8.535 (38,9%)
E-Plus	1.071 (4,9%)
Summe	21.923 (100%)

14 Die einzige Ausnahme bildet in diesem Netz die Vorwahl *0157*.

Abbildung 5 zeigt in diesem Zusammenhang den Anteil eines Status pro Vorwahlbereich für diejenigen Rufnummern, deren Ergebnisse sowohl t_1 in als auch in t_3 bei beiden Anbietern übereinstimmen.[15]

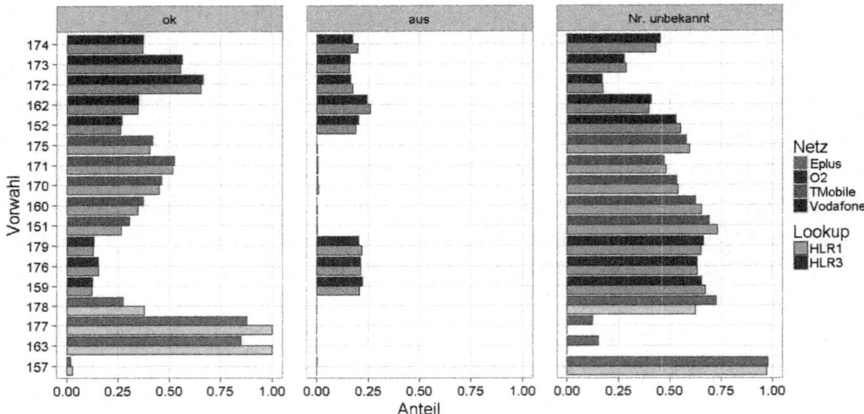

Abbildung 5 Statuswechsel nach Art, Vorwahl und Lookup

Es zeigt sich, dass die zuvor in der Untersuchung aller Ergebnisse (Abbildung 4) festgestellten Unterschiede zumindest in der Betrachtung derjenigen Fälle, bei denen das Ergebnis beider Anbieter in t_1 und t_3 übereinstimmt, deutlich weniger stark ausfallen. Demnach kann vermutet werden, dass der Anteil der Veränderungen im Status der Mobilfunknummern zwischen dem ersten und dritten Lookup aufgrund der mutmaßlich fehlerhaft berichteten Ergebnisse durch *txtnation* im *E-Plus*-Netz sowie durch einen höheren Anteil an fehlgeschlagenen Abfragen in Abbildung 4 überschätzt wird. So zeigt sich für die in Abbildung 5 verwendete Substichprobe in einem Abstand von vier Monaten nur eine geringfügige Veränderung des Status der Rufnummern. Lediglich im *E-Plus*-Netz scheint es hier deutlichere Unterschiede zu geben. Jedoch täuscht hier die Darstellung durch den Anteil pro Vorwahl über die tatsächliche Anzahl der Beobachtungen hinweg. So stammen 913 der 1.071 Rufnummern, für die eine Übereinstimmung beider

15 Hierbei können die einzelnen Statusabfragen einer Nummer im Zeitverlauf durchaus variieren, solange die Überprüfung bei beiden Anbietern das gleiche Resultat hervorbringt.

Lookup-Anbieter festzustellen war, aus dem Vorwahlbereich *0157*. Für diesen Vorwahlbereich war jedoch bereits in Abbildung 2 eine Abweichung des berichteten Status durch *txtnation* festzustellen.

Eine genauere Untersuchung derjenigen Rufnummern der (gesamten) Substichprobe, für die ein Statuswechsel innerhalb von vier Monaten zu beobachten war, ist dennoch sinnvoll, um überprüfen zu können, ob ein Lookup nach einem solchen Zeitraum noch immer für eine aktuelle Erhebung Gültigkeit besitzt. Wie zu Beginn des Abschnittes bereits erläutert, ist hier gerade der Statuswechsel zwischen einem nicht geschalteten Anschluss hin zu einer positiven HLR-Abfrage von Interesse. Hierzu wurden die Statusabfragen nach Zeitpunkt für diejenigen Rufnummern, deren Status sich in t_1 und t_3 unterscheidet, in Tabelle 4 nochmals gegenübergestellt.

Tabelle 4 Ungleiche Resultate nach Lookup (für Substichprobe)

		t_3			Summe
		aus	Nr. unb.	ok	
t_1	aus	0	261	189	450
	Nr. unb	184	0	434	618
	ok	275	142	0	417
Summe		459	403	623	1.485

Wie sich anhand dieser Tabelle zeigt, ist der Wechsel zwischen einer zu t_1 nicht geschalteten Rufnummer hin zu einem geschalteten Status der am häufigsten auftretende Fall mit insgesamt 618 Beobachtungen. Diesbezüglich muss jedoch festgehalten werden, dass lediglich für ca. 7% der Substichprobe generell ein Statuswechsel zu beobachten war, bzw. nur ca. 3% der Substichprobe einen Wechsel von *nicht geschalteten* hin zu einem aktiven Status in einem Zeitraum von vier Monaten durchliefen.

Aus dem Netz ausgebucht wurden von t_1 zu t_3 insgesamt ca. 2% aller zuvor als geschaltet berichteten Rufnummern, wobei ca. 65% dieser Nummern zuvor auch als *inaktiv* berichtet wurden. Dies kann anhand einer Aussage der Bundesnetzagentur dadurch begründet werden, dass längerfristig inaktive Mobilfunkanschlüsse von Netzbetreibern aus dem Netz ausgebucht werden (vgl. Bundesnetzagentur 2013, S. 41).

Darüber hinaus zeigt der Statuswechsel von inaktiven hin zu aktiven Mobilfunkanschlüssen, dass es durchaus Wechsel zwischen diesen Ergebnissen geben kann. Da innerhalb der Permutation der Ergebnisse jedoch mehrere Stunden zwischen den einzelnen Abfragen derselben Rufnummer liegen können, ist es nicht sinnvoll eine Aussage darüber zu treffen, wie hoch der Anteil derjenigen Rufnummern ist, die zu einer bestimmten Tageszeit ausgeschaltet sind. Dennoch kann anhand des insgesamt geringen Anteils der Rufnummern der Substichprobe, die überhaupt einen Statuswechsel vollzogen haben, vermutet werden, dass der Anteil derjenigen Rufnummern, die zu bestimmten Tageszeiten inaktiv sind, vergleichsweise gering ist.

Legt man nun jedoch die Annahme zugrunde, dass nur ein einziges HLR-Lookup vor einer Erhebung durchgeführt wird, so zeigt sich, dass auch unter denjenigen Rufnummern, die als *geschaltet und inaktiv* berichtet werden, Anschlüsse zu finden sind, unter denen eine Person erreicht werden kann. Eine Screening-Regel, die auch solche Anschlüsse aus der Einsatzstichprobe ausschließt, kann daher u.U. zu verzerrten Schätzergebnissen führen.

Für die Betrachtung über einen Zeitraum von vier Monaten zeigt sich, dass Statuswechsel durchaus zu beobachten sind. Jedoch kommen diese für die verwendete Substichprobe lediglich in geringer Zahl vor. Dabei ist der häufigste Wechsel derjenige von einem nicht geschalteten hin zu einem geschalteten Anschluss. Jedoch fällt auch hier der Anteil vergleichsweise gering aus. Unter der Berücksichtigung, dass die Feldzeit einer CATI-Erhebung in den meisten Fällen zwar mehrere Wochen, aber selten mehrere Monate beträgt, kann jedoch, unter Berücksichtigung des Vergleich des ersten und zweiten Statusabfrage, davon ausgegangen werden, dass Lookups, die kurz vor einer solchen (mehrwöchigen) Erhebung durchgeführt werden, über die Feldzeit ihre Gültigkeit behalten. Bei einer Feldzeit, die mehrere Monate beträgt, sollte ein Lookup jedoch evtl. wiederholt werden, um potentielle Verzerrungen der Schätzergebnisse zu vermeiden.

5 Vergleich mit Kontaktergebnissen

Zur Beurteilung der Validität der HLR-Lookup-Ergebnisse wurde eine Substichprobe der hier verwendeten Stichprobenauswahl im Rahmen der Erhebung *Influenza II* des Robert Koch-Institutes (RKI) durch die USUMA GmbH kontaktiert. Die Auswahl der 12.129 Rufnummern erfolgte dabei durch USUMA uneingeschränkt zufällig und ohne die Kenntnis der vorherigen Lookup-Ergebnisse. Der Vergleich der Kontaktergebnisse der Erhebung und der Ergebnisse der HLR-Lookups erfolgte anhand von systemfreien IDs, die keinen Rückschluss auf die ursprüngliche Rufnummer erlauben. Maximal wurde eine Rufnummer im Rahmen der Erhebung dabei 16-mal kontaktiert, sodass der Kontaktdatensatz insgesamt 32.893 Beobachtungen beinhaltet.

Zunächst wurden die Dispositioncodes aus dem Kontaktdatensatz der Erhebung nach *geschaltetem Anschluss, Rufnummer nicht vergeben* und *Status unklar* zusammengefasst und mit den entsprechenden Ergebnissen des Lookups verglichen. Die Einordnung erfolgte dabei unter der Betrachtung der gesamten Anrufkette pro Rufnummer und der Verwendung des *finalen* und nicht des *letzten Kontaktergebnisses.* Das *finale Kontaktergebnis* stellt dasjenige dar, das den höchsten Informationsgehalt hat, während das *letzte Kontaktergebnis* lediglich am Ende der Anrufkette steht. Als Beispiel kann folgende Anrufkette angeführt werden:

Anwahlversuch	Rufnr.	Kontaktergebnis
1	49151436xxxxx	KP: ZP nicht da/ kann gerade nicht - Terminvereinbarung
2	49151436xxxxx	KP: ZP nicht da/ kann gerade nicht - Terminvereinbarung
3	49151436xxxxx	Dialer: Freizeichen
4	49151436xxxxx	Dialer: Aufgelegt

Die Verwendung des letzten Kontaktergebnisses im obigen Beispiel würde die Rufnummer (auch bei der Berechnung der Responserate) als *unbekanntes Kontaktergebnis/ Status unklar* einordnen, da jedoch in den ersten beiden Kontaktergebnissen ein persönlicher Kontakt zustande gekommen ist und darüber hinaus sogar eine Zielperson ermittelt wurde, lässt sich die Rufnummer unter der Verwendung des *finalen Kontaktergebnisses* eindeutig als *geschaltete Rufnummer* identifizieren (bzw. als zur Zielpopulation zugehörig bei der Berechnung der Responserate).

Bei der Ermittlung des finalen Kontaktergebnisses wurde ein Kontaktergebnis, das auf einen persönlichen Kontakt und somit eine geschaltete Rufnummer schließen lässt, dem Ergebnis *Rufnummer nicht vergeben* und *Status unklar* immer vorgezogen. Bei einer Anrufkette ohne persönlichen Kontakt wurde der Status der Rufnummer als *nicht vergeben* deklariert, wenn das Dialer-Ergebnis diese Rufnummer mindestens einmal als nicht geschaltet identifiziert hat. Lediglich diejenigen Anrufketten, deren Kontaktergebnisse weder einen eindeutigen Kontakt zu einer geschalteten Rufnummer aufweisen, noch vom Dialer als nicht vergeben identifiziert wurden, erhielten den Status „unklar".[16] Diejenigen Rufnummern, die als *Status unklar* deklariert wurden, beinhalten demnach Anrufketten, in denen ausschließlich Kontaktergebnisse enthalten sind, die nicht genau zuzuordnen sind. Hierzu zählen auch *Frei-* und *Besetztzeichen, Kontakte zu Anrufbeantworten, Fax* oder *kein Rufton.* Begründet wird diese Wahl damit, dass bei dem Kontaktergebnis zu einem Anrufbeantworter, gerade wenn diese Einordnung durch den Dialer geschieht, nicht eindeutig bestimmbar ist, ob es sich tatsächlich um eine Mailbox-Ansage oder doch um eine andere „Bandansage" handelt, die darauf hinweist, dass ein Anschluss nicht geschaltet ist. Da auch Signaltöne, oder das Fehlen solcher, bei einem Anruf unterschiedliche Bedeutungen haben können, wurden auch *Frei-* und *Besetztzeichen* dieser Kategorie zugeordnet.

Die Einteilung der 12.129 finalen Kontaktergebnisse anhand dieser drei Kategorien kann dazu mittels Tabelle 5 nachvollzogen werden.

Tabelle 5 Finale Kontaktergebnisse

Ergebnis	Anzahl
Rufnummer geschaltet	1.681
Rufnummer nicht vergeben	7.829
Status unklar	2.619
Summe	12.129

16 Bei dieser Vorgehensweise wurde davon ausgegangen, dass der Dialer dazu in der Lage ist, nicht vergebene Rufnummern nicht falsch-negativ zu selektieren.

Wie bereits zuvor geschildert, erfolgte der zweite Lookup innerhalb der ersten Woche der Feldzeit dieser Erhebung. Um einen Einblick darüber zu erhalten, ob sich die Lookup-Ergebnisse als valide herausstellen, wurden diese mit der zuvor vorgenommen Einteilung nach finalem Kontaktergebnis und nach Lookup-Anbieter, verglichen. Tabelle 6 stellt dafür die Lookup-Ergebnisse zu t_2 den finalen Kontaktergebnissen gegenüber.

Tabelle 6 Vergleich Lookup und finale Kontaktergebnisse zu t_2

		Finale Kontaktergebnisse			
		RN geschaltet	RN nicht vergeben	Status unklar	Summe
MyCoolSMS	Abfr. fehlgeschl.	0	0	0	0
	aus	101	978	1.552	2.631
	NR unb.	8	6.516	61	6.585
	ok	1.572	335	1.006	2.913
txtnation	Abfr. fehlgeschl.	3	204	5	212
	aus	40	352	841	1.233
	NR unb.	129	5.716	417	6.652
	ok	1.509	1.557	1.356	4.422
	Summe (pro Lookup)	1.681	7.829	2.619	

Auch hier lassen sich, ebenso wie in den vorherigen Untersuchungen der *Reliabilität* und der zeitlichen *Variablilität* deutliche Unterschiede zwischen den beiden Anbietern feststellen. Der wohl entscheidendste Aspekt zur Beurteilung der Validität der Lookup-Ergebnisse ist dabei die *falsch-negative* Selektion, da diese bei einer Screening-Regel basierend auf den Lookup-Ergebnissen direkten Einfluss auf die Verzerrung der Schätzergebnisse haben kann. Eine *falsch-negative* Selektion würde im obigen Beispiel genau für diejenigen eintreten, bei denen ein persönlicher Kontakt für die Rufnummern zustande kommt, die durch das Lookup als *nicht geschaltet* ausgewiesen wird. Hier zeigen sich bei der Betrachtung der beiden Anbieter deutliche Unterschiede.

Bei der Verwendung des Lookups durch den Anbieter *MyCoolSMS* zum zweiten Zeitpunkt würde lediglich für acht Rufnummern der vorliegenden Substichprobe eindeutig eine falsch-negative Selektion vorliegen. Für den Anbieter *txtnation* sind dies bereits 129 Rufnummern. Dazu ist jedoch anzumerken, dass von diesen 129 Rufnummern 113 aus dem *E-Plus*-Netz stammen und mit der Vorwahl *0157* beginnen.

Deutlich interessanter ist die Frage, ob unter diesen falsch-negativ gewählten Rufnummern auch tatsächlich ein Interview stattgefunden hat. Eine genauere Untersuchung der acht eindeutig falsch-negativ ausgewiesenen Rufnummern des Anbieters *MyCoolSMS* zeigt, dass genau ein erfolgreiches Interview geführt wurde. Darüber hinaus wurde für fünf der ausgewiesenen Rufnummern ein persönlicher Kontakt hergestellt, ohne dass eine Zielperson im Haushalt zu ermitteln gewesen ist.[17] Innerhalb der 129 durch *txtnation* so ausgewiesenen Rufnummern wurden sechs Interviews geführt und insgesamt 81-mal festgestellt, dass sich keine Person der Zielpopulation im Haushalt befindet.

Aufschlussreich sind in diesem Kontext ebenfalls die Anrufketten der Falsch-Negativen. Diese beginnen bei denjenigen, die durch *MyCoolSMS* zustande gekommen sind, immer mit dem Dialer-Ergebnis „kein Anschluss unter dieser Nummer". Demnach liegt die Vermutung nahe, dass es sich bei diesen Ergebnissen um Rufnummern handelt, die erst innerhalb der Feldzeit geschaltet wurden. Bestärkt wird diese Vermutung dadurch, dass eine Überprüfung der Ergebnisse des dritten Lookups für gerade diese Rufnummern sechs der acht Rufnummern als geschaltet ausweist. Für die durch *txtnation* falsch-negativ selektierten Rufnummern sind es lediglich dieselben acht Rufnummern, die mit einem solchen Dialer-Ergebnis beginnen.

Falsch-positive Selektion, also eine positive HLR-Abfrage, obgleich sich feststellen lässt, dass diese Rufnummern nicht existieren, lässt sich für beide Anbieter beobachten, jedoch in einem deutlich höheren Ausmaß für den Anbieter *txtnation.* Dies kann anhand der bereits zuvor geschilderten, fehlerhaften Abfragen innerhalb des *E-Plus*-Netzes begründet werden. Insgesamt zeigt sich jedoch, dass ein nicht unerheblicher Anteil der Rufnummern, die nicht vergeben sind, durch ein solches HLR-Lookup identifizierbar ist. Die somit durch Struminskaya et al. (2011) bzw. Kunz und Fuchs (2011) genannten Vorzüge bezüglich der Reduktion der Interviewerkosten

17 Da die Zielpopulation der Erhebung sich auf Personen mit Kind in einem bestimmten Alter im Haushalt bezieht, kam es im Rahmen der Erhebung zu einer sehr großen Anzahl (stichprobenneutraler) Ausfälle.

und einer genaueren Abschätzung der Responserate können demnach auch im Rahmen dieser Untersuchung aufgezeigt werden.

Bezüglich der Validität der Ergebnisse sollte diese getrennt nach Anbieter beurteilt werden, da sich bereits zuvor bei der Untersuchung der Reliabilität feststellen ließ, dass die Ergebnisse in Abhängigkeit des gewählten Anbieters stark abweichen. Ein besonderes Augenmerk gilt dabei der falsch-negativen Selektion. Diese beläuft sich beim Anbieter *MyCoolSMS* auf acht Rufnummern zum Zeitpunkt t_2, bzw. ca. 0,5% der positiven Kontakte. Beim Anbieter *txtnation* belief sich der Anteil der falsch-negativ selektierten Rufnummern an geschalteten Anschlüssen auf ca. 7,7%. Ein Großteil hieraus entstammt der Mobilfunkvorwahl *0157*.

Bei einer Screening-Regel, die lediglich diejenigen Rufnummern aus der Auswahl entfernt, die durch ein Lookup als nicht-vergeben gekennzeichnet wurden, beläuft sich der Anteil der (vermeintlich) richtigerweise entfernten Rufnummern bei *MyCoolSMS* auf ca. 83%. Bei *txtnation* liegt dieser Anteil bei ca. 73%. Für beide Anbieter zeigt sich demnach, dass ein großer Teil an Rufnummern, die eindeutig nicht vergeben sind, anhand dieses Verfahrens bereits vor Feldbeginn aus der Stichprobe entfernt werden kann. Die Validität lässt sich jedoch an dieser Stelle nur eingeschränkt und auch nur für den Anbieter *MyCoolSMS* feststellen, da für den anderen Anbieter zu oft Rufnummern fälschlicherweise aus der Stichprobe entfernt würden. Die Einschränkung kann dadurch begründet werden, dass sich einerseits der Status einer Rufnummer innerhalb der Feldzeit ändern kann, was anhand der Falsch-Negativen dieses Anbieters und die ersten Dialer-Ergebnisse aufgezeigt werden kann, andererseits sind jedoch sowohl in der Überprüfung anhand der Einsatzstichprobe als auch durch das Lookup viele Ergebnisse vorhanden, die keine Aussage über den wahren Status einer Rufnummer erlauben. Allerdings lässt sich jedoch bei diesem Lookup-Anbieter festhalten, dass die Verwendung der Ergebnisse bei einer Entscheidungsregel, die alle nicht-vergebenen Rufnummern ausschließt, vorteilhaft für die Durchführung einer Erhebung ist, da so bereits ein Großteil der eindeutig nicht geschalteten Rufnummern vor Feldbeginn aus der Einsatzstichprobe entfernt werden, ohne dass die Gefahr besteht, dass Schätzergebnisse dadurch verzerrt werden.

6 Fazit und Ausblick

Zur Begutachtung von HLR-Lookup-Verfahren wurde die Vergleichbarkeit der Ergebnisse sowie deren Zuverlässigkeit anhand der Überprüfung einer Mobilfunkstichprobe im Umfang von ca. 30.000 Rufnummern für zwei unterschiedliche Anbieter untersucht. Hierbei wurde davon ausgegangen, dass die Ergebnisse beider Anbieter vergleichbar sein müssten, da es sich grundsätzlich um dieselbe technische Abfrage handelt. Darüber hinaus wurde, um einen Einblick in die zeitliche Variabilität von Rufnummern zu erhalten, das Lookup für beide Anbieter in einem Abstand von zwei Wochen und nochmals nach ca. vier Monaten wiederholt. Zur Überprüfung der Validität der Ergebnisse aus einem solchen Lookup wurde eine Substichprobe der hier betrachteten Rufnummern im Rahmen der RKI-Erhebung *Influenza II* verwendet und die Kontaktergebnisse verglichen. Hierbei lag die zweite Lookup-Abfrage beider Anbieter in der ersten Woche der Feldzeit dieser Erhebung.

Der Vergleich beider Anbieter zeigt eindeutig, dass neben der Kostenstruktur und der Art und Weise der berichteten Ergebnisse auch deutliche Unterschiede beim berichteten Status von überprüften Rufnummern bestehen. So berichtet der zweite Anbieter bspw. für Rufnummern aus dem Netz von *E-Plus* innerhalb der ersten beiden Lookups alle Rufnummern als *vergeben und eingeschaltet* und im letzten dann als nicht geschaltet. Mehrere Untersuchungen zeigen dabei, dass die hier durch diesen Anbieter berichteten Ergebnisse fehlerbehaftet sind. Die Verwendung eines derartigen Lookups kann daher zu einer falsch-negativen Selektion führen. Nach „Bereinigung" der Stichprobe um diese Ergebnisse und erneutem Vergleich beider Anbieter zeigt sich jedoch, dass zumindest keine Ergebnisse aus anderen Mobilfunknetzen in einer gröberen Unterteilung nach „grundsätzlich geschaltet" und „nicht vergeben", stark divergieren. Dennoch muss hier festgehalten werden, dass die Ergebnisse zwischen beiden Anbietern nicht grundsätzlich gleich bzw. vergleichbar sind.

Der Vergleich über die Zeit hinweg zeigt, dass der Status der Rufnummern in einer Zeitspanne von vier Monaten deutlich weniger variiert, als dies zu Beginn der Untersuchung vermutet wurde. Für die Substichprobe derjenigen ca. 22.000 Rufnummern, für die das Ergebnis beider Lookup-Abfragen der Anbieter gleich bzw. vergleichbar ist, ließen sich nur ca. 1.500 Rufnummern, bzw. ca. 7%, identifizieren, bei denen ein Statuswechsel zwischen t_1 und t_3 stattgefunden hat. Auch wenn unter diesen 1.500 Rufnummern der größte Teil einen Wechsel von einer nicht geschalteten hin zu einer geschalteten Rufnummer erfahren hat, kann an der Empfehlung des vierten Abschnittes festgehalten werden. Demnach sollte ein solches Lookup möglichst zeitnah zum Feldbeginn durchgeführt werden und bei einer Feldzeit, die über mehrere Monate geht, für die (gesamte) Stichprobe wiederholt werden. Bei einer Feldzeit die lediglich wenige Wochen dauert, ist ein einzelnes Lookup jedoch ausreichend.

Der Abgleich der HLR-Ergebnisse mit den Rufnummern, die im Rahmen der Erhebung *Influenza II* verwendet wurden, zeigt zumindest für den Anbieter *MyCoolSMS*, dass der Anteil der falsch-negativen Selektion auf der Basis eines Lookups lediglich 0,5% beträgt. Diese konnten allerdings anhand der Anrufketten genau nachvollzogen werden. Dabei lässt sich vermuten, dass diese Rufnummern zu Beginn der Feldzeit, innerhalb dessen auch das Lookup durchgeführt wurde, tatsächlich nicht geschaltet waren. Für den Anbieter *txtnation* lag dieser Anteil mit ca. 7,7% deutlich höher. Darüber hinaus konnte hier festgestellt werden, dass ein Großteil dieser Nummern aus einem Vorwahlbereich entstammen. Würden sich Erhebungselemente aus diesem Vorwahlbereich systematisch von anderen Elementen der Erhebung unterscheiden, so könnte diese falsch-negative Selektion die Schätzergebnisse der Erhebung verzerren.

Allgemein konnte jedoch durch beide Anbieter ein hoher Anteil der nicht geschalteten Rufnummern bereits erkannt werden, wodurch sich prinzipiell die Durchführung einer solchen Abfrage empfehlen lässt. Die Screening-Regel sollte darüber hinaus so gewählt werden, dass auch Rufnummern, deren Status als *geschaltet und inaktiv* gemeldet wird, in der Einsatzstichprobe enthalten bleiben, da auch unter diesen Rufnummern Befragungen geführt werden können. Prinzipiell ist bei der Durchführung von Lookups jedoch auf die Wahl des Anbieters zu achten, da diese sich in den berichteten Ergebnissen sowie in der Qualität derselben deutlich unterscheiden können. Die hier gezeigten Ergebnisse legen die Empfehlung nahe, vor der Überprüfung der gesamten Brutto-Mobilfunkstichprobe durch einen bestimmten Anbieter eine Substichprobe zu testen, aus der evtl. Probleme ersichtlich werden können.

Danksagung

Die Autoren bedanken sich für die sehr hilfreiche und komplikationsfreie Unterstützung bei der Durchführung dieser Untersuchung bei USUMA und dem Robert Koch-Institut. Insbesondere möchten wir uns bei Patrick Schmich (RKI), Marieke Varga (RKI), Martin Liebau (USUMA) und Rainer Schwarz (USUMA) für die Unterstützung bedanken.

Literatur

Arbeitskreis Deutscher Markt- und Sozialforschungsinstitute (ADM e.V.) (2012). *ADM-Forschungsprojekt „Dual-Frame-Ansätze" 2011/2012*. Forschungsbericht.

Arbeitskreis Deutscher Markt- und Sozialforschungsinstitute (ADM e.V.) (2014). *Jahresbericht 2013*. Frankfurt a. M.

Bundesnetzagentur (2013). *Tätigkeitsbericht 2012/2013 - Telekommunikation*.

Busse, B., & Fuchs M. (2013). Prevalence of Cell Phone Sharing. *Survey Methods: Insights from the Field*, 1-15.

Häder, S. (2000). Telefonstichproben. *ZUMA How-to-Reihe 6*, 1-13.

Häder, S., Gabler, S., & Heckel C. (2009). Stichprobenziehung für die CELLA-Studie. In M. Häder, & S. Häder (Hrsg.), *Telefonbefragungen über das Mobilfunknetz - Konzept, Design und Umsetzung einer Strategie zur Datenerhebung* (S. 21-49). VS Verlag für Sozialwissenschaften | GWV Fachverlage GmbH, Wiesbaden.

Heckel, C. (2002). Erstellung der ADM-Telefonauswahlgrundlage. In S. Gabler, & S. Häder (Hrsg.), *Telefonstichproben - Methodische Innovationen und Anwendungen in Deutschland* (S. 11-31). Waxmann Verlag, Münster.

Heckel, C., Glemser, A., & Meier, G. (2014). Das ADM-Telefonstichproben-System. In ADM e.V. (Hrsg.), *Stichproben-Verfahren in der Umfrageforschung - Eine Darstellung für die Paxis* (S. 137-166). Springer, Wiesbaden, 2. Aufl.

Kunz, T., & Fuchs, M. (2011). Pre-Call Validation of RDD Cell Phone Numbers - A Field Experiment. Paper presented at the Annual Conference of the American Association for Public Opinion Research.

Meier, G. (2014). Random-Telefonstichproben. In ADM e.V. (Hrsg.), *Stichprobenverfahren in der Umfrageforschung - Eine Darstellung für die Praxis* (S. 117-134). Springer, Wiesbaden, 2. Aufl.

Sand, M. (2014). Dual-Frame-Telefonstichproben - Entwicklung, Handhabung und Gewichtung. *GESIS - Technical Reports 2014|2.*

Struminskaya, B., Kaczmirek, L., Schaurer, I. et al. (2011). Identifying Nonworking Numbers in Cell Phone RDD Samples via HLR-Lookup Technology. *Survey Practice 4(4)*, 1-6.

Die Anwendbarkeit des Crosswise-Modells zur Prüfung kultureller Unterschiede sozial erwünschten Antwortverhaltens

Implikationen für seinen Einsatz in internationalen Studien zu selbstberichteter Delinquenz[1]

Dirk Enzmann
Universität Hamburg

In kriminologischen Studien, in denen mittels standardisierter Befragungen Personen zu ihren eigenen Gesetzesverstößen befragt werden, ist damit zu rechnen, dass die Antworten von sozial erwünschtem Antwortverhalten beeinflusst sind. Unter sozial erwünschtem Antwortverhalten wird hier verstanden, dass die Befragten versuchen, in einer Weise zu antworten, von der sie glauben, dass sie damit einen günstigeren Eindruck machen bzw. keine negativen Konsequenzen erfahren werden („*impression management*"). Da in diesem Beitrag eine Methode im Vordergrund steht, mit der Befragte motiviert werden sollen, auf sensible Fragen, in denen allgemein missbilligte Normverstöße erfragt werden, ehrlich zu antworten, und somit die bewusste Entscheidung, unerwünschtes Verhalten zuzugeben, beeinflusst werden soll, steht selbstwertdienlicher Selbstbetrug („*self-deception*"), der für die Diskrepanz von berichtetem und tatsächlichem Verhalten auch eine Rolle spielen kann, hier nicht im Fokus.

Tourangeau und Yan (2007) referieren eine Reihe von Studien, die gezeigt haben, dass bei sensiblen Themen wie Drogenkonsum oder Abtreibung, bei

---

1 Stark überarbeitete und erweiterte Fassung eines Vortrags auf der wissenschaftlichen Jahrestagung der ASI am 6. November 2015 in Köln (Enzmann 2015). Die Datenerhebung in Deutschland wurde mit Mitteln der DFG (Förderkennzeichen EN 490/1-1) und der Stadt Hamburg (Behörde für Schule und Berufsbildung) gefördert.

denen die Angaben der Befragten überprüft werden konnten, zwischen 20 und 70% der Befragten das sozial unerwünschte Verhalten nicht zugegeben hatten. Im Allgemeinen wird angenommen, dass insbesondere in Studien zur selbstberichteten Delinquenz die Antwortverzerrung durch sozial erwünschtes Antwortverhalten zu niedrigeren Schätzungen des Täteranteils (Prävalenzrate) oder der durchschnittlichen Anzahl der begangenen Delikte (Inzidenz- bzw. Häufigkeitsrate) führt, was angesichts der verbreiteten sozialen Ächtung von Straftaten plausibel ist, auch wenn dies nicht für alle Befragten und für alle Delikte gleichermaßen gelten mag. Thornberry und Krohn (2000) zählen systematisch unterschätzte Prävalenzraten zu den wichtigsten Validitätsproblemen bei der Befragung von potenziellen Tätern.

Solange sozial erwünschtes Antwortverhalten die Prävalenzschätzungen bei allen Befragten gleichermaßen verzerren würde, wäre dies für einen großen Teil theorieprüfender kriminologischer Forschung vernachlässigbar. Entscheidend ist hier weniger das Wissen um die „wahre" Prävalenzrate – um diese gut zu schätzen, wären Viktimisierungsstudien wesentlich besser geeignet –, als vielmehr das Problem, dass Gruppen- und nationale Vergleiche ungültige Ergebnisse produzieren, wenn sozial erwünschtes Antwortverhalten gruppen- bzw. kulturspezifisch ist und damit Prävalenzschätzungen systematisch verzerrt sind.

Ergebnisse der zweiten Welle der International Self-Report Delinquency Study (ISRD-2) des Jahres 2005/2006 illustrieren das Problem: Während bei *Viktimisierungserfahrungen* durch Raub/Erpressung die Prävalenzrate in der Gruppe der westeuropäischen Länder[2] mit 3,8% [3,5%, 4,2%][3] deutlich *niedriger* war als in der Gruppe der postsozialistischen Länder[4] mit 7,7% [7,1%, 8,3%], war bei *selbstberichteter Delinquenz* die Prävalenzrate für Raub/Erpressung in den westeuropäischen Ländern mit 1,9% [1,6%, 2,2%] deutlich *höher* als in den postsozialistischen Ländern mit 1,0% [0,8%, 1,2%] (siehe auch Enzmann et al. 2010).

---

2 Insgesamt 10.849 12- bis 16-jährige Schülerinnen und Schüler aus 15 Städten Belgiens, Deutschlands, Frankreichs, der Niederlande, Österreichs und der Schweiz

3 Hier und im Folgenden sind 95%-Konfidenzintervalle in eckigen Klammern dargestellt.

4 Insgesamt 7.564 12- bis 16-jährige Schülerinnen und Schüler aus 13 Städten Bosnien-Herzegowinas, Estlands, Litauens, Polens, Russlands, Sloweniens, der Tschechischen Republik und Ungarns

Auch wenn nicht sicher ist, inwieweit die für die Viktimisierungen verantwortlichen Täterinnen oder Täter zur gleichen Altersgruppe wie die befragten Opfer gehören, ist eine mögliche Erklärung für den Unterschied, dass Jugendliche der postsozialistischen Länder weniger bereit waren, eigenes Tathandeln zu berichten, als Jugendliche aus den westeuropäischen Ländern. Das heißt, dass in diesem Beispiel Unterschiede geschätzter Delinquenzraten zwischen westeuropäischen und postsozialistischen Ländern vor allem Unterschiede in der Bereitschaft wiederspiegeln, über negativ sanktionierte Normverstöße zu berichten. Dafür spricht auch eine Befragung 16-jähriger Jugendlicher in den gleichen Ländern (ohne Bosnien-Herzegowina) im Jahr 2007, in der in der Gruppe der westeuropäischen Länder mit 6,0% [5,7%, 6,4%] weniger Jugendliche angaben, potenziellen eigenen Cannabiskonsum eher nicht zuzugeben, als in den postsozialistischen Ländern mit 6,8% [6,5%, 7,2%].[5]

Nationale oder kulturelle Unterschiede sozial erwünschten Antwortverhaltens scheinen also eine plausible Erklärung für die nicht proportionalen Unterschiede zwischen Viktimisierungserfahrungen und selbstberichteter Delinquenz in diesen Ländergruppen zu sein. Würde dies zutreffen bzw. ließe sich dies verallgemeinern, wäre die Validität von auf Selbstauskünften basierenden Delinquenzraten in national vergleichenden Studien massiv in Frage gestellt. Ein Problem dieser Interpretation ist jedoch, dass wir nicht wissen, wie sehr das tatsächlich der Fall ist.

Dafür, dass die Neigung zu sozial erwünschtem Antwortverhalten kulturspezifisch variiert, gibt es allerdings zahlreiche Belege (für einen Überblick siehe Johnson und van de Vijver 2003 sowie Lalwani et al. 2006). Beeindruckend ist eine Arbeit von van Hemet et al. (2002), die in einer internationalen Studie gezeigt haben, dass sowohl sozioökonomische Variablen wie der Human Development Index[6] (HDI) als auch kulturelle Faktoren im engeren Sinne wie Hofstedes Maß des Individualismus auf Landesebene signifikant mit dem Faktor L des Persönlichkeitsfragebogens von Eysenck, der als Lügenskala bzw. als Maß sozialer Konformität interpretiert wird, korrelieren (HDI: $r = -.57$, $p < .010$, 36 Länder; Individualismus: $r = -.68$,

5 $n = 16.977$ und 20.645; eigene Berechnungen anhand der Angaben in Hibell et al. (2009)

6 Der HDI ist ein Wohlstands- bzw. Armutsindikator, in den Gesundheit (Lebenserwartung bei Geburt), Bildung (Anteil der Bevölkerung mit höherer Schulbildung) und materieller Wohlstand (Bruttonationalprodukt pro Kopf) eingehen.

$p < .010$, 23 Länder). Der negative Zusammenhang von Wohlstand und sozialer Erwünschtheit (im Sinne von „*impression management*") ist durch die allgemein größere Unabhängigkeit in reichen Gesellschaften erklärlich (Mneimneh et al. 2015), während der negative Zusammenhang mit Individualismus durch die größere Wertschätzung von Ehrlichkeit im Umgang mit Fremden in individualistischen Gesellschaften einerseits und andererseits durch die größere Notwendigkeit in kollektivistischen Gesellschaften, anderen gegenüber sein Gesicht zu wahren, erklärt wird (Triandis 1995). Interessant ist in diesem Zusammenhang auch die Argumentation von Ross und Mirowski (1984), wonach es für Personen mit niedrigerem sozioökonomischem Status bedeutsamer ist, einen guten Eindruck zu hinterlassen, weshalb sie eher sozial erwünschtes Antwortverhalten zeigen.

1 Klassische Randomized Response Techniken und das Crosswise-Modell

Eine mittlerweile klassische Methode, mit der versucht wird, bei sensiblen Fragen ehrliche Antworten zu erhalten, und bei der gleichzeitig die Privatsphäre der Auskünfte gebenden Person geschützt ist, da anhand der Antworten nicht sicher feststellbar ist, wie die Antwort der Person auf die sensible Frage selbst ist, ist die *randomized response technique* (RRT)[7] (Warner 1965; Fox und Tracy 1986). Die RRT gibt es in unterschiedlichen Varianten[8], die alle das Prinzip gemeinsam haben, dass die Befragten ihre Antworten hinter einem zufälligen Rauschen verstecken können, so dass zwar anhand der Antwort einer einzelnen befragten Person nicht feststellbar ist, ob die sensible Frage zutrifft oder nicht, aber dennoch für die Gesamtstichprobe (oder Teilgruppen) der Anteil derer, für die diese Frage zutrifft, berechnet

---

7 In der Grundform der RRT werden den Befragten hierzu zwei Fragen (eine sensible Frage und eine Verneinung dieser Frage oder eine neutrale Frage) präsentiert, wobei ein Randomisierungswerkzeug (z.B. ein Würfel) mit einer bekannten Wahrscheinlichkeit (z.B. 1/6) darüber entscheidet, welche der beiden Fragen zu beantworten ist. Der Interviewer registriert nur die Antwort, weiß aber nicht, zu welcher der beiden Fragen diese Antwort gehört.

8 Eine kurze Beschreibung wichtiger Varianten der RRT sowie verwandter Methoden (*crosswise model* und *item count technique*) findet sich in Krumpal et al. (2015), eine gründliche mathematisch-statistische Behandlung findet sich in Chaudhuri und Christofides (2013).

werden kann, indem die Komponente des zufälligen Rauschens aus den Antworten herausgerechnet wird. Wenn die Befragten das Prinzip der RRT verstanden haben und der Technik tatsächlich vertrauen, kann die Methode auch solche Personen zu wahren Antworten motivieren, die ansonsten Bedenken haben, Normverletzungen oder anderes Unerwünschtes zuzugeben.

Es gibt eine Reihe von Studien, die zeigen, dass die RRT bei sensiblen Fragen tendenziell weniger unehrliche Antworten produziert als direkte Befragungsmethoden. In einer Validierungsstudie, in der bekannt war, dass alle Befragten mindestens einmal Sozialhilfebetrug begangen hatten, konnten van der Heijden et al. (2000) mit Hilfe zweier Varianten der RRT einen Anteil von 43% und 49% indirekt zugegebenen Sozialhilfebetrugs ermitteln, während die Rate bei direkten Befragungstechniken (computerunterstützte Selbstauskünfte ohne direkte Interviewerbeteiligung und *face-to-face* Befragung) mit 19% und 25% nur halb so hoch war. Aber auch bei Verwendung der RRT antworteten in dieser Studie noch über 50% wahrheitswidrig. Dem entspricht, dass etwa 20% der Befragten von Schwierigkeiten berichteten, das Verfahren bzw. die Instruktion zu verstehen. Eine Metaanalyse von 6 direkten und 32 vergleichenden (experimentellen) Validierungsstudien durch Lensfeld-Mulders et al. (2005) ergab, dass in direkten Validierungsstudien (hier waren die Angaben der Befragten anhand von externen Daten überprüfbar) mit der Verwendung von RRT ein signifikant geringerer Anteil unwahrer Antworten erzielt werden konnte als mit anderen Befragungstechniken (38% vs. 49%). In vergleichenden Validierungsstudien (hier wurde die Validität der Angaben nicht direkt überprüft, sondern das Validitätskriterium war ein höherer Anteil von Befragten, die unerwünschte Verhaltensweisen zugegeben hatten) zeigte sich ein Vorteil der RRT aber nur gegenüber *face-to-face* Befragungen.

Bei einer Bewertung der Nützlichkeit der RRT ist zu beachten, dass durch die Randomisierung, die die Privatsphäre der Befragten schützen soll, die Varianz der geschätzten Prävalenz und damit auch die für signifikante Effekte nötige Stichprobengröße gegenüber direkten Befragungsmethoden (beträchtlich) erhöht ist (Fox und Tracy 1986, S. 20). Damit sich die Verwendung der RRT lohnt, muss sie also den Anteil korrekter Angaben gegenüber der direkten Befragungsmethode substanziell erhöhen. In dieser Hinsicht sind die Ergebnisse einiger Validierungsstudien der RRT unbefriedigend. Wolter und Preisendörfer (2013) konnten weder einen signifikant höheren Anteil ehrlicher Antworten noch eine Reduktion von Verzerrung durch individuelle Merkmale der Befragten oder Merkmale der Interviewsituation feststellen.

Abgesehen davon, dass die RRT den Befragten das Verständnis einer relativ komplexen Instruktion abverlangt, hat diese klassische Technik zwei wesentliche Nachteile: Zum einen erfordert sie (je nach Verfahren zumindest für einen Teil der Befragten) immer noch, etwas zuzugeben, was möglicherweise nicht gerne zugegeben wird. Zum anderen benötigt sie ein Verfahren zur Randomisierung, das einfach durchzuführen, zuverlässig und verständlich ist und dem die Befragten vertrauen.

Das ebenfalls zur Klasse der indirekten Befragungstechniken gehörende Verfahren[9] des *crosswise model* (CM) (Yu et al. 2008) benötigt dem gegenüber keine Antwort auf die sensible Frage und kein Randomisierungswerkzeug. Bei dem CM werden den Befragten zunächst zwei Fragen präsentiert, die nicht unmittelbar zu beantworten sind. Dabei handelt es sich um eine nicht sensible Frage (NSF) und die sensible Frage (SF), deren Antwort mit Hilfe des CM geschätzt werden soll. Dabei ist erforderlich, dass die potentiellen Antworten auf beide Fragen unkorreliert sind, wobei die Wahrscheinlichkeit p der Antwort auf die NSF von $p = 0.5$ verschieden sein muss. Die Befragten werden anschließend gebeten, anzugeben, ob die Antworten auf beide Fragen gleich (A: beide „nein" oder beide „ja") oder ob die Antworten auf beide Fragen verschieden sind (B: eine „nein" und die andere „ja"). Wenn $p(ja|NSF)$, d.h. der Anteil der Befragten, auf den die NSF zutrifft, bekannt ist bzw. geschätzt werden kann, lässt sich $p(ja|SF)$, d.h. der Anteil der Befragten, auf den SF zutrifft, mit Hilfe von $p(A)$, d.h. des Anteils derer, die (A) („die Antwort auf beide Fragen ist gleich") geantwortet haben, anhand folgender Formel schätzen:

$$p\,(ja \mid SF) = \frac{p\,(A) + p\,(ja \mid NSF) - 1}{2 \cdot p\,(ja \mid NSF) - 1} \tag{1}$$

Als NSF kann zum Beispiel gefragt werden, ob die Mutter des Befragten in den Monaten Januar, Februar oder März geboren wurde. Hier wäre theoretisch $p(ja|NSF) = .25$ zu erwarten. Wäre die SF die Frage nach einem

9 Hierzu gehört auch die *item count technique* (ICT) (auch als *unmatched count technique* bezeichnet), die ebenfalls kein Randomisierungswerkzeug und eine nur wenig komplexe Instruktion erfordert (siehe Krumpal et al. 2015).

delinquenten Akt in den letzten 12 Monaten und hätten 70% der Befragten (*A*: beide „nein" oder beide „ja") angekreuzt, würde sich $p(ja|SF) = .10$ (also eine Prävalenzrate von 10%) ergeben.

Wie die RRT benötigt auch das CM für den Nachweis einer bestimmten Effektgröße eine größere Stichprobe als eine direkte Frage (siehe unten). Je stärker die Wahrscheinlichkeit *p* der Antwort auf die NSF von 0.5 abweicht, desto geringer ist die erforderliche zusätzliche Fallzahl, aber desto eher besteht das Risiko, dass Befragte sich durch das Verfahren nicht geschützt fühlen, da sie z.B. glauben könnten, dass sie mehr von sich preisgeben würden, wenn die NFS danach fragt, ob ihre Mutter in der ersten Januarwoche geboren ist, als wenn danach gefragt wird, ob der Geburtstag in die ersten drei Monate des Jahres fällt.

Die Tatsache, dass das CM keine direkte Frage auf die sensible Frage erfordert, könnte die Bereitschaft, die Frage ehrlich zu beantworten, erhöhen und sowohl die *Item Non-Response* verringern als auch die Validität der Antworten verbessern. Unterstellt wird hierbei allerdings (wie auch bei den Verfahren der RRT), dass die Befragten die Instruktion verstehen und sich dem entsprechend geschützt fühlen. Ein besonderer Vorteil ist, dass das CM kein Randomisierungswerkzeug benötigt, wodurch es auch für Online-Befragungen gut geeignet ist, da die Befragten einem programmierten Randomisierungswerkzeug misstrauen könnten.

In einer experimentellen Studie (Hoffmann 2014) wurde dem CM eine bessere Verständlichkeit und subjektiv empfundene Vertraulichkeit attestiert als anderen indirekten Befragungstechniken. Des Weiteren hat eine Reihe von Studien gezeigt, dass sich mit dem CM höhere Prävalenzraten ergeben als mit direkten Fragetechniken oder mit Varianten der klassischen RRT. In einer der ersten Studien (Jann et al. 2012), in der Betrug durch Plagiieren direkt und mit dem CM erfragt wurde, produzierte die Methode des CM mit 22,3% zu 7,3% eine dreifach höhere Prävalenzrate von partiellen Plagiaten ($p = .014$, n (direkt) = 96, n (CM) = 310) (Unterschiede der Prävalenzraten massiver Plagiate waren wesentlich geringer und nicht signifikant). In einer weiteren experimentellen Studie verglichen Höglinger et al. (2014) zwei Varianten des CM mit direkten Fragen zu Betrug oder Problemverhalten bei studentischen Prüfungen sowie mit Varianten der klassischen RRT. Während die klassischen RRT nur bei einer der fünf Verhaltensweisen eine signifikant höhere Prävalenzrate produzierten als die direkte Frage (und bei einer Verhaltensweise sogar eine signifikant niedrigere), fanden sich beim CM für vier der fünf Verhaltensweisen signifikant höhere Prävalenzraten als bei der direkten Frage und für zwei Verhaltensweisen signifikant höhere Raten als bei den klassischen RRT. Gleichzeitig zeigte die Studie aber auch, dass die indirekten Fragetechniken etwas höhere Abbrecher- und Antwortverweigerungsquoten produzierten, drei- bis viermal soviel Bearbeitungszeit erforderten und das allgemeine Vertrauen in die Anonymität (nicht jedoch das wahrgenommene Entdeckungsrisiko) bei den indirekten Befragungstechniken (insbesondere bei der klassischen RRT) sogar signifikant geringer war. Zu einem positiven Ergebnis kommen auch Hoffmann et al. (2015) in einer experimentellen Studie, in der mit dem CM eine bekannte Prävalenzrate besser geschätzt wurde als mittels der direkten Frage. Zwar war in dieser Studie die Prävalenzrate auf dem Aggregatniveau bekannt, doch auch hier ist nicht sicher, ob die Daten auf individueller Ebene gültig sind.

Die Studie von Höglinger und Jann (2016) ist bislang die einzige, in der die Gültigkeit der Antworten auf die Frage des CM auf individueller Ebene überprüfbar war und somit die Rate korrekt Positiver (Anteil derer, die das fragliche Verhalten tatsächlich gezeigt haben) und die Rate falsch Positiver (Anteil derer, die das fragliche Verhalten tatsächlich nicht gezeigt haben) bestimmt werden konnte. Dabei fand sich bei der Verwendung des CM ein substanzieller Anteil falsch Positiver, der durch Nichtbefolgen oder Nichtverstehen der Instruktion erklärbar ist und im konkreten Fall die „mehr-ist-besser"-Annahme widerlegt. Das Ergebnis dieser Studie wird im weiteren Verlauf dieses Beitrags noch einmal aufgegriffen werden.

2 Das Crosswise-Modell in der International Self-Report Delinquency (ISRD) Studie

Nach den Erfahrungen der ISRD-2-Studie (siehe oben), die die Vermutung nahelegen, dass Unterschiede der Raten selbstberichteter Delinquenz zwischen den Ländern substanziell auf kulturell geprägtes sozial erwünschtes Antwortverhalten zurückzuführen sein könnten, haben wir beschlossen, das CM im Rahmen der dritten Welle der ISRD-Studie (ISRD-3) einzusetzen – zunächst, um die Praktikabilität der Methode unter Realbedingungen zu prüfen, aber auch, um die Kulturabhängigkeit sozial erwünschten Antwortverhaltens bei Berichten zu eigenen Normverstößen zu eruieren.

Die ISRD-3 Studie ist ein internationales Projekt zur Erforschung von selbstberichteter Delinquenz bei 12-15-jährigen Jugendlichen,[10] an dem bislang 32 Länder überwiegend aus Europa, aber auch aus Nord- und Südamerika sowie aus Asien teilnehmen. Das Stichprobendesign sieht nach Schulstufe (7 bis 9) und Schulform stratifizierte Stichproben von Schulklassen vor, wobei repräsentative Stichproben in mindestens zwei Städten mit mindestens 900 Befragten pro Stadt angestrebt wurden (in einigen Ländern wurde versucht, national repräsentative Stichproben von Schulklassen zu befragen). Dabei wurden in etwa einem Drittel der Länder Papier-und-Bleistift-Fragebögen (PF) und in den übrigen Ländern Computerfragebögen (CF) jeweils im Selbstausfüllmodus benutzt (in Deutschland wurden im Rahmen eines Befragungsmodus-Experiments sowohl PF als auch CF verwendet).[11]

Neben Fragen zu Viktimisierungserfahrungen und selbstberichteter Delinquenz (Lebenszeitprävalenzen sowie letzte 12-Monatsprävalenzen und -inzidenzen), zu Alkohol- und Drogenkonsum sowie zu allgemeinen demographischen Daten enthält der Fragebogen der ISRD-3 Studie Skalen und Items, um zentrale Konstrukte der allgemeinen Kriminalitätstheorie Gottfredsons und Hirschis (1990) (Selbstkontrolle), der situationalen Handlungstheorie der Kriminalität (Wikström et al. 2012) (Selbstkontrolle, Moral), der institutionellen Anomietheorie (Messner und Rosenfeld 2001) (Marktmoral) und der prozeduralen Gerechtigkeitstheorie (Tyler 2006) (prozedurale Gerechtigkeit) zu prüfen (siehe auch ISRD 3 Working Group 2013 und Marshall et al. 2013).

10 Zur Geschichte und Methodologie früherer ISRD-Projekte siehe Junger-Tas und Marshall (2012), zum gegenwärtigen ISRD3-Projekt siehe http://www.northeastern.edu/isrd/isrd3/.

11 Im Folgenden werden Daten von Befragten der 9. Jahrgangsstufe (Alter etwa 14-15) aus 22 Ländern benutzt, die in den Jahren 2012 bis 2015 erhoben wurden: Belgien (PF), Bosnien-Herzegowina (CF), Deutschland (PF und CF), Estland (CF), Finnland (CF), Frankreich (CF), Indien (CF), Indonesien (CF), Italien (PF), Kosovo (CF), Kroatien (PF), Litauen (PF), Mazedonien (CF), Niederlande (CF), Österreich (CF), Schweiz (CF), Serbien (CF), Slowakische Republik (CF), Tschechische Republik (PF), Ukraine (CF), Venezuela (PF), Vereinigtes Königreich (England und Schottland, CF).

Fragestellung, Instrumente und Stichprobe

Die Instruktion und Frageformulierung des CM finden sich im Anhang. Bei der Formulierung der Instruktion und der Fragen haben wir uns an der in Jann et al. (2012) beschriebenen Implementation orientiert, die ihrerseits auf Vorstudien und kognitiven Interviews basiert. Die sensible Frage erfasst die 12-Monats-Prävalenz von mindestens eines von vier Delikten, die zuvor im Fragebogen einzeln und direkt abgefragt wurden. Anhand der Antworten auf die vier direkten Fragen wird ein Gesamtwert (Maximum der 0 = „nein" und 1 = „ja" kodierten Antworten) gebildet. Die auf diese Weise auf direkten Fragen basierende Prävalenzschätzung wird im Fortgang mit der auf dem CM basierenden Prävalenzschätzung verglichen, wobei auf Grund der „mehr ist besser" Annahme zu erwarten ist, dass die CM-Prävalenz höher als die Prävalenz der direkten Frage(n) ausfällt.

Mit der Verwendung des CM in der ISRD-3 Studie sollten zunächst fünf Fragen beantwortet werden:

1. *Kann die Methode des CM bei Schülern der 9. Jahrgangsstufe (Alter etwa 14 bis 15 Jahre), die im Klassenverband entweder mit Papier-und-Bleistift Fragebögen oder mit Online-Fragebögen unter anderem zu eigenem Tathandeln befragt werden, eingesetzt werden?*
2. *Wie sehr weicht die mit Hilfe des CM indirekt geschätzte Prävalenzrate delinquenten Verhaltens von der Prävalenzrate direkt erfragter Delinquenz ab?*
3. *Kann die Differenz zwischen indirekt und direkt erfragter Delinquenz als Maß sozial erwünschten Antwortverhaltens dienen?*
4. *Ist diese Diskrepanz kulturspezifisch bzw. wie sehr unterscheidet sie sich zwischen Nationen?*
5. *Unterscheiden sich die Effekte von Prädiktoren zur Vorhersage selbstberichteter Delinquenz danach, ob direkt oder indirekt erfragte Delinquenz vorhergesagt wird?*

Die erste Frage bezieht sich einerseits auf die Bereitschaft der am ISRD-3 Projekt teilnehmenden Forschergruppen, das CM in den Fragebogen mit aufzunehmen (es gehörte zu den optionalen Modulen des Fragebogens) sowie auf mögliche Akzeptanzprobleme von Instanzen, die die Durchführung der Befragung zu bewilligen hatten (Behörden, Schulleitungen, Lehrkräfte), zum anderen auf spezielle Probleme, die während der Befragungsdurchführung registriert wurden (in den meisten Teilnehmerländern wurde die

Befragung in den Schulklassen von geschulten Interviewern geleitet), und auf die Bereitschaft der Befragten, die Fragen zum CM zu beantworten.

Die zweite Frage versucht, das CM unter der „mehr-ist-besser“-Annahme zu validieren: Hier werden zunächst höhere Prävalenzraten des CM als Hinweis auf höhere Validität interpretiert, auch wenn dies im Vergleich zu Studien, in denen Angaben der Befragten mit tatsächlichem Verhalten verglichen werden, nur als eine schwache Validierung gelten kann. Auf Probleme dieser Interpretation wird im weiteren Verlauf ausführlicher eingegangen.

Zur Beantwortung der dritten Frage wird die Diskrepanz von indirekt und direkt erfragter Delinquenz als Indikator sozial erwünschten Antwortverhaltens auf der Ebene der teilnehmenden Länder mit der Antwort auf die direkte Frage, ob die Befragten eventuellen Cannabis-Konsum in der Befragung zugegeben hätten, korreliert. Die Offenheitsfrage wurde aus der ESPAD-Befragung (European School Survey Project on Alcohol and Other Drugs; Hibell et al. 2009) übernommen.[12]

Um zu prüfen, ob die (als Diskrepanz zwischen indirekt und direkt erfasster Delinquenz) gemessene Neigung zu sozial erwünschtem Antwortverhalten kulturspezifisch ist, werden zum einen landesspezifische Maße des Individualismus bzw. Kollektivismus (Beugelsdijk et al. 2015) und zum anderen als landesspezifischer Armutsindikator der Human Development Index (HDI) (United Nations Development Programme 2015) herangezogen. Auch wird geprüft, ob sozial erwünschtes Antwortverhalten Unterschiede direkt erfragter Delinquenz zwischen Nationen erklären kann.

Auch wenn die mit dem CM geschätzte Prävalenzrate substanziell höher ausfallen sollte als die anhand der direkten Frage(n) ermittelte und diese Diskrepanz als Ergebnis sozial erwünschten Antwortverhaltens interpretiert werden kann (die höhere Rate also im Sinne des „mehr ist besser“ valider sein sollte), muss das nicht bedeuten, dass bisherige Analysen, die die Wirkung bestimmter Prädiktoren auf delinquentes Verhalten, das anhand von direkten Fragen geschätzt wurde, untersucht haben, ungültig sind. Allerdings sollte dies um so eher der Fall sein, je stärker sowohl Prädiktoren

12 Die Frageformulierung lautete: „Stell Dir vor, Du hättest Cannabis (Marihuana, Hasch) konsumiert: Hättest Du das in diesem Fragebogen zugegeben?“ Die Antwortalternativen waren (1) „ich habe schon gesagt, dass ich das konsumiert habe“, (2) „ja, auf jeden Fall“, (3) „wahrscheinlich ja“, (4) „wahrscheinlich nicht“ und (5) „auf keinen Fall“. Die Antworten wurden in (1) bis (3) versus (4) und (5) dichotomisiert und als Indikator für Offenheit (rekodiert: unehrliches Antwortverhalten) benutzt.

als auch die abhängige Variable mit sozial erwünschtem Antwortverhalten konfundiert sind und je stärker derartige Zusammenhänge durch die Neigung zu sozial erwünschtem Antwortverhalten moderiert werden. Es ist also von besonderem theoretischem Interesse, zu prüfen, wie sehr Effekte von Prädiktoren delinquenten Verhaltens von der Erfassungsmethode (direkt vs. CM) abhängen. Zur Prüfung dieser Frage werden hier exemplarisch jeweils zwei dichotome und zwei (quasi)kontinuierliche Variablen herangezogen, die in kriminologischen Studien sehr häufig verwendet werden oder die eine zentrale theoretische Bedeutung haben (dichotom: Geschlecht und Lebenszeitprävalenz erfahrener Misshandlung durch Elterngewalt[13]; kontinuierlich: Selbstkontrolle[14] und Moral bzw. Delinquenztoleranz[15]).

Studien zur RRT haben gezeigt, dass nicht alle Befragten der Instruktion folgen, wodurch ein Teil der Prävalenz normverletzenden Verhaltens noch immer unterschätzt wird (van der Heijden et al. 2000; Coutts und Jann 2011). Zwar entfällt durch die Tatsache, dass beim CM keine direkte Antwort auf die sensible Frage nötig ist, die Möglichkeit, mit einer wahrheitswidrigen Antwort ein normverletzendes Verhalten zu leugnen – es gibt keine eindeutige Strategie, wie auf die Frage „die Antworten auf beide Fragen sind gleich" oder „die Antworten auf beide Fragen sind verschieden" zu antworten ist, wenn man die Normverletzung nicht zugeben möchte. Dennoch ist denkbar, dass Befragte die Instruktion nicht befolgen und einfach willkürlich eine der beiden Antwortalternativen auswählen. Dies ist

---

13 Frageformulierung: „Ist es vorgekommen, dass deine Mutter oder dein Vater (oder Stiefmutter oder Stiefvater) dich mit einem Gegenstand oder der Faust geschlagen, mit dem Fuß getreten oder zusammengeschlagen haben? (Bitte nenne auch Vorfälle, wo das eine Strafe für etwas war, das du getan hast? Ist Dir das jemals passiert?"

14 Hierzu wurden jeweils drei Items der Subskalen „Risikoverhalten" und „Impulsivität" der Selbstkontrollskala von Grasmick et al. (1993) verwendet, z.B. „Ich handle oft spontan, ohne lange nachzudenken" (Antwortmöglichkeiten: (1) „stimme völlig zu", (2) „stimme eher zu", (3) „lehne eher ab", (4) „lehne völlig ab"); Cronbachs Alpha = .79 .

15 Moral bzw. rekodiert Delinquenztoleranz wurde angelehnt an die Skala „pro social values" (Wikström & Butterworth 2006) mit folgender allgemeiner Frage „Wie falsch findest Du es, wenn jemand in Deinem Alter folgende Dinge tut?" und fünf delinquente Akte beschreibenden Items gemessen, z.B. „Mit Absicht Eigentum, das dir nicht gehört, beschädigen oder zerstören" (Antwortmöglichkeiten: (1) „sehr falsch", (2) „falsch", (3) „ein wenig falsch", (4) „gar nicht falsch"); Cronbachs Alpha = .82.

insbesondere bei „Befragungsmüdigkeit", Desinteresse oder bei Befragten erwartbar, die auf Grund von „satisficing" (Wahl einer Antwortalternative, ohne gründlich über die angemessene Antwort nachgedacht zu haben, vgl. Krosnick 1999) mit möglichst wenig Aufwand die Befragung beenden möchten. Allerdings führt ein derartiges Verhalten beim CM nicht zu einer Unterschätzung, sondern zu einer Überschätzung der Prävalenz des normverletzenden Verhaltens (sowie zu einer Unterschätzung des Effekts von Prädiktorvariablen) (siehe unten).

Deshalb wurde beschlossen (nachdem bereits erste Ergebnisse der finnischen Stichprobe vorlagen, deren Ergebnisse viel versprechend waren und die zeigten, dass die Implementation des CM in Befragungen von Schülern der 9. Jahrgangsstufe möglich ist), in einigen Ländern die Befragungsteilnehmer zusätzlich zu ihrem Umgang mit den Fragen des CM zu befragen, um damit zwei weitere Forschungsfragen zu beantworten:

6. *Inwiefern haben die Befragten die Instruktion ernst genommen und sich auf sie eingelassen?*
7. *Hängt das Antwortverhalten der Befragten von der Reihenfolge ab, in der die Antwortmöglichkeiten des CM angeboten werden und ist das Antwortverhalten zufällig Antwortender tatsächlich zufällig?*

Zur Beantwortung von Frage sechs wurden die Befragten in einer Nachbefragung gebeten, anzugeben, ob sie (a) einfach zufällig eine der beiden Antwortmöglichkeiten angekreuzt haben, (b) absichtlich eine falsche Antwort angekreuzt haben oder (c) die Antwort angekreuzt haben, von der sie glauben, dass sie richtig ist.[16]

---

16 Diese Nachfragen wurden zuerst im tschechischen ISRD3-Fragebogen (PF) eingesetzt (Röschova 2014) und anschließend in der deutschen Befragung sowie im Vereinigten Königreich (England und Schottland) übernommen. Die Instruktion und Fragen im Wortlaut: „Die vorige Frage war ziemlich knifflig und nicht leicht zu beantworten. Wie ging es Dir damit? [kreuze nur EIN Kästchen an]

- ❍ Das Durchlesen der Anweisung hat zu lange gedauert, deshalb habe ich einfach zufällig irgendeine Antwort angekreuzt.
- ❍ Ich habe die Anweisung gelesen, habe aber absichtlich die falsche Antwort angekreuzt.
- ❍ Ich habe die Anweisung gelesen und sorgfältig die Antwort angekreuzt, von der ich glaube, dass sie richtig ist."

Zur Untersuchung der siebten Frage wurde in den Online-Fragebögen Deutschlands und des Vereinigten Königreichs die Reihenfolge randomisiert (p = .50), in der die Antwortalternativen „die Antworten auf beide Fragen sind gleich“ und „die Antworten auf beide Fragen sind verschieden“ angeboten wurden.

Die folgenden Analysen basieren auf Befragungen von Schülerinnen und Schülern in 22 Ländern (siehe Fußnote 10). Die Fragebögen wurden von Muttersprachlern der jeweils beteiligten nationalen Forschergruppen aus dem Englischen in die jeweilige Landessprache übersetzt. In sieben der Länder mit Computerbefragungen wurden Online-Befragungen mit ESF-Survey (Unipark) durchgeführt[17], in den übrigen acht Ländern mit Fluidsurveys im Offline-Modus. In allen Erhebungen haben die Jugendlichen die Fragebögen im Klassenverband ausgefüllt, mit Ausnahme der Schweiz wurde die Befragung durch externe Interviewer(innen) geleitet. Bis auf Bosnien-Herzegowina, Österreich, die Schweiz und die Tschechische Republik, in denen national repräsentative Stichproben von Schulklassen angestrebt wurden, handelt es sich um Stichproben aus mindestens zwei bis zu acht Städten. Die Stichprobengröße (hier nur Jugendliche der 9. Jahrgangsstufe) reicht von 152 (Armenien) bis 3.138 (Österreich) (Mittelwert: 881, Median: 763, n (gesamt) = 19.383[18]). Die Beteiligungsraten auf der Ebene der Schulen reichen von 30% bis 96%, auf der Ebene der Schülerinnen und Schüler in den erreichten Klassen von 59% bis 92%. Von den Befragten sind 49,5% männlich und 50,2% weiblich (0,3% ohne Angabe), das Durchschnittsalter beträgt 14,8 Jahre (SD = 0.77, Median = 15.0).

Verwendbarkeit des CM in den ISRD-3 Befragungen

Obwohl die Verwendung der Fragen des CM für die Teilnehmerländer optional war, wurde nur in zwei Ländern (Dänemark und Frankreich) darauf verzichtet. In Dänemark wurde der Verzicht explizit damit begründet, dass probeweise Befragte die Bedeutung der Frage nicht verstanden und sie entweder nicht oder nur zufällig beantwortet hatten. Auch diejenigen, die die Frage verstanden hatten, hielten sie für zu kompliziert und verwirrend.

17 Deutschland, Estland, Finnland, Niederlande, Österreich, Schweiz und Vereinigtes Königreich.

18 Die effektive Fallzahl derer, die sowohl bei den vier direkten Fragen selbstberichteter Delinquenz als auch bei der CM-Frage gültige Antworten aufweisen, beträgt n = 17.688.

Während der Befragungen wurden dagegen aus keinem Teilnehmerland Probleme mit den Fragen des CM berichtet, auch gab es in keinem Fall Einwände von Instanzen, die die ISRD-3 Befragung zu genehmigen hatten. Allerdings hat in diesem Fragebogenteil ein größerer Anteil der Befragten die Antwort verweigert als in den Abschnitten davor: Während die vier direkt erfragten Delinquenzitems, die den in der sensiblen Frage des CM genannten Delikten entsprechen, von nur 1.4% der Befragten nicht beantwortet wurden, haben 8,6% der Befragten die CM-Frage nicht beantwortet (Differenz: –7,2% [–7,5%, –6,8%]; $Chi^2_{(1)} = 1316.8$, $p < .001$). Dabei ist allerdings zu beachten, dass die CM-Frage, die immer als letztes gestellt wurde, nicht unmittelbar auf die direkten Delinquenzfragen folgte, so dass die Anwortverweigerung sich nicht speziell auf diese Frage beziehen muss, sondern die Beantwortung des Fragebogens möglicherweise schon vorher abgebrochen wurde.

Inhaltlich bedeutsam ist, dass die Nichtbeantwortung der CM-Frage offenbar vom delinquenten Verhalten der Befragten abhängig ist, wie es mit den direkten Fragen erfasst wurde: Das Verhältnis von Tätern zu Nichttätern, wie es anhand der direkten Fragen ermittelt wurde, ist bei denen, die die Antwort auf die CM-Frage verweigert haben, um den Faktor 1.58 höher als bei denen, die die CM-Frage beantwortet haben (OR = 1.58 [1.34, 1.87], $z = 5.38$, $p < .001$). Das Ergebnis weist darauf hin, dass auch mit dem CM der wahre Anteil der Täter auf Grund von selektiver Antwortverweigerung unterschätzt werden dürfte.

Vergleichende Validierung des CM

Unter der „mehr-ist-besser"-Annahme vergleichender Validierungsstudien müsste das CM in fast allen Ländern als der direkten Frage überlegen bezeichnet werden: Wie die 95%-Konfidenzintervalle in Abbildung 1 zeigen[19], sind mit Ausnahme des Kosovo die auf dem CM basierenden Schätzungen der Prävalenz selbstberichteter Delinquenz signifikant höher als die auf direkten Fragen basierenden Prävalenzraten. In der Gesamtstichprobe sind die auf dem CM basierenden Prävalenzraten mit 28,9% [27,3%, 30,7%]

19 Alle Standardfehler wurden unter Berücksichtigung der Clusterung der Befragten in Schulklassen berechnet. Zwar lässt sich bei abhängigen Messungen die 50%-Überlappungs-Regel der 95%-Konfidenzintervalle nicht anwenden (Cumming und Finch 2005; Afshartous und Preston 2010), hier liegen jedoch so gut wie keine Überlappungen vor.

dreimal höher als die Prävalenzraten der direkten Fragen mit 9,5% [9,0%, 10,1%]; die Verhältnisse der beiden Prävalenzraten zueinander reichen von 1,6 (Schweiz und Belgien) über 5,1 (Litauen) und 10,4 (Indonesien) bis zu einem extremen Wert von über 30 (Indien).

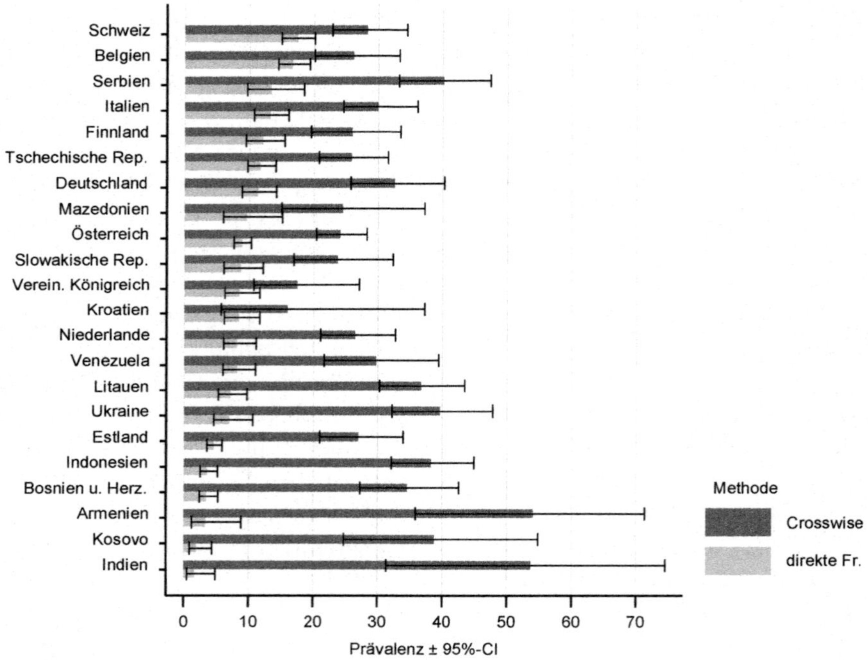

Abbildung 1 Prävalenzraten selbstberichteter Delinquenz basierend auf dem Crosswise-Model und auf direkten Fragen im Vergleich

Die Differenz zwischen indirekt und direkt erfragter Delinquenz als Maß sozial erwünschten Antwortverhaltens

Wenn man unterstellt, dass die auf dem CM basierenden Prävalenzschätzungen valider sind als die Prävalenzraten der direkten Fragen, können die Differenzen zwischen beiden Schätzungen als Indikator sozial erwünschten Antwortverhaltens betrachtet werden. Um dies auf Plausibilität zu prüfen, wurden die Antworten der Befragten auf die oben beschriebene direkte Offenheitsfrage zur Validierung herangezogen.

Von allen Befragten antworteten 24,6% „wahrscheinlich nicht“ oder „auf keinen Fall“ auf die Frage, ob sie es in der Befragung zugegeben hätten, wenn sie Cannabis konsumiert hätten. Diese Rate schwankt über die Länder hinweg stark, sie reicht von 11,3% in Kroatien über 21,8% in Österreich und 40,3% in der Ukraine bis 58% in Indonesien. Die Rangkorrelation mit der Differenz zwischen indirekt (über das CM) und direkt erfragter Delinquenz auf der Ebene der beteiligten Länder ist mit p = .60 (p = .004, n = 22) substanziell. Wie allerdings das Streudiagramm in Abbildung 2 zeigt, variiert die Differenz zwischen indirekt und direkt erfragter Delinquenz partiell auch unabhängig von der Offenheit des Antwortverhaltens, so sind z.B. die Unterschiede zwischen Indien und Armenien einerseits und dem Vereinigten Königreich andererseits offenkundig nicht durch den Anteil von Befragten mit (zumindest auf diese Weise erfasstem) unehrlichem Antwortverhalten erklärbar.

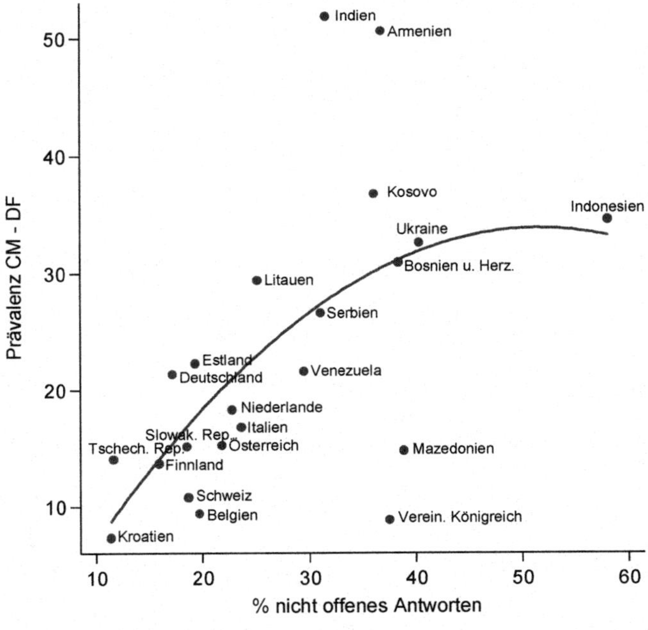

Abbildung 2 Korrelation der Differenz zwischen indirekt (CM) und direkt erfragter Delinquenz mit dem Anteil nicht offen Antwortender auf Landesebene

Kulturabhängigkeit der Differenz zwischen indirekt und direkt erfragter Delinquenz

Dass nationale Unterschiede der Prävalenz selbstberichteter Delinquenz zumindest partiell durch nationale Unterschiede nicht offenen Antwortverhaltens erklärbar sind, wurde schon im obigen Abschnitt sichtbar. Allerdings bleibt fraglich, wie sehr mit der direkten Offenheitsfrage der Anteil derer, die auf die Frage nach potenziellem Cannabiskonsum nicht ehrlich antworten (würden), tatsächlich bestimmbar ist.

Eine weitere Validierung knüpft an die oben genannten kulturvergleichenden Studien zum Zusammenhang von Individualismus und Wohlstand mit sozialer Erwünschtheit an. Wenn die Diskrepanz zwischen indirekter und direkt erfasster Delinquenz sozial erwünschtes Antwortverhalten widerspiegelt, sollten sich die oben berichteten Funde replizieren lassen, wonach die allgemeine Neigung zu sozialer Erwünschtheit negativ mit dem Ausmaß des Individualismus und des Wohlstands eines Landes korreliert.

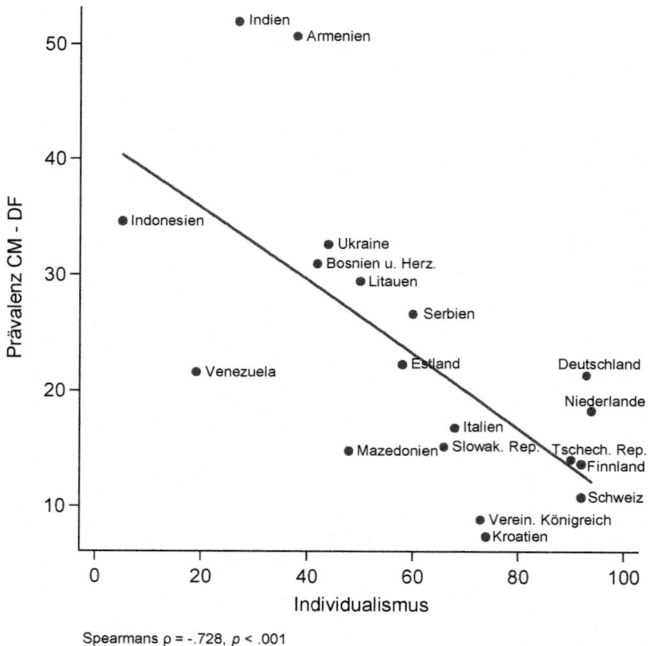

Abbildung 3 Korrelation der Differenz zwischen indirekt (CM) und direkt erfragter Delinquenz mit Individualismus auf Landesebene

Wie Abbildung 3 zeigt, findet sich eine hohe ökologische Rangkorrelation von Individualismus (Beugelsdijk et al. 2015) und der Differenz zwischen indirekt und direkt gemessener Delinquenz ($\rho = -.73$ ($p < .001$, $n = 19$), die dem Befund von van Hemert et al. (2002) entspricht: Je ausgeprägter der Individualismus, desto geringer ausgeprägt ist der Indikator für sozial erwünschtes Antwortverhalten.

Die ökologische Rangkorrelation von Wohlstand (HDI; United Nations Development Programme 2015) und der Differenz von indirekt und direkt erfragter Delinquenz zeigt Abbildung 4 ($\rho = -.73$ ($p < .001$, $n = 20$). Auch dieses Ergebnis repliziert den Befund von van Hemert et al. (2002), wonach die Neigung zu sozialer Erwünschtheit mit zunehmendem Wohlstand abnimmt.

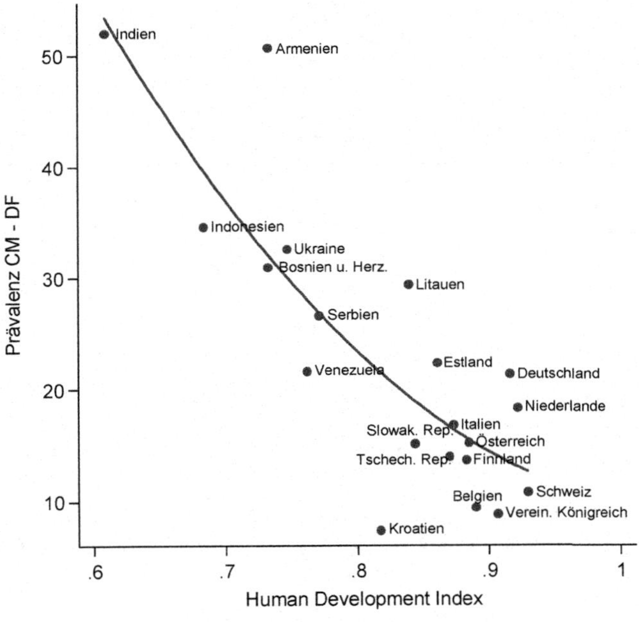

Abbildung 4 Korrelation der Differenz zwischen indirekt (CM) und direkt erfragter Delinquenz mit Wohlstand (Human Development Index) auf Landesebene

Zugleich bedeuten diese Ergebnisse, dass die nationalen Unterschiede direkt gemessener Delinquenz nicht nur Unterschiede des normabweichenden Verhaltens anzeigen, sondern teilweise auch durch kulturspezifische Unterschiede sozialer Erwünschtheit erklärbar sind. Dies lässt sich auch direkt demonstrieren (vgl. Tabelle 1): Während das individuelle nicht offene Antwortverhalten (dichotom) zwar einen signifikant negativen Effekt auf die Prävalenz direkt erfasster Delinquenz hat, erklärt es nur 7% der Makroebenenvarianz (Intercept)[20]. Dem gegenüber hat der auf Landesebene gemessene Indikator sozial erwünschten Antwortverhaltens (die Differenz der mit indirekter (CM) und direkter Frage geschätzten Delinquenz) unabhängig davon einen deutlich stärkeren negativen Effekt auf die Prävalenz direkt erfasster Delinquenz[21] und diese Variable erklärt mit etwa 67% einen substanziellen Teil der verbliebenen Makroebenenvarianz bzw. der Unterschiede in den Prävalenzraten der Länder.

Tabelle 1 Vorhersage direkt erfasster Delinquenz durch nicht offenes Antwortverhalten und die Differenz zwischen indirekter (CM) und direkter Frage (Mehrebenenanalysen, logistische Regression)

	M0	M1	M2
nicht Offenheit		0.717***	0.722***
		(-4.88)	(-4.79)
CM-DF			0.344***
			(-5.58)
cons	0.084***	0.092***	0.088***
	(-18.88)	(-18.74)	(-29.63)
var (Intercept)	0.341**	0.317**	0.106***
	(3.01)	(3.19)	(5.79)
N	17.575	17.575	17.575

Odds-Ratios, *t*-Statistiken in Klammern; * $p < 0.05$, ** $p < 0.01$, *** $p < 0.001$

20 Reskalierungen der Varianz (Mood 2010) durch die Aufnahme weiterer Prädiktoren sind hier nicht berücksichtigt.

21 Die Differenz wurde am Gesamtmittelwert zentriert und durch zwei Standardabweichungen dividiert, um eine Vergleichbarkeit der Odds-Ratio zum Effekt der dichotomen Variablen herzustellen (Gelman 2008).

Effekte von Prädiktoren zur Vorhersage direkt und indirekt (CM) erfasster Delinquenz

Mit dem Einsatz des CM in der ISRD-3 Studie war die Absicht verbunden, zu prüfen, ob sich theoretische Modelle zur Erklärung selbstberichteter Delinquenz auch bei Verwendung von Prävalenzschätzungen bewähren, die vom Einfluss sozial erwünschten Antwortverhaltens weitgehend bereinigt sind.[22] In Tabelle 2 bis Tabelle 5 wird der Einfluss jeweils einer in der kriminologischen Forschung zentralen Prädiktorvariablen untersucht, wobei die Effekte auf die mit der direkten Frage und mit der indirekten Frage des CM erhobenen Wahrscheinlichkeit, mindestens eines der Delikte (Ladendiebstahl, Raub, schwerere Körperverletzung und Einbruch) begangen zu haben, einander gegenübergestellt werden.

Im Allgemeinen sind Delinquenzraten bei männlichen Befragten höher als bei weiblichen, allerdings ist der Unterschied in den vorliegenden Daten (Tabelle 2) bei den Antworten auf die direkte Frage insgesamt nicht sehr ausgeprägt (OR = 1.59, $p < .001$) und nur in neun der 22 Länder statistisch signifikant. Dennoch fällt auf, dass sich bei Analysen der Daten des CM selbst bei einer Gesamtstichprobengröße von 17.656 Fällen insgesamt kein signifikanter Unterschied zwischen männlichen und weiblichen Jugendlichen feststellen lässt (OR = 1.16, $p = .053$) – nur in der Tschechischen Republik findet sich ein signifikanter und substanzieller Unterschied, der bei der direkten Frage wesentlich geringer und nicht signifikant war.

Im Gegensatz dazu weisen anhand der direkten Frage Jugendliche, die von ihren Eltern körperlich misshandelt worden sind, insgesamt (OR = 2.91, $p < .001$) und in den meisten Ländern (15 von 22) signifikant höhere Delinquenzraten auf (Tabelle 3). Finnland war das erste Land, in dem die Ergebnisse des CM denen der direkten Frage gegenübergestellt worden waren. Die Tatsache, dass hier der Effekt dieser Variablen mit Daten des CM signifikant und substanziell war (OR = 5.95, $p = .022$), während er bei der direkten Frage schwächer und nicht signifikant war (OR = 2.21, $p = .057$), konnte zunächst als ein bemerkenswerter Befund und eine positive Validierung des CM angesehen werden.

---

22 Das Stata Programm -rrlogit- (Jann 2005) erlaubt auch die Analyse des Effekts von Kovariaten auf die Wahrscheinlichkeit des mit dem CM indirekt erfragten Verhaltens.

Tabelle 2 Effekte des Geschlechts (männlich = 1)

	direkte Frage			Crosswise-Model			
Nation	*OR*	*z*	*p*	*OR*	*z*	*p*	*n*
Armenien	0.80	-0.19	.850	0.15	-1.64	.100	144
Belgien	1.34	1.61	.107	1.02	0.07	.943	1.061
Bosnien u. Herzeg.	2.06 *	1.99	.047	0.92	-0.24	.812	830
Deutschland	1.57 *	1.99	.047	1.03	0.09	.925	1.019
Estland	1.57	1.70	.090	1.38	1.01	.310	1.163
Finnland	1.61 *	2.15	.032	0.83	-0.61	.542	730
Indien	1.34	0.73	.463	0.58	-0.79	.430	300
Indonesien	1.60	1.34	.179	1.74	1.76	.078	708
Italien	1.14	0.59	.554	1.52	1.49	.137	1.196
Kosovo	5.67	1.86	.063	0.67	-0.76	.447	307
Kroatien	2.86 ***	4.08	< .001	3.81	1.13	.259	598
Litauen	2.53 **	2.96	.003	1.35	1.10	.270	872
Mazedonien	1.40	0.96	.337	0.59	-0.87	.387	445
Niederlande	2.32 **	2.86	.004	1.15	0.35	.728	522
Österreich	2.07 ***	4.54	< .001	1.13	0.55	.581	2.967
Schweiz	1.56 *	2.53	.012	1.11	0.39	.696	1.272
Serbien	1.35	0.64	.523	0.69	-0.95	.342	238
Slowakische Rep.	0.96	-0.12	.902	1.19	0.49	.627	690
Tschechische Rep.	1.05	0.24	.811	2.03 *	2.15	.032	999
Ukraine	1.41	0.80	.424	1.12	0.36	.720	565
Venezuela	1.49	1.19	.233	1.23	0.61	.543	530
Verein. Königreich	2.41 *	2.43	.015	1.03	0.05	.963	500
Gesamt	1.59 ***	7.88	< .001	1.16	1.94	.053	17.656

Allerdings ist der Effekt bei den Daten des CM in der Gesamtstichprobe nur gering (OR = 1.30, p = .039) und er ist mit Ausnahme Finnlands und der Tschechischen Republik in keinem weiteren Land signifikant (der signifikant negative Effekt in Mazedonien ist eindeutig erwartungswidrig).

Noch deutlicher werden die Diskrepanzen beim Vergleich der direkt erfragten Daten mit denen des CM bei der Analyse der (quasi)kontinuierlichen Variablen (niedrige) Selbstkontrolle und Moral (bzw. rekodiert Delinquenztoleranz). Selbstkontrolle gehört zu den am häufigsten untersuchten und bestätigten Prädiktoren kriminellen Verhaltens (Pratt und Cullen 2000; Gottfredson 2006) und ist zusammen mit Moral eine zentrale Variable in

Tabelle 3 Effekte elterlicher Misshandlung (dichotom, Misshandlung = 1)

	direkte Frage			Crosswise-Model			
Nation	*OR*	*z*	*p*	*OR*	*z*	*p*	*n*
Armenien	1.00	-	-	0.06	-0.61	.540	144
Belgien	2.88 ***	4.59	< .001	2.55	1.86	.063	1.059
Bosnien u. Herzeg.	4.01 *	2.48	.013	0.30	-1.10	.273	831
Deutschland	3.45 ***	4.29	< .001	1.19	0.32	.749	1.018
Estland	2.33 *	2.05	.040	0.34	-1.01	.314	1.163
Finnland	2.21	1.90	.057	5.95 *	2.29	.022	730
Indien	40.46 ***	4.03	< .001	0.23	-1.13	.259	294
Indonesien	2.39	1.65	.098	2.15	1.38	.169	708
Italien	3.58 ***	5.78	< .001	1.38	0.77	.443	1.186
Kosovo	1.00	-	-	1.60	0.24	.807	307
Kroatien	2.40 *	2.00	.046	0.56	-0.37	.714	593
Litauen	2.52 *	2.12	.034	0.76	-0.43	.665	869
Mazedonien	1.30	0.39	.695	0.00 ***	-5.73	< .001	445
Niederlande	1.78	1.21	.227	1.11	0.17	.865	521
Österreich	3.35 ***	6.80	< .001	1.56	1.28	.202	2.965
Schweiz	2.93 ***	5.24	< .001	1.89	1.48	.140	1.270
Serbien	1.82	1.05	.293	1.57	0.58	.560	238
Slowakische Rep.	2.97 **	3.13	.002	3.39	1.91	.056	692
Tschechische Rep.	3.32 ***	4.86	< .001	3.56 ***	3.41	.001	995
Ukraine	3.68 ***	4.78	< .001	1.18	0.27	.790	565
Venezuela	2.24 *	2.05	.040	0.40	-1.32	.186	532
Verein. Königreich	4.48 **	2.90	.004	1.18	0.14	.892	500
Gesamt	2.91 ***	14.92	< .001	1.30 *	2.06	.039	17.625

der situationalen Handlungstheorie (SAT) der Kriminalität (Wikström et al. 2012). Wie Tabelle 4 zeigt, ist bei den Daten der direkten Frage der Effekt von niedriger Selbstkontrolle substanziell und statistisch signifikant (OR = 2.02, $p < .001$), gleiches gilt für 17 der 22 untersuchten Länder. Dem gegenüber ist der Gesamteffekt bei den Daten des CM zwar signifikant, aber deutlich schwächer ausgeprägt (OR = 1.18, $p < .001$) und findet sich nur noch in fünf der 22 Länder.

Tabelle 4 Effekte niedriger Selbstkontrolle (z-Werte)

	direkte Frage			Crosswise-Model			
Nation	*OR*	*z*	*p*	*OR*	z	*p*	*n*
Armenien	1.23	0.43	.666	0.71	-0.88	.377	144
Belgien	2.20 ***	9.57	< .001	1.65 **	2.77	.006	1.041
Bosnien u. Herzeg.	2.19 ***	6.57	< .001	0.76	-1.64	.101	825
Deutschland	2.30 ***	7.56	< .001	1.04	0.29	.769	1.018
Estland	1.73 ***	3.47	.001	1.29	1.56	.119	1.159
Finnland	2.27 ***	7.69	< .001	1.63	1.82	.068	729
Indien	1.52	0.85	.398	0.64	-1.49	.136	297
Indonesien	2.15 ***	3.96	< .001	1.28	1.67	.094	708
Italien	2.05 ***	6.46	< .001	1.92 ***	3.70	< .001	1.187
Kosovo	1.47	1.20	.232	0.88	-0.52	.605	307
Kroatien	2.41 ***	5.77	< .001	0.45	-0.42	.674	597
Litauen	1.68 ***	3.60	< .001	1.33	1.86	.062	870
Mazedonien	1.56 **	2.88	.004	0.86	-0.88	.380	445
Niederlande	1.64 ***	3.48	< .001	1.71 **	3.00	.003	522
Österreich	2.24 ***	11.48	< .001	1.20	1.77	.077	2.962
Schweiz	2.21 ***	8.41	< .001	1.22	1.48	.139	1.266
Serbien	1.46	1.77	.076	0.84	-0.67	.501	238
Slowakische Rep.	2.03 ***	5.74	< .001	1.66 *	2.25	.025	690
Tschechische Rep.	1.59 ***	4.97	< .001	1.72 **	2.97	.003	998
Ukraine	2.29 ***	3.72	< .001	0.99	-0.07	.948	565
Venezuela	1.35	1.56	.118	1.20	0.85	.396	517
Verein. Königreich	3.24 ***	9.11	< .001	1.33	0.84	.401	500
Gesamt	2.02 ***	25.08	< .001	1.18 ***	4.21	< .001	17.585

Ein ähnliches Ergebnis zeigt sich hinsichtlich der Delinquenztoleranz: Hier ist der Gesamteffekt bei den Daten der direkten Frage ebenfalls signifikant und substanziell (OR = 1.83, $p < .001$) und findet sich in 20 der 22 Länder, während er bei den Daten des CM insgesamt deutlich schwächer (OR = 1.15, $p < .001$) und nur in zwei der 20 Länder signifikant und erwartungsgemäß positiv ist (in Bosnien und Herzegowina ist er erwartungswidrig signifikant negativ und widerspricht dem Effekt der Daten der direkten Frage).

Nicht nur ist die erforderliche Stichprobengröße für das CM offenbar derart groß, dass mit der Stichprobengröße der vorliegenden Daten kaum signifikante Effekte von Kovariaten feststellbar sind. Auch fällt auf, dass die

Effekte selbst deutlich schwächer als erwartet ausfallen. Es ist unplausibel, anzunehmen, dass alle bisherigen Befunde mit direkt erfragten Daten zu delinquentem Verhalten auf Grund sozial erwünschten Antwortverhaltens ungültig sind, zumal einige der Variablen wie erfahrene Elterngewalt oder niedrige Selbstkontrolle eher weniger mit sozial erwünschtem Antwortverhalten konfundiert sein sollten oder als Prädiktoren eines solchen Verhaltens anzusehen sind.

Tabelle 5 Effekte von Delinquenztoleranz (z-Werte)

	direkte Frage			Crosswise-Model			
Land	*OR*	*z*	*p*	*OR*	*z*	*p*	*n*
Armenien	0.93	-0.61	.542	0.95	-0.17	.866	144
Belgien	2.16 ***	8.38	< .001	1.19	1.30	.194	1.051
Bosnien u. Herzeg.	1.74 ***	4.78	< .001	0.67 *	-2.49	.013	828
Deutschland	1.89 ***	6.15	< .001	1.19	1.08	.279	1.017
Estland	1.62 ***	5.74	< .001	1.21	1.38	.169	1.161
Finnland	1.80 ***	5.55	< .001	1.22	1.17	.243	729
Indien	1.61 **	2.71	.007	1.21	0.97	.331	297
Indonesien	1.42 ***	3.78	< .001	1.05	0.29	.769	708
Italien	1.81 ***	6.23	< .001	1.18	1.28	.202	1.192
Kosovo	1.14	0.91	.363	0.86	-1.03	.305	307
Kroatien	1.87 ***	4.31	< .001	1.23	0.91	.365	595
Litauen	1.87 ***	4.75	< .001	0.96	-0.34	.737	871
Mazedonien	1.48 **	3.09	.002	0.84	-0.85	.394	445
Niederlande	1.84 ***	4.30	< .001	2.07	1.85	.064	522
Österreich	1.95 ***	12.52	< .001	1.35 ***	3.44	.001	2.965
Schweiz	1.98 ***	7.83	< .001	1.30	1.88	.061	1.264
Serbien	1.52 **	2.78	.005	1.02	0.11	.916	238
Slowakische Rep.	1.75 ***	4.39	< .001	1.58 **	2.97	.003	691
Tschechische Rep.	1.66 ***	6.14	< .001	1.24	1.38	.167	998
Ukraine	1.80 ***	4.30	< .001	1.19	1.19	.235	565
Venezuela	1.54 ***	3.77	< .001	1.01	0.06	.953	526
Verein. Königreich	2.23 ***	7.35	< .001	1.18	0.83	.405	501
Gesamt	1.83 ***	24.96	< .001	1.15 ***	4.15	< .001	17.615

Der Umgang der Befragten mit den Fragen des CM

In einer Nachbefragung zum Umgang mit dem CM in drei Ländern gaben von 2.506 Befragten 13,3% [11,6%, 15,3%][23] an, bei der CM-Frage einfach zufällig irgendeine Antwort angekreuzt zu haben, 3,8% [2,9%, 4,9%] behaupteten, absichtlich eine falsche Antwort angekreuzt zu haben, und 82,9% [80,5%, 85,0%] haben die Antwort gewählt, von der sie glaubten, dass sie richtig ist. Somit haben sich etwa 15 bis 20% der Befragten wissentlich nicht an die Instruktion gehalten (wobei auch bei den übrigen nicht sicher ist, ob sie die Instruktion tatsächlich verstanden haben).

Im Rahmen eines Methodenexperiments wurde den 52 Schulklassen der deutschen Stichprobe (n = 1.017) zufällig entweder ein Papier-und-Bleistift Fragebogen (PF) oder ein Computerfragebogen (online) (CF) zugewiesen (in wenigen Fällen musste aus technischen Gründen vom CF auf einen PF ausgewichen werden). Als potenzielle Einflussfaktoren für die Wahrscheinlichkeit, die CM-Frage zufällig (versus sorgfältig) zu beantworten, wurden der Befragungsmodus, das Bildungsniveau, die Offenheit des Antwortverhaltens anhand der direkten Offenheitsfrage und geringe Selbstkontrolle untersucht. Nach wechselseitiger Kontrolle haben alle vier Faktoren einen signifikanten Effekt (CF vs. PF: OR = 3.78, $t = 5.17$, $p < .001$; nicht offenes Antwortverhalten: OR = 2.59, $t = 5.24$, $p < .001$; Gymnasium vs. andere Schulformen: OR = 0.44, $t = -3.68$, $p < .001$; niedrige Selbstkontrolle (z-Werte): OR = 1.25, $t = 2.15$, $p = .031$). Der stärkste Einfluss zeigt sich für den Befragungsmodus; die anhand des multiplen Regressionsmodells vorhergesagten Prozentanteile, die CM-Frage zufällig zu beantworten, sind 5,8% [3,5%, 8,1%] für den PF und 17,9% [14,6%, 21,2%] für den CF. Dies Ergebnis ist insbesondere deshalb bemerkenswert, weil ein zentrales Argument für das CM seine Einsatzmöglichkeit bei Computerbefragungen ist. Im vorliegenden Fall findet sich hier allerdings eine substanzielle (und gegenüber dem PF vierfach höhere) Rate von zufällig Antwortenden.

Willkürliche (d.h. zufällige) Antworten auf die CM-Frage bewirken einerseits eine Verzerrung der mit Formel (1) berechneten Prävalenzrate $p(ja|SF)$[24] und andererseits eine Reduzierung der Effekte von Kovariaten. Unter der Annahme, dass zufälliges Antworten auf die CM-Frage unab-

23 95%-CI unter Berücksichtigung der Clusterung der Befragten in Schulklassen.

24 Die Verzerrung durch zufälliges Antworten findet immer in Richtung $p = .50$ statt, d.h. wahre Werte kleiner .50 werden über- und wahre Werte größer .50 werden unterschätzt.

hängig davon erfolgt, ob der Sachverhalt der sensiblen Frage zutrifft oder nicht, lässt sich anhand der Rate $p(z)$ zufällig Antwortender eine korrigierte Prävalenzrate $p_{korr}(ja|SF)$ mit folgender Formel schätzen:

$$p_{korr}(ja \mid SF) = \frac{p(ja \mid SF) - 0.5 \cdot p(z)}{1 - p(z)} \quad (2)$$

Angewandt auf die in Deutschland, der Tschechischen Republik und dem Vereinigten Königreich befragten Jugendlichen (ohne diejenigen, die angegeben haben, bewusst falsch geantwortet zu haben), von denen etwa 15% zufällig geantwortet haben, wird auf diese Weise die anhand des CM geschätzte Prävalenzrate von 26,8% auf 22,7% korrigiert. Die ursprüngliche geschätzte Prävalenzrate beinhaltete sehr wahrscheinlich falsch Positive und war auf Grund zufällig Antwortender um 4,1 Prozentpunkte erhöht. Wäre der anhand des CM geschätzte Anteil $p(ja|SF)$ niedriger (bzw. weiter von .50 entfernt), wäre jedoch die Verzerrung durch zufällig Antwortende wesentlich größer: Betrüge die anhand des CM geschätzte Prävalenzrate 11,75%, läge die korrigierte Prävalenzrate bei 15% zufällig Antwortenden bei nur noch 5%.

Zur Prüfung der Frage, ob das Antwortverhalten von der Reihenfolge abhängt, in der die beiden Antwortalternativen der CM-Frage dargeboten werden, wurden in den CF Deutschlands und des Vereinigten Königreichs (n = 1.430) die Antwortalternativen in zufälliger Reihenfolge (p = .50) präsentiert. In der Gruppe derer, die angegeben haben, die Antwort gewählt zu haben, von der sie glauben, dass sie richtig ist, war die Antwort tatsächlich unabhängig von der Reihenfolge der Antwortalternativen (OR = 0.87, $z = -0.71$, $p = 0.481$). Allerdings wurde in der Gruppe der nach eigenen Angaben zufällig Antwortenden die Alternative „die Antworten sind nein auf beide Fragen oder ja auf beide Fragen“ signifikant häufiger gewählt, wenn diese Antwortalternative als erste dargeboten wurde (OR = 0.42, $z = -2.69$, $p = .007$; 73.1% versus 53,6% bei der Darbietung als zweite Alternative). Im Effekt reduziert dies die Überschätzung der wahren Prävalenzrate, wie sie sich durch eine tatsächlich zufällige Antwortauswahl ergeben würde.

3 Poweranalysen

Ein wesentliches Ergebnis der Prüfung von Prädiktoren selbstberichteter Delinquenz mit Hilfe des CM war, dass die Effekte der CM Daten nur selten signifikant und gegenüber direkt erfragten Daten deutlich reduziert waren. Darauf, dass die RRT und das CM aufgrund der (die Privatsphäre der Befragten schützenden) zusätzlichen Varianz der geschätzten Prävalenz größere Stichproben benötigen, um substanzielle Effekte sichtbar werden zu lassen, wurde bereits hingewiesen. Allerdings wird durch Befragte, die auf die CM-Frage willkürlich antworten, ohne die Instruktion gründlich gelesen (oder verstanden) zu haben, die erforderliche Stichprobengröße weiter erhöht, wobei gleichzeitig die Effektgröße von Kovariaten verringert wird.

Die Berechnung der Stichprobengröße, die erforderlich ist, damit ein Effekt einer bestimmten Größe bei einer bestimmten Irrtumswahrscheinlichkeit (z.B. $\alpha = .05$) mit einer bestimmten Wahrscheinlichkeit (z.B. einer Power von .80) signifikant wird, erfordert also zusätzlich die Berücksichtigung des Anteils von Personen, die auf die CM-Frage zufällig antworten. Da dies mit vorhandener Software für Poweranalysen für RRT Daten (Ulrich et al. 2012; Blair et al. 2015) nicht ohne Weiteres möglich ist, wurde mit speziell hierfür geschriebenen Stata Programmen eine Serie von Simulationen durchgeführt, um die Wahrscheinlichkeit (Power) zu schätzen, mit der bei einer bestimmten Stichproben- und Effektgröße der geschätzte Einfluss von Kovariaten mit CM Daten signifikant wird. Die Simulationen können des Weiteren die zu erwartende Reduktion der Effektgrößen anzeigen, die durch einen bestimmten Anteil zufällig Antwortender bedingt ist.

Für die Simulationen wurden Zufallsdaten der Stichprobengröße n für ein logistisches Regressionsmodell mit (a) einer dichotomen (mit einer bestimmten Wahrscheinlichkeit $p(x = 1)$) und (b) einer normalverteilten kontinuierlichen Kovariaten jeweils mit einer bestimmten Effektgröße erzeugt, wobei auch der Anteil $p(y = 1)$ (d.h. die Prävalenz der abhängigen Variablen bzw. die Wahrscheinlichkeit einer positiven Antwort auf die sensible Frage des CM) festgelegt war. Auf diese Weise wurden Antworten auf die sensible Frage des CM simuliert. Zusätzlich wurde eine gleichverteilte Zufallsvariable mit der Wahrscheinlichkeit $p(ja|NSF)$ der nicht sensiblen Frage des CM erzeugt und mit den simulierten Werten der sensiblen Frage entsprechend der Instruktion des CM zu einer simulierten Antwort auf die CM-Frage verknüpft. Hierbei konnte des Weiteren ein bestimmter Anteil zufällig Antwortender simuliert werden, bei denen die erste Antwortalternative des CM mit einer Wahrscheinlichkeit von $p = .50$ gewählt wird. Das Maß der Power ist der Anteil der Simulationen, bei denen der Effekt der Kovariaten signifikant ist, wobei 2.000 Simulationen pro Parameterkonfiguration berechnet wurden.[25]

Abbildung 5 zeigt, dass bei Verwendung des CM wesentlich größere Stichproben als bei direkten Fragen erforderlich sind, um mit gleicher Power den Effekt eines Prädiktors im Rahmen einer logistischen Regression nachweisen zu können. Dabei ist die erforderliche Fallzahl umso größer, je mehr sich die Wahrscheinlichkeit $p(ja|NSF)$ der Bejahung der nicht sensiblen Frage dem Wert von .50 annähert.[26] In den Simulationen wurde angenommen, dass 15% der Befragten unabhängig von ihrem wahren Wert bei der sensiblen oder nicht sensiblen Frage die CM-Frage zufällig beantworten.

Die Simulationen zeigen, dass bei der Implementation des CM in der ISRD-3 Studie, bei der die nicht sensible Frage war, ob die Mutter in den ersten drei Monaten des Jahres geboren wurde, unter der Annahme des Effekts der kontinuierlichen Kovariaten (z-Werte) von OR = 2.0 und einer wahren Prävalenzrate von 25% die für signifikante Effekte erforderliche Fallzahl etwa dreimal größer ist als unter Verwendung der direkten Frage (wobei unterstellt wird, dass letztere die wahre Prävalenzrate um 50% unterschätzt und der Anteil der zufällig Antwortenden 15% beträgt). In nur sechs der 22 Länder wird unter diesen Bedingungen die für eine Power von .90 erforderliche Stichprobengröße von etwa 1.000 erreicht.

---

25 Hier wurde jeweils eine Irrtumswahrscheinlichkeit von $\alpha = .05$ gewählt. Die Signifikanz der Kovariaten wurde mit -rrlogit- (Jann 2005) berechnet. Die Power für ein entsprechendes Regressionsmodell mit direkt erfragten Daten, die als Vergleichsmaßstab der Power für Daten des CM dient, wurde nicht mit simulierten Daten, sondern direkt anhand der Formeln in Hsieh et al. (1998) (für eine dichotome Kovariate) und Hsieh (1989) (für eine kontinuierliche Kovariate) bestimmt.

26 Die Werte .247, .162 und .085 entsprechen der Frage, ob die Mutter in den ersten drei Monaten, den ersten zwei Monaten oder im ersten Monat des Jahres geboren wurde. Der Vergleichbarkeit halber wurde die erforderliche Fallzahl bei Verwendung der direkten Frage unter der Annahme berechnet, dass damit die wahre Prävalenzrate um 50% unterschätzt wird bzw. dass $p(y = 1)$ nur halb so groß erscheint. Für die Powerkurven (fraktionale Polynome) wurde die Power mit schrittweiser Erhöhung der Fallzahl um 10, ab $n = 1.000$ mit einem Inkrement von 100 geschätzt.

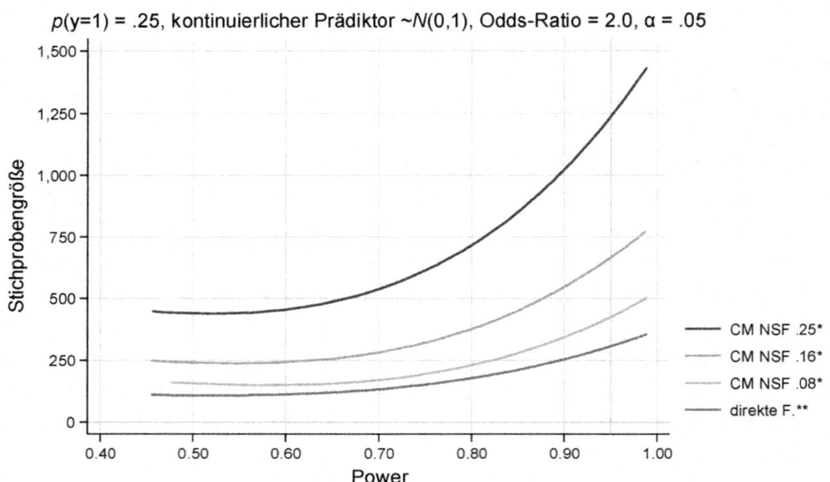

Abbildung 5 Simulationen zur Bestimmung der Power für die Prüfung des Effekts von Kovariaten unter Verwendung des CM mittels logistischer Regression

Tabelle 6 und Tabelle 7 zeigen die erforderliche Fallzahl für eine Power von .80 für die Prüfung des Effekts (Odds-Ratio = 2.0) eines dichotomen (p(x=1) = .50) und eines kontinuierlichen (z-Werte) Prädiktors unter der Annahme, dass 15% der Befragten die CM-Frage zufällig beantworten. Dabei wird deutlich, dass bei einem dichotomen Prädiktor die erforderliche Fallzahl erheblich höher ist – worin sich auch der Informationsverlust durch Dichotomisierung widerspiegelt. Lautet die nicht sensible Frage, ob die Mutter in den ersten drei Monaten des Jahres geboren wurde (p(NSF=1) = .247), liegt bei Verwendung des CM und bei einer angenommenen wahren Prävalenzrate des sozial nicht erwünschten Verhaltens von 25% die bei einem dichotomen Prädiktor erforderliche Fallzahl über 2.500. Wird angenommen, dass die direkte Frage die wahre Prävalenzrate um 50% unterschätzt, ist die erforderliche Fallzahl des CM etwa viermal so groß.

Sichtbar wird darüber hinaus, dass mit einem wachsenden Anteil zufällig Antwortender nicht nur die mit dem CM geschätzte Prävalenzrate für p(y=1) verzerrt ist, sondern auch, wie sehr der geschätzte Effekt der Prädiktoren reduziert wird. Das erklärt zumindest teilweise, warum bei den Daten der ISRD-3 Studie die Odds-Ratios bei den CM Daten gegenüber den Daten der direkten Frage verringert waren.

Tabelle 6 Power für die Prüfung des Effekts (OR = 2.0) einer dichotomen Kovariaten (p(x=1)= .50) unter Verwendung des CM mittels logistischer Regression

Population		Crosswise-Modell						direkte Frage[a]
p(NSF=1)	p(SF=1)	p(y=1)	1. Centil	9. Centil	Median OR	Power	n	n
.085	.125	.181	.167	.195	1.53	.80	2.123	1.188
.162	.125	.181	.168	.196	1.53	.79	3.548	1.188
.247	.050	.117	.111	.124	1.31	.80	35.338	2.880
.247	.075	.139	.130	.148	1.39	.80	17.297	1.940
.247	.100	.160	.149	.172	1.47	.80	10.349	1.470
.247	.125	.181	.168	.196	1.52	.80	7.132	1.188
.247	.150	.202	.186	.219	1.58	.80	5.228	1.001
.247	.175	.223	.205	.243	1.63	.80	4.094	867
.247	.200	.245	.224	.266	1.65	.80	3.408	767
.247	.250	.286	.263	.311	1.71	.80	2.563	628

15% zufällige Antworten; 2.000 Replikationen; [a]: Annahme: Halbierung der „wahren“ Prävalenzrate

Tabelle 7 Power für die Prüfung des Effekts (OR = 2.0) einer kontinuierlichen Kovariaten (~N(0,1)) unter Verwendung des CM mittels logistischer Regression

Population		Crosswise-Modell						direkte Frage[a]
p(NSF=1)	p(SF=1)	p(y=1)	1. Centil	9. Centil	Median OR	Power	n	n
.085	.125	.182	.155	.208	1.56	.80	547	304
.162	.125	.182	.153	.211	1.56	.81	923	304
.247	.050	.118	.105	.130	1.33	.80	8.266	670
.247	.075	.138	.119	.157	1.43	.81	4.020	467
.247	.100	.160	.137	.181	1.51	.81	2.650	365
.247	.125	.181	.153	.209	1.55	.80	1.768	304
.247	.150	.200	.168	.233	1.61	.80	1.373	264
.247	.175	.225	.189	.258	1.64	.80	1.120	234
.247	.200	.244	.206	.285	1.69	.81	936	213
.247	.250	.288	.243	.331	1.72	.80	741	182

15% zufällige Antworten; 2.000 Replikationen; [a]: Annahme: Halbierung der „wahren“ Prävalenzrate

4 Fazit

Ziel der Implementation des CM in der ISRD-3 Studie war, seine Praktikabilität unter Realbedingungen zu prüfen und mit dem Verfahren die Kulturabhängigkeit sozial erwünschten Antwortverhaltens bei Berichten zu eigenen Normverstößen zu eruieren.

Unter der „mehr-ist-besser"-Annahme, die vielen Validierungsstudien des CM zu Grunde liegt und die bei Befragungen zu selbstberichteter Delinquenz durchaus plausibel ist, war der Befund, dass mit dem CM deutlich höhere Prävalenzraten als mit direkten Fragen erzielt werden konnten, ein zunächst positives Ergebnis. Den Befund als ein positives Validierungsergebnis anzusehen, wurde weiter dadurch bestärkt, dass die Differenz zwischen indirekt (CM) und direkt erfragter Delinquenz auf Ebene der Länder positiv mit einem weiteren Indikator nicht offenen Antwortverhaltens korreliert, womit die Differenz als ein Indikator sozial erwünschten Antwortverhaltens interpretierbar ist. Dass die Differenz landes- und kulturspezifisch ist, wurde auch dadurch demonstriert, dass sie auf der Ebene der untersuchten Länder mit einem Indikator sozioökonomischer Lage (HDI) sowie mit Individualismus in gleicher Weise korreliert wie der Faktor L des Persönlichkeitsfragebogens von Eysenck (van Hemert et al. 2002), der als Neigung zu Konformismus oder sozialer Erwünschtheit interpretiert wird.

Auch bei der Prüfung der Frage, ob mit Daten des CM der Einfluss von Prädiktoren selbstberichteter Delinquenz (quasi bereinigt von Effekten sozial erwünschten Antwortverhaltens) sichtbar gemacht werden kann, fand sich zunächst ein positives Ergebnis. So war in Finnland der theoretisch erwartete Effekt elterlicher Misshandlung bei Daten des CM signifikant und substanziell stärker als bei direkt erhobenen Daten selbstberichteter Delinquenz. Dieser auch auf der Jahrestagung der ASI vorgestellte Befund (Enzmann 2015) ließ sich jedoch bei Berücksichtigung der Ergebnisse weiterer Länder nicht bestätigen: Hier zeigt sich, dass mit Daten des CM die Effekte wichtiger Prädiktoren delinquenten Verhaltens nicht signifikant sind und zudem deutlich schwächer ausfallen, als auf Grund bisheriger kriminologischer Studien zu erwarten ist.

Dieses negative Ergebnis war Anlass, mittels Simulationen die bei Verwendung des CM erforderliche Fallzahl zu bestimmen, die für den Nachweis signifikanter Effekte von Prädiktorvariablen nötig ist. Dabei wurde berücksichtigt, dass eine Nachbefragung zum Umgang mit den Fragen des CM ergab, dass etwa 15 bis 20% der Befragten bei der Antwort auf die CM-Frage die Instruktion nicht befolgt bzw. weitgehend zufällig geantwortet haben, was insbesondere bei Verwendung von Computerfragebögen der Fall war. Die Simulationen haben gezeigt, dass (a) CM Daten eine wesentlich höhere Fallzahl als Daten der direkten Frage erfordern, sowie (b), wie sehr zufälliges Antwortverhalten bei der CM-Frage die geschätzten Effekte von Prädiktorvariablen reduziert. Offenbar ist das zunächst als positiv interpretierte Ergebnis der finnischen Stichprobe ein Zufallsbefund, der auf Grund der unzureichenden Fallzahl und des relativ hohen Anteils zufällig Antwortender in anderen Ländern nicht replizierbar ist.

Insgesamt lässt sich feststellen, dass mit dem CM zwar Effekte sozial erwünschten Antwortverhaltens sichtbar werden. Die Differenz zwischen indirekt (CM) und direkt erfragter Delinquenz scheint tatsächlich partiell ein Indikator sozialer Erwünschtheit zu sein. Sie ist jedoch zugleich mit „satisficing" (Krosnick 1999) und der mangelnden Fähigkeit oder Bereitschaft der Befragten konfundiert, die Instruktion des CM zu befolgen, was ihre Verwendbarkeit als Maß sozial erwünschten Antwortverhaltens einschränkt.

Die Erfahrungen mit dem CM in der ISRD-3 Studie sind jedoch insgesamt enttäuschend: Auch wenn mit dem CM höhere Prävalenzraten geschätzt werden können, die möglicherweise der wahren Prävalenzrate näher kommen als sie mit direkter Fragen geschätzt wird, gilt dies nur für die Befragten, die sich bemühen, der Instruktion des CM zu folgen. Dieser Anteil ist aber gerade bei CF, für die das CM eine attraktive Alternative zu klassischen RRT zu sein schien, eher niedriger. Die negativen Validierungsergebnisse bestätigen auch den Befund von Höglinger und Jann (2016), wonach das CM einen substanziellen Anteil falsch Positiver produziert. Dies erklärt möglicherweise auch das negative Ergebnis von Walzenbach und Hinz (2015), die bei einer Studie zur Bereitschaft zum Blutspenden fanden, dass mit dem CM die geschätzte Spenderrate erwartungswidrig höher war.

Insbesondere das Ergebnis, dass bei Verwendung des CM Einflüsse von Prädiktoren delinquenten Verhaltens schwieriger nachweisbar und wahrscheinlich reduziert erscheinen, ist enttäuschend. Im Rahmen von kriminologischen Studien zu selbstberichteter Delinquenz ist der Nutzen des CM unter den hier verwendeten Befragungsbedingungen vor allem deshalb zweifelhaft, weil das Forschungsziel dabei weniger in der möglichst präzisen Schätzung von Prävalenzraten besteht (hierfür sind Studien zu Viktimisierungserfahrungen besser geeignet), sondern eher darin, theoretische Modelle zur Erklärung von Kriminalitätsraten und delinquenten Verhaltens zu prüfen.

Literatur

Afshartous, D., & Preston, R.A. (2010). Confidence intervals for dependent data: Equating non-overlap with statistical significance. *Computational Statistics & Data Analysis, 54*, 2296-2305.

Beugelsdijk, S., Maseland, R., & van Hoorn, A. (2015). Are scores of Hofstede's dimensions of national culture stable over time? A cohort analysis. *Global Strategy Journal, 5*, 223-240.

Blair, G., Imai, K., & Zhou, Y.-Y. (2015). Design and analysis of the randomized response technique. *Journal of the American Statistical Association, 110*, 1304-1319.

Chaudhouri, A., & Christofides, T.C. (2013). *Indirect Questioning in Sample Surveys*. Berlin: Springer.

Cumming, G., & Finch, S. (2005). Inference by eye: Confidence intervals and how to read pictures of data. *American Psychologist, 60*, 170-180.

Enzmann, D. (2015). *Kulturelle Unterschiede sozial erwünschten Antwortverhaltens: Implikationen für den Einsatz des Crosswise-Models in national vergleichenden Studien zu selbstberichteter Delinquenz* (Vortrag auf der wissenschaftlichen Jahrestagung der ASI, 6. - 7.11.2016 in Köln).

Enzmann, D., Marshall, I.H., Killias, M., Junger-Tas, M., Steketee, M., & Gruszczynska, B. (2010). Self-reported youth delinquency in Europe and beyond: First results of the Second International Self-Report Delinquency Study in the context of police and victimization data. *European Journal of Criminology, 7*, 159-183.

Fox, J.A., & Tracy, P.E. (1986). *Randomized Response: A Method for Sensitive Surveys*. Beverly Hills, CA: SAGE.

Gelman, A. (2008). Scaling regression coefficients by dividing by two standard deviations. *Statistics in Medicine*, 27, 2865-2873.

Gottfredson, M.R. (2006). The empirical status of control theory in criminology. In F.T. Cullen, J.P. Wright & K. Blevins (Eds.), *Taking Stock: The Status of Criminological Theory* (pp. 77-100). New Brunswick, NJ: Transaction.

Gottfredson, M.R., & Hirschi, T. (1990). *A General Theory of Crime*. Stanford, CA: Stanford University Press.

Grasmick, H.G., Tittle, C.R., Bursik, R.J., & Arneklev, B.J. (1993). Testing the core empirical implications of Gottfredson and Hirschi's General Theory of Crime. *Journal of Research in Crime and Delinquency, 30*, 5-29.

Hibell, B., Guttormsson, U., Ahlström, S., Balakireva, O., Bjarnson, T., Kokkevi, A., & Kraus, L. (2009). *The 2007 ESPAD-Report: Substance Use Among Students in 35 European Countries*. Stockholm: Swedish Council for Information on Alcohol and Other Drugs. http://www.espad.org/uploads/espad_reports/2007/the_2007_espad_report-full_091006.pdf. Zugegriffen: 30. Mai 2016.

Höglinger, M., & Jann, B. (2016). *More is Not Always Better: An Experimental Individual-Level Validation of the Randomized Response Technique and the Crosswise Model*. (University of Bern Social Sciences Working Paper No. 18). https://ideas.repec.org/p/bss/wpaper/18.html. Zugegriffen: 22. Juli 2016.

Höglinger, M., Jann, B., & Diekmann, A. (2014). *Sensitive Questions in Online Surveys: An Experimental Evaluation of the Randomized Response Technique and the Crosswise Model*. (University of Bern Social Sciences Working Paper No. 9). https://ideas.repec.org/p/bss/wpaper/9.html. Zugegriffen: 22. Juli 2016.

Hoffmann, A. (2014). *Indirekte Befragungstechniken zur Kontrolle sozialer Erwünschtheit in Umfragen* (Dissertation). Düsseldorf: Heinrich-Heine Universität, Mathematisch-Naturwissenschaftliche Fakultät.

Hoffmann, A., Diedenhofen, B., Verschuere, B., & Musch, J. (2015). A strong validation of the crosswise model using experimentally-induced cheating behavior. *Experimental Psychology, 62*, 401-414.

Hsieh, F.Y. (1989). Sample size tables for logistic regression. *Statistics in Medicine, 8*, 795-802.

Hsieh, F.Y., Bloch, D.A., & Larsen, M.D. (1998). A simple method of sample size calculation for linear and logistic regression. *Statistics in Medicine, 17*, 1623-1634.

ISRD3 Working Group (2013). *Questionnaire ISRD3: Standard Student Questionnaire*. (ISRD3 Technical Report Series #2). http://www.northeastern.edu/isrd/wp-content/uploads/2016/01/ISRD3_TechRep_2.pdf. Zugegriffen: 22. Juli 2016.

Jann, B. (2005). *rrlogit: Stata Module to Estimate Logistic Regression for Randomized Response Data.* http:/ideas.repec.org/c/boc/bocode/s456203.html. Zugegriffen: 22. Juli 2016.

Jann, B., Jerke, J., & Krumpal, I. (2012). Asking sensitive questions using the crosswise model. An experimental survey measuring plagiarism. *Public Opinion Quarterly*, 76, 32-49.

Johnson, T.P., & van de Vijver, F.J.R. (2003). Social desirability in cross-cultural research. In J.A. Harkness, F.J.R. van de Vijver, & P.P. Mohler (Eds.), *Cross-Cultural Survey Methods* (pp. 195-204). Hoboken, NJ: Wiley.

Junger-Tas, J., & Marshall, I.H. (2012). Introduction to the International Self-Report Study of Delinquency (ISRD-2). In J. Junger-Tas, I.H. Marshall, D. Enzmann, M. Killias, M. Steketee, & B. Gruszczyńska (Eds.), *The Many Faces of Youth Crime: Contrasting Theoretical Perspectives on Juvenile Delinquency across Countries and Cultures* (pp. 3-20). New York: Springer.

Krosnick, J.A. (1999). Survey research. *Annual Review of Psychology, 50*, 537-567.

Krumpal, I., Jann, B., Auspurg, K., & von Hermanni, H. (2015). Asking sensitive questions: A critical account of the randomized response technique and related methods. In U. Engel, B. Jann, P. Lynn, A. Scherpenzeel, & P. Sturgis (Eds.), *Improving Survey Methods: Lessons from Recent Research* (pp. 122-136). New York: Routledge.

Lalwani, A.K., Shavitt, S. & Johnson, T. (2006). What is the relation between cultural orientation and socially desirable responding. *Journal of Personality and Social Psychology, 90*, 165-178.

Lensfeld-Mulders, G.J.L.M., Hox, J.J., van der Heijden, P.G.M., & Maas, C.J.M. (2005). Meta-analysis of randomized response research: Thirty-five years of validation. *Sociological Methods & Research, 33*, 319-348.

Marshall, I.H., Enzmann, D., Hough, M., Killias, M., Kivivuori, J., & Steketee, M. (2013). *International Self-Report Delinquency Questionnaire 3 (ISRD-3): Background Paper to Explain ISRD2-ISRD3 Changes.* (ISRD3 Technical Report Series #1). http://www.northeastern.edu/isrd/wp-content/uploads/2016/01/ISRD3_TechRep_1.pdf, Zugegriffen: 22. Juli 2016.

Messner, S.F., & Rosenfeld, R. (2001). *Crime and the American Dream.* Belmont, CA (3rd ed.): Wadsworth.

Mneimneh, Z.M., Tourangeau, R., Pennell, B.-E., Heeringa, S.G., & Elliott, M.R. (2015). Cultural variations in the effect of interview privacy and the need for social conformity on reporting sensitive information. *Journal of Official Statistics, 31*, 673-697.

Mood, C. (2010). Logistic regression: Why we cannot do what we think we can do, and what we can do about it. *European Sociological Review, 26*, 67-82.

Pratt, T.C., & Cullen, F.T. (2000). The empirical status of Gottfredson and Hirschi's general theory of crime: A meta-analysis. *Criminology, 38*, 931-964.

Röschova, M. (2014). *Crosswise model in a delinquency survey: How guessing answers interferes in prevalence estimates* (Paper presented at the 14th Annual Conference of the ESC, Prague, 10-13 September 2014).

Ross, C.E., & Mirowsky, J. (1984). Socially-desirable response and acquiescence in a cross-cultural study of mental health. *Journal of Health and Social Behavior, 25*, 189-197.

Thornberry, T.P., & Krohn, M.D. (2000). The self-report method for measuring delinquency and crime. In R.D. Duffee, R.D. Crutchfield, S. Mastrofski, & L. Mazerolle (Eds.), *Measurement and Analysis of Crime and Justice* (pp. 33-83). Washington, DC: U.S. Department of Justice.

Tourangeau, R., & Yan, T. (2007). Sensitive questions in surveys. *Psychological Bulletin, 133*, 859-883.

Triandis, H.C. (1995). *Individualism and Collectivism*. Bolder, CO: Westview Press.

Tyler, T.R. (2006). *Why People Obey the Law*. Princeton, NJ (2nd ed.): Princeton University Press.

Ulrich, R., Schröter, H., Striegel, H. & Simon, P. (2012). Asking sensitive questions: A statistical power analysis of randomized response models. *Psychological Methods, 17*, 623-641.

United Nations Development Programme (2015). *Human Development Data 2015*. http://hdr.undp.org/sites/default/files/2015_statistical_annex_tables_all.xls. Zugegriffen: 22. Juli 2016.

Van der Heijden, P.G.M., van Gils, G., Bouts, J., & Hox, J. (2000). A comparison of randomized response, computer-assisted self-interview, and face-to-face questioning: Eliciting sensitive information in the context of welfare and unemployment benefit. *Sociological Methods and Research, 28*, 505-537.

Van Hemert, D.A., van de Vijver, F.J.R., Poortinga, Y.H., & Georgas, J. (2002). Structural and functional equivalence of the Eysenck Personality Questionnaire within and between countries. *Personality and Individual Differences, 33*, 1229-1249.

Walzenbach, S., & Hinz, T. (2015). *Pouring Water Into the Wine: The Advantages of the Crosswise Model Asking Sensitive Questions Revisited* (Paper presented at the 6th Conference of the European Survey Research Association, Reykjavík, Iceland, July 13-17, 2015).

Warner, S.L. (1965). Randomized response: A survey technique for eliminating evasive answers. *American Statistical Association Journal, 60*, 63-69.

Wikström, P.-O.H., & Butterworth, D.A. (2006). *Adolescent Crime: Individual Differences and Lifestyles.* Cullompton, Devon: Willan Publishing.

Wikström, P.-O.H., Oberwittler, D., Treiber, K., & Hardie, B. (2012). *Breaking Rules: The Social and Situational Dynamics of Young People's Urban Crime.* Oxford: Oxford University Press.

Wolter, F., & Preisendörfer, P. (2013). Asking sensitive questions: An evaluation of the randomized response technique versus direct questioning using individual validation data. *Sociological Methods & Research, 42*, 321-353.

Yu, J.-W., Tian, G.-L., & Tang, M.-L. (2008). Two new models for survey sampling with sensitive characteristic: Design and analysis. *Metrika, 67*, 251-263.

Anhang

Implementierung des CM in der ISRD-3 Studie

Bitte lies sorgfältig die folgende Anleitung:

Als nächstes benutzen wir eine neuartige Fragetechnik, die einen zusätzlichen Schutz deiner Anonymität gewährleistet. Wir stellen dir jetzt zwei Fragen, aber du sollst uns nur eine Antwort geben.

Bitte überlege als erstes, wie du die folgenden beiden Fragen ehrlich beantworten würdest (entweder mit ja oder mit nein), aber schreibe die Antworten nicht in den Fragebogen:

Frage 1: *Hat deine Mutter in den Monaten Januar, Februar oder März Geburtstag?*
(wenn du das nicht weißt, versuche es zu schätzen)

Frage 2: *Hast du in den letzten 12 Monaten eine der folgenden vier Straftaten begangen?*
(Ladendiebstahl, Raub, Körperverletzung mit einer Wunde oder Einbruch)

Als nächstes kreuze unten bitte EIN Kästchen an, und zwar

- **wenn deine Antwort auf beide Fragen gleich ist (beide Male JA oder beide Male NEIN), mache ein Kreuz bei (A)**
- **wenn deine Antworten verschieden sind (einmal JA und einmal NEIN), mache ein Kreuz bei (B):**

(Deine Privatsphäre bleibt geschützt, da wir deine Antworten auf Frage 1 und Frage 2 nicht kennen. Mit Hilfe von statistischen Verfahren können wir aber berechnen, auf wie viele Personen insgesamt Frage 2 zutrifft.)

Wie sind deine Antworten auf die beiden Fragen?

(Kreuze NUR EIN Kästchen an)

○ **(A)** *NEIN* auf beide Fragen oder *JA* auf beide Fragen

○ **(B)** *JA* auf eine der Fragen und *NEIN* auf eine andere.

Adressen der Referentinnen und Referenten

Jennifer Allen, Robert Koch-Institut, General-Pape-Str. 62-66, 12101 Berlin
E-Mail: j.allen@rki.de

Prof. Dr. Annelies G. Blom, Universität Mannheim, Fakultät für Sozialwissenschaften, Quadrat L13, 15-17, 68131 Mannheim
E-Mail: blom@uni-mannheim.de

Prof. Dr. Michael Bosnjak, GESIS – Leibniz-Institut für Sozialwissenschaften, Quadrat B2 1, 68159 Mannheim
E-Mail: michael.bosnjak@gesis.org

Prof. Dr. Stefanie Eifler, Katholische Universität Eichstätt-Ingoldstadt, Lehrstuhl für Soziologie und empirische Sozialforschung, Ostenstr. 26, 85072 Eichstätt
E-Mail: stefanie.eifler@ku.de

Dr. Dirk Enzmann, Institut für Kriminalwissenschaften, Abteilung Kriminologie, Rothenbaumchaussee 33, 20148 Hamburg
E-Mail: dirk.enzmann@uni-hamburg.de

Prof. Dr. Frank Faulbaum, Universität Duisburg-Essen, Institut für Soziologie, Lotharstraße 65, 47057 Duisburg
E-Mail: frank.faulbaum@uni-due.de

Jessica M. E. Herzing, SFB 884 „Politische Ökonomie von Reformen“, Universität Mannheim, Quadrat L13, 15-17, 68131 Mannheim
E-Mail: jessica.herzing@uni-mannheim.de

Volker Hüfken, Heinrich-Heine-Universität Düsseldorf, Institut für Sozialwissenschaften, Universitätsstr. 1, 40225 Düsseldorf
E-Mail: volker.hufken@phil-fak.uni-duesseldorf.de

Heinz Leitgöb, Katholische Universität Eichstätt-Ingoldstadt, Lehrstuhl für Soziologie und empirische Sozialforschung, Ostenstr. 26, 85072 Eichstätt
E-Mail: heinz.leitgoeb@ku.de

Dr. Denise Lüdtke, Robert Koch-Institut, General-Pape-Str. 62-66, 12101 Berlin
E-Mail: luedtked@rki.de

Prof. Dr. Karl-Heinz Reuband, Heinrich-Heine-Universität Düsseldorf, Institut für Sozialwissenschaften, Universitätsstr. 1, 40225 Düsseldorf
E-Mail: reuband@phil-fak.uni-duesseldorf.de

Matthias Sand, GESIS – Leibniz-Institut für Sozialwissenschaften, Quadrat B2 1, 68159 Mannheim
E-Mail: matthias.sand@gesis.org

Dr. Annette Scherpenzeel, Munich Center for the Economics of Aging (MEA), Amalienstrasse 33, 80799 München
E-Mail: scherpenzeel@mea.mpisoc.mpg.de

Patrick Schmich, Robert Koch-Institut, General-Pape-Str. 62-66, 12101 Berlin
E-Mail: p.schmich@rki.de

Prof. Dr. Jürgen Schupp, Deutsches Institut für Wirtschaftsforschung, Mohrenstraße 58, 10117 Berlin
E-Mail: jschupp@diw.de

Printed by Printforce, the Netherlands